KB261904
KB261904

도요타의 핵심역량으로 구축한
한국형 혁신의 법칙

도요타의 핵심역량으로 구축한 한국형 혁신의 법칙

지은이 ㅣ 정일구
펴낸이 ㅣ 김성실
기획편집 ㅣ 최인수 · 여미숙 · 한계영
교정 ㅣ 정길호
마케팅 ㅣ 곽홍규 · 김남숙 · 이유진
디자인 · 편집 ㅣ (주)하람커뮤니케이션(02-322-5405)
일러스트 ㅣ 김민주
인쇄 ㅣ 한영문화사
제책 ㅣ 광성문화사

초판 1쇄 ㅣ 2010년 11월 22일 펴냄

펴낸곳 ㅣ 시대의창
출판등록 ㅣ 제10-1756호(1999. 5. 11)
주소 ㅣ 121-816 서울시 마포구 동교동 113-81 4층
전화 ㅣ 편집부 (02) 335-6125, 영업부 (02) 335-6121
팩스 ㅣ (02) 325-5607
블로그 ㅣ sidaebooks.net
이메일 ㅣ sidaebooks@hanmail.net

ISBN 978-89-5940-193-2 (03320)

위기를 기회로 만들어 조직에 활력을 불어넣는

도요타의 핵심역량으로 구축한

한국형 혁신의 법칙

정일구 지음

시대의창

나날이 소비환경의 다양성과 변화속도가 증가하고 첨단기술의 발전이 일반인의 생각을 훨씬 앞지르고 있다. 그런 환경에서 달콤한 열매를 지속적으로 거둘 수 있는 초일류기업은 드물다. 그래서 대부분의 기업들은 초일류의 위치를 차지하려는 조급한 심정으로 부침이 심한 경쟁환경을 극복하려고 여러 방향으로 시도한다. 동원 가능한 자원을 다 투입해서 상대를 추월하려 하지만 물적 자원으로는 한계를 느낄 수 있다. 결국 경쟁에 앞서가려면 확보하고 있는 인재들의 잠재능력을 끌어내는 전술을 얼마나 효율적으로 추진하느냐에 승부가 달려 있음을 깨닫는다. 부족한 경영자원이나 뒤처진 경쟁서열의 여건 속에서도 "훌륭한 경영자는 평범한 인재들을 데리고 탁월한 성과를 낸다"는 록펠러의 명언을 잊지 않고 다각도로 연구하는 경영자가 필요한 시대다.

오랜 기간 도요타 경영, 특히 도요타 생산방식을 연구해오고 또 그 철학과 효용성을 우리 산업계에 널리 전파하는 활동 속에 늘 아쉬운 구석이 있었다. 그것은 바로 우리 기업들이 조직의 응집력으로 승부를 거는 전략이나 활동능력이 약하다는 점이다.

국내산업의 성장기에는 많은 경영자나 근로자들이 저수준의 경쟁력 속에서도 뚜렷한 생존의식과 목표의식만은 강했기 때문에 직원들의 단합과 결속력은 대단했다. 하지만 선진국의 진입 문턱에 들어선 요즈음엔 그런 조직적인 열정을 무기로 삼는 기업을 찾기가 어렵다. 단지 한순간의 기회포착을 통한 행운으로 시장침투에 성공하거나, 수십 년의 고속성장에 편승하여 형성된 거대조직을 활용해 시장을 이끌어가는 소수의 기업을 제외하면 기업들에게서 특별한 성장 원동력을 발견하기 힘들다.

기업 경쟁력을 차별화된 조직력으로 승부하는 방법으로, 누구나 쉽게 접근할 수 있고 기대 이상으로 위력을 발휘하기도 하는 무형의 도구로서 혁신활동을 꼽을 수 있다. 단지 인적 자원의 잠재능력을 조금 더 끌어내는 리더십만 발휘해도 반복되는 불황을 염려하지 않아도 된다. 경영자들은 그런 활동체계를 살리고 있는지 스스로 점검해볼 필요가 있다.

우리 기업들은 겉으로 보이는 모습과는 달리 아직도 속내는 많이 부족한데, 특히 직원들의 결속력을 창출하는 능력이 부족하다. 그것은 우리가 보유한 강성의 노동관이나 협동에 약한 문화적 특성 때문이 아니라, 화합에 대한 경영자들의 기본자세와 조직원들의 가치관이 제대로 세워지지 않은 것이 근본원인이라 하겠다.

일부 경영자나 조직원들은 '혁신'이라는 말만 들어도 마치 늘 하고 있는 귀찮은 일로 간주하거나 언젠가 해본 기억이 있지만 부정적 결과를 얻었다는 식으로 손사래를 친다. 하지만 혁신활동은 항상 보람을 가져다주고 늘 진행형이어야 한다는 점을 감안하다면, 과연 그들은 진정한 활동에 뛰어들어 성실히 수행해본 적이 있는가 하는 의심이 간다. 특히 경영자들이 혁신활동의 필요성에 대한 이해나 꾸준한 관심이 부족해 항상 과거의 연장선상에서 움직이고 마는 것이 늘 안타까웠다. 혁신이 희망대로 이루어지기 위해서는 부단한 노력과 땀은 물론이요, 협력과 설득이 필요하고 평소보다 더 많은 관심이 요구된다. 또한 그에 따른 고통도 감내해야 하는 인내력도 필요하다. 이 세상에 공짜는 없다.

길지 않은 기업역사 속에서 많은 고초를 겪으며 현재의 국력을 만들어왔지만 뚜렷한 혁신관을 보유한 기업은 찾아보기 힘들었다. 그런 부족한 점을 메우기 위해 그동안 기업지도에서 겪은 체험을 토대로 가급적 지적인 인식의 나열에 그치지 않고 경험을 최대로 살려 국내기업에 적합한 실질적 나침반을 제시하려고 노력했다.

필자는 객관적으로 검증된 도요타의 경쟁력을 연구하는 동시에 그들의 철학과 활동개념을 기업에 전파하면서 체험한 노하우를 몇 권의 저서에 담아왔다. 실천방법에 초점을 둔 도요타 시리즈가 다소나마 산업계에 도움을 주었으리라 믿는다. 본서의 내용 역시 주로 제조기업에 도움이 되도록 전개했지만 목적과 목표를 추구하는 모든 형태의 조직에서 폭넓게 적용될 수 있을 것이다.

특히 혁신활동을 30년째 지도하는 과정에서 단일품목의 공장으로 규모가 비교적 큰 기업(100만 평의 현장과 종업원 1만 명)에 단 한 명의 컨설턴트가 지도하더라도, 경영자가 함께 고심하고 지속적인 관심으로 적극 동참하면 전 직원의 혁신활동이 활성화된다는 값진 체험을 안겨 준 현대삼호중공업(주)의 황무수 대표님께 깊이 감사드린다.

마지막으로 도요타 시리즈 완간이 탄생하는 데 일조한 시대의창 김성실 대표와 어려운 원고를 잘 정리한 편집부 직원들에게 고마움을 전한다. 그리고 도요타 시리즈의 결산을 무사히 마치도록 기도로 격려해 준 아내 김경덕, 딸 혜진, 아들 우열이에게 이 책을 바친다.

정일구

CONTENTS

CONTENTS

2부 혁신활동의 전개방법

7장_ 직원 전체가 혁신개념을 공유하기

8장_ 혁신활동의 조직구성과 리더양성

9장_ 경영자가 직접 참여하는 문화 만들기

"모든 사람이 함께 앞으로 나아가면 성공은 스스로 찾아온다"는 미국의 격언이 생각난다. 이 한마디를 실천하기 위해 세계의 모든 기업들은 동분서주하고 있다. 어느 조직이나 해당 분야의 초일류기업이 되기 위해 혹은 그 기업들과 경쟁하기 위해 상대방을 연구하고 견제한다. 기업의 성장을 돕는 분야에서 활동하는 필자도 30년간 오로지 기업의 올바른 혁신활동을 지도하기 위해 초일류 혁신개념으로 검증된 도요타 생산방식(TPS: Toyota Production System)을 깊이 연구하고 응용활동을 해왔다.

그런 지도활동을 하는 중에 경쟁력의 선도자인 도요타가 미국에서 대량의 리콜사태를 감내하는 과정을 목격하기도 했다. 또한 그런 거대조직이 시기와 질투로 무장한 국가권력 간의 힘겨루기에 희생양이 되기도 하고, 그 와중에 고객의 신망을 잃어 왕성했던 기업활동이 하루아침에 위축될 수도 있다는 위험성을 확인하기도 했다.

하지만 그런 현상들로 인해 벌어지는 여러 관점의 평가들, 예를 들면 도요타에 대한 고객들의 실망감(사실은 제품구입과 무관한 사람들이 대부분)이나 적개심을 가진 언론매체들의 무차별적인 혹평과는 무관하게 도요타가 지니고 있는 부동의 진리 하나는 꼭 붙잡아두고 싶었다. 그것은 도요타를 일관되게 성장시키고 자동차 업계의 맨 앞자리에 있게 해준 생산방식의 철학과 조직원들의 활동정신이다. 그들의 철학을 수십 년간 국내기업의 환경에 맞게 응용해온 결과, 기업의 성장에 반드시 필요한 요소는 '올바른 혁신활동'이라고 느꼈다.

기업들이 보다 나은 위치에 서보려고 몸부림치는데, 과연 그 몸부림은 미래에 통할 수 있는 것을 위한 것인지 또 그 활동을 경제적으로 하고는 있는 것인지 고민해봐야 한다. 또한 경영자나 직원들은 과연 변할 준비가 되어 있는 상태에서 변화와 전진을 꾀하는 것인지, 아니면 하지도 않은 혁신을 한 것같이 착각하고 있는 것은 아닌지도 살펴봐야 한다.

필자가 경험한 기업들의 혁신활동은 제한된 영역 내에서 활동하거나 경영자의 별도지시로 일회성 활동에 그치는 것이 대부분이었다. 그리고 목표를 달성하지 못하고 중도에 포기하는 경우도 많다. 따라서 올바른 혁신개념을 세워 기업이 존속하는 한 지속해야 할 활동이라는 개념은 극히 희박한 것 같다.

과연 우리 기업들이 세계경쟁에서 두 발 앞서 전진하기 위해 필요한 것은 무엇인지, 또 우리에게 부족한 2%의 해결안은 어떤 것인지를 초일류기업의 행동패턴과 그동안의 지도경험에서 찾아 정리하는 것이 필자의 의무라고 봤다. 그래서 도요타의 훌륭한 장점들을 분석한 바탕 위에 그동안의 지도체험을 보태 국내기업의 환경과 정서에 적합한 실천행위 모델을 정리하게 되었다.

그렇다고 도요타만 유독 특출한 조직력과 혁신철학을 지녔다고는 생각하지 않는다. 고유의 혁신철학을 보유한 초일류기업도 더러 있다. 하지만 도요타의 활동에는 배워서 익힐 장점이 여타 기업보다 훨씬 많고 잘 드러나 있어 벤치마킹하기에 유리하다.

혁신활동을 하려면 혁신의 목적과 방향성을 먼저 확고히 해야 한다. 그리고 실천을 집중시킬 분야의 설정과 활동에 늘 매진할 수 있는 조직의 구성도 요구된다.

수많은 기업이 혁신활동을 외쳐대도 흡족한 결과를 내지 못하는 것을 보면, "말과 행동 사이에는 바다가 있다"는 이탈리아 격언과 같이 우리가 취약한 부분은 역시 실천력에 있음을 알 수 있다. 어떻게 혁신해야 하는지를 아는 것은 어렵지 않다. 하지만 아는 것으로 충분치 않고 반드시 적용해야 한다. 또한 적용하고자 하는 의지만으로는 충분치 않고 행동으로 반드시 옮겨야 한다.

혁신을 안 하는 사람과 혁신을 못하는 사람이 있다. 혁신을 일상처럼 해서 눈에 보이는 모순과 잠재적인 낭비까지 다 찾아내 해결하고, 더 이상의 낭비가 잘 보이지 않아 다시 발견할 때까지 혁신을 멈추는 사람이 안 하는 사람이다. 반면에 어떤 것이 모순이고 낭비인지를 구분할 능력이 없어 수단을 전혀 찾을 수 없는 사람이 못하는 사람이다. 나의 경험으로 볼 때 전자의 경우는 거의 만날 수 없었다. 많은 독자들이 후자의 입장에 있다면 전자의 입장으로 바뀌었으면 하는 바람이다.

어느 중견 기업인이 성공비결에 대한 답으로 '배운 것을 절대 잊지 않고 그것을 몸소 실천하여 레벨 업시켰을 뿐'이라고 말한 신문기사가 생각난다. 필자의 경험과 논리에서 나온 조언들 속에 독자들이 나름대로 실천에 옮길 장점들이 있다면 그것을 기억하고 적극 실천해보길 바랄 뿐이다. 아울러 본 내용에서 다루지 않은 혁신활동의 여러 실무적

방법들을 더 알고자 한다면 이전에 출간한 필자의 도요타 시리즈를 참
고하길 바란다. 그러면 혁신의 완성도를 높이는 데 많은 도움을 받을
수 있다. 도요타 시리즈로 완성된 본 서적들이 우리 산업계에 진정한
혁신의 초석이 되길 희망한다.

아름다운 것에는 늘 향기가 있듯이, 희망으로 활기찬 조직의 혁신활동에는 모두를 감동시키는 향기가 있다. 만약 그것이 조직원 모두가 매료될 수 있는 향기라면 선뜻 그것을 품고 희망을 향해 질주하면서 성공의 열매를 거둘 것이다. 하지만 개인 취향의 매력 없는 향기를 모두에게 강요하거나 아무 향기도 없이 조직원들을 혁신의 길로 몰아세우면 참여자의 발걸음이 무거울 수밖에 없다. 모처럼 모두가 함께하는 자리에 바람직한 향기가 없다면 그 활동은 에너지만 소모하고 아무런 소득도 없이 단지 불만과 불평만이 난무할 뿐이다. 한발 앞서나가는 정신과 실천의욕을 힘껏 솟아나게 하는 향기의 원천을 찾아 그것을 몸에 스며들게 하는 지혜를 찾아나서자.

1부

혁신활동의 의미와 방향

고객과 미래를 창조하는 원동력

❯ 고객증대와 기업발전은 불가분의 관계

모든 조직은 왜 자신들이 존재하는지 그리고 어떻게 해야 지속적인 번영을 할 수 있는지를 늘 고민한다. 영리와 비영리를 떠나 조직의 생존을 위해서는 마땅히 취해야 할 기본자세다. 하지만 그런 고민을 해오던 조직에서 막상 행동으로 옮겨 효과를 얻으려 하면 희망대로 안 되는 경우가 많다. 그렇다면 왜 의욕적으로 많은 시간과 노력을 기울여도 무위로 그치는지 깊이 생각해볼 필요가 있다. 특히 영리를 추구하는 기업은 그 원인과 문제점을 더 깊이 살펴봐야 한다.

기업의 탄생과 소멸은 늘 반복된다. 생존하려면 끊임없이 성장을 해야 하는 것이 기업의 생리다. 그리고 충성스런 고객을 늘 증가시키는 활동이 있어야 성장의 발판을 마련할 수 있다. 그렇지 않으면 결국 도태되고 만다. 그런 상황에서 지속적인 고객확보의 책임을 가진 당사자가 바로 조직원들 자신이라고 인정하는 분위기는 아닌 것 같다. 대부분

19

경영환경이 악화됐다는 이유를 대거나 경영자의 무능력을 들먹이곤 한다.

조직원들이 이런 잘못된 결론을 내리는 배경에는 자신의 사고와 행동에는 아무런 잘못이 없고, 자신의 방법이 과거로부터 현재까지도 줄곧 잘 통한다는 생각이 깔려 있어서다. 그리고 정작 빠르게 변화하는 환경에 뒤처지지 않게 적절한 대응을 강구해야 할 당사자들이 현재의 수준으로도 얼마든지 가능하다는 자만심으로 가득한 것이 문제의 핵심이다.

이런 상황을 극복하려면 다음과 같은 질문을 던져보아야 한다.

– 과연 어떤 지혜를 모아야 생존을 보장받을 수 있을까?

– 주어진 능력으로 일을 더 잘할 수는 없을까?

– 일을 하면서도 즐거워할 수 있는 문화를 만들어 꾸준한 성장의 길을 갈 수는 없을까?

– 아주 틀에 박힌 일이라도 생각을 달리하면 중대한 변화를 일으킬 수는 없을까?

– 현재의 일을 계속 지겨운 대상으로 남겨두어야 하는가?

– 현재의 일을 더욱 가치 있게 만들 수는 없을까?

이 같은 물음에 경영자와 직원들이 대답할 준비가 돼 있어야 성장을 꿈꾸고 또 그것을 현실로 만들 수가 있다.

위에 열거한 질문들의 앞부분에 '내가' 혹은 '우리가'라는 주어를 붙여서 그에 대한 답을 얻었다 해도, 결국 성장의 원동력을 촉발하는 요인을 자신들의 조직 내부로 한정지어서 풀어갔기 때문에 모범답안이 될 수는 없다. 하지만 앞부분에 '고객을 위해'라는 말로 대신하면 고객을 모든 행동변화의 동기유발로 삼게 되어 바람직한 답이 나올 수 있다. 따라서 미래의 보장은 오로지 고객만이 할 수 있고, 조직원 각 개인의 발전은 고객창출을 유도하는 노력에 비례한다는 진리를 발견할 수 있다. 그러면 당연히 고객의 증가와 조직의 발전은 뗄 수 없는 관계에 놓이게 된다.

결국 혁신활동의 화두는 '고객창조'로 출발해야 하고, 고객의 창출을 통한 조직의 '미래창조'까지 달성하여 혁신활동의 의미를 완성해야 한다. 고객창출의 방법에는 대표적으로 세 가지를 들 수 있다.

첫째, 미리 고객의 마음을 읽고 그들에게 새로운 것을 제시하여 고객이 자연스럽게 다가오게 하는 능력 발휘.

둘째, 고객과의 접점에서 발휘되는 직원들의 고객 대응 실천력을 고객이 직접 확인하게 해서 고객의 충성도를 점차 높이는 방법.

셋째, 고객과의 접점이 없는 상태에서 조직 내부적으로 고객의 희망 수준을 미리 완성시켜 고객과의 만남을 고대하는 방법.

앞의 두 방법은 마케팅과 개발 그리고 서비스 중심의 혁신분야에 속한다. 세 번째 방법은 고객과의 접촉이 없는 상태에서도 고객의 희망을 관철시킬 수 있도록, 기업의 테두리 내에서 자체적으로 활동을 펴는 내부(제조) 경쟁력 강화의 혁신분야에 속한다. 바로 이 마지막 분야가 필자의 전문분야라 할 수 있다.

❯ 고객의 마음을 읽는 기회

고객은 아직 요구를 드러내지 않은 상태라 무엇을 원하는지도 분명하지 않다. 다만 서비스를 제공할 기업 쪽에서, 이런 정도면 고객이 감동할 것이고 또 차후에 충성고객이 당연히 늘어날 것이라고 예측해서 상품을 개발하고 출시하는 방법이 있다. 요즈음에 가장 선두에 나서서 고객의 마음을 읽고 잘 이끌어가는 기업이 애플사라 할 수 있다. 마이크로소프트사에 눌려 고전하다가 디지털 음악기기의 선두로 나섰던 아이팟, 그리고 태블릿 PC 기능의 아이패드는 물론 스마트폰의 선두주자인 아이폰을 연이어 시장에 출시해 애플사를 최고의 기업으로 올려놓은 최고경영자 스티브 잡스와 그 직원들의 성공담은 유명하다.

고급 승용차 대열의 하나인 렉서스도 독일이 독점하던 프리미엄급 자동차 시장에서 도요타가 고객의 새로운 희망을 흡수하는 전략으로 성공한 좋은 예다. 특히 고객이 5만km를 주행하고도 공장에서 갓 나온 차의 감촉과 소음을 느낄 수 있는 엔진을 목표로 한 것이 적중했다. 미래의 잠재고객은 적어도 그런 상태를 마음에 품고 있다고 판단해서 목표를 잡은 것이다. 그리고 고급차인 만큼 고객의 초기 접촉에서부터 차의 인도까지의 과정은 물론 애프터서비스까지 최상의 대우를 희망하는 고객의 마음을 읽어 그대로 대응한 것이 판매증진에 일조했다.

반대로 고객의 마음을 읽지 않고, 개발하는 사람의 뜻과 희망이 곧 고객의 희망이라고 밀어붙인 인물이 과거에 있었다. 개발의 신화적인 인물인 혼다 사장이 당사자다. 혼다는 고객이 어떤 차를 원하는지 열심히 조사해서 차종 개발에 반영하는 일반적인 마케팅을 잘 하지 않았다. 소비자는 차의 모양이나 성능을 비평하는 평론가적 기질을 가진 아마추어이지 결코 창의적 아이디어를 가진 프로 개발자가 아니라고 생각하기 때문이다. 구체적 형태나 요망사항을 제시하지 못하는 소비자의 주문을 받아오는 것은 개발자에게 모욕이라는 인식을 갖고 있었다. 그로 인해 힘을 실어 개발한 차종이 된서리를 맞는 때도 있지만, 혼다는 별로 심각하게 받아들이지 않았다. 그리고 프로의식을 갖고 계속 아마추어들에게 멋진 작품을 선보인다는 경영철학으로 차를 개발해 지속적인 성공을 거두었다. 그때의 정신이 이어져 비록 판매량에서는 도요타에게 뒤졌지만 하이브리드 자동차를 실질적으로 맨 먼저 개발하는 공적을 남겼다.

무조건 고객의 마음을 읽는다고 다 성공할 수 있는 것만은 아니다. 기업의 사회적 책임과 도덕성을 잊지 말아야 한다. 최근에 기업형 슈퍼마켓(SSM: Super Super Market)이 일반 주택가 깊숙이 침투하기 시작하자 기존 소매상들의 저항과 마주치게 됐다. 하지만 대형마트들은 집 주변에서 싸고 질 좋은 물건을, 그것도 다양한 종류가 진열된 가운데 선택권을 행사하고 싶은 소비자의 마음을 이미 읽고 있었다. 이런 대기업들의 시장침투 준비에 비해 동네 슈퍼마켓들이 고객의 마음을 전혀 읽지 못한 채 안면장사 혹은 서민상업의 정서와 보호법의 제정에만 매달려 자신들의 생계를 호소하는 자세는 바람직하지 않다. 소비자의 권리가 무시되기 때문이다. 이웃 일본도 대기업의 동일한 행동에 처음에는 소상인들이 저항을 했으나 곧 자신들의 살길은 스스로 변하는 길밖에 없다는 판단을 내렸다. 지역주민들이 희망하는 틈새분야를 찾아 기동력이 필요한 식료품 공급의 차별화로 판매력을 유지해나갔다. 즉 고객의 마음을 읽는 노력을 기울여 변신을 꾀한 것이다. 어떤 상황에 처할지 예측할 수 없는 시대에 그런 노력은 고객과 상대하는 조직 모두에게 필요한 요소다.

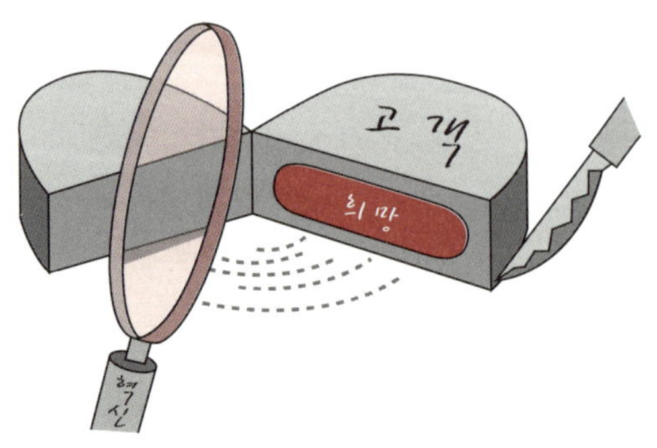

고객의 마음을 누구보다 잘 읽어야 살아남을 수 있는 업종의 하나가 패션업계다. 트렌드를 앞서가는 의류업계의 경우 고객의 희망을 이끌어간다는 명분이 있지만, 사실 생산자의 뜻대로 이끌어가는 경우가 대부분이어서 기대한 만큼의 고객증가는 일어나지 않는다. 게다가 고객의 선호도가 너무 다양하다는 점도 고객창조를 어렵게 만든다. 의류업계는 대개 패션 선진국(프랑스, 이탈리아, 일본, 홍콩 등)의 동향을 살펴 그 유행을 국내에 재차 도입하는 경우가 대부분이고 독자적인 패션창조는 많지 않다. 이같이 고객의 마음을 앞서서 읽는 노력이 부족할 경우 고객유도는 뜻대로 되지 않는다. 더군다나 업체의 오너가 개발모델을 자기 개인적인 평가로 판매 여부를 마음대로 결정하는 잘못된 습관이 있다면 오히려 판매가 저조할 수 있다.

필자도 여성의류와 골프웨어를 함께 취급하는 의류업체를 지도한 적이 있다. 혁신활동의 초점을 파악하기 위해 해당 판매점을 찾아 매니저와 상담을 해보니 오로지 팔 옷이 없다는 푸념뿐이었다. 메이커에서 고객이 선호할 것이라고 예상한 모델을 아무리 다양하게 내놓아도 고객이 찾는 것은 늘 일부 모델에 그친다는 논리다. 또한 재고를 두지 않으려고 수량도 제한하기 때문에 고객이 많이 찾는 물건을 제때에 공급하지 못해 오히려 기회손실이 발생한다. 결국 판매시즌이 끝나면 팔리지 않은 상품의 재고처리에 대한 고민만 남는다. 이런 현상은 의류를 취급하는 기업의 공통현상이다. 말 그대로 패션을 리드해 고객을 끌어들이려 하지만 이처럼 결과가 의도한 대로 되지 않는 분야는 이 외에도 많다.

고객의 마음을 읽은 결과 그들의 요구가 다양하다고 해서 그대로 다품종으로 대응하는 것이 꼭 옳은 방향만은 아니다. 오히려 상품의 다양화는 혼란을 초래해 고객에게 중점품목이 없다는 인상을 남길 수 있어, 기존에 보유했던 인기품목조차 수요가 감소하는 후폭풍을 맞을 수 있다. 코카콜라가 다양한 입맛에 대응하려고 품종을 늘려 출시했다가 토종 인기품목이 역으로 줄어드는 현상이 일어나 신제품 판매를 중단하고 폐기한 예가 있다. 이와 같이 고객의 마음을 정확히 읽어낸다고 사업화에 반드시 성공하는 것은 아니다. 그럼에도 불구하고 고객의 마음을 읽는 혁신활동은 계속해야 한다.

❯ 고객과의 접점을 소중히 여기는 기회

이 세상 어느 경우에도 무너지지 않는 경쟁력을 보유한 기업이란 없다. 만인이 인정하는 품질과 초일류 생산방식으로 유명한 도요타도 고객이 불만해소의 권한을 행사하는 바람에 판매력이 일시에 기울어지는 사태를 경험했다. 평소 고객들의 목소리에 귀를 기울이는 행위를 게을리한 데서 발생한 일이다.

그리고 도요타가 아무리 수십 년간 모범적으로 조직의 개선력을 발휘해온 기업이라 할지라도, 수만 명의 직원들 전체가 늘 완벽한 의사결정과 업무를 수행할 수는 없기 때문에 품질하자의 사태가 당연히 벌어질 수 있다. 하지만 고객이 불만을 토로했을 때 바로 회사 차원의 조치를 취하는 것은 얼마든지 가능하다. 그런데 그 불만의 목소리를 이미지에 손상을 주는 정보로 간주해 은폐하고 또 제때에 흡수하지 못한 소통의 장애가 결국 대량 리콜사태로 번진 것이다. 그 결과 호미로 막을 수 있는 사태를 가래로 막는 결과로 만들었다. 거기에 미국 자동차 산업의 후퇴를 염려하는 정치인들이 도요타의 좋은 이미지를 마구 깎아내리는 행동이 더해져 이중으로 타격을 입었다.

리콜사태 이후에 도요타는 악화된 분위기를 수습하기 위해 고객의 생각을 뛰어넘는 발본적인 대응조치를 단행해 사태수습에 대한 능력을 보여주었다. 조금이라도 문제가 있다고 판명되면 여지없이 리콜대상으로 삼아 서비스를 수행하고 있다. 그렇게 하지 않으면 임기응변으로 일관하는 기업이라고 매도당했을 것이다. 타 회사와 제품의 종류나 운행 대수의 규모를 비교해보면 상대적으로 리콜규모가 적은데도, 절대적인 발생규모나 리콜수량으로 보도되기 때문에 오히려 도요타가 많은 것처럼 보인다.

그러나 소 잃고 외양간 고치는 그 어떤 대응능력도 평소에 고객의 소리에 귀 기울이는 행동의 가치를 넘지 못한다. 즉 고객이 호소하는 문제가 구체적으로 무엇인지 또 무엇을 필요로 하는지를 받아들이는 겸허한 자세가 가치 있는 행동이다. 사실 고객의 요구를 불완전하게 수행했을 때 벌어지는 일이 애프터서비스다. 그것조차 할 필요가 없는 조건을 만들어내는 일이 곧 최상의 서비스다.

제철소와 같이 산업 원자재를 생산하는 기업은 자신이 보유한 독과점 조건을 무기로 고객들을 푸대접하면 안 된다. 철광석의 국제시세가 오르면 바로 판매가격을 올리는 일은 득달같이 해도 자신이 생산한 상품을 고객이 어떻게 하면 유용하게 사용할 수 있는가에 관한 기술에는 별 관심이 없다. 하지만 구매고객의 입장에서는 구입한 철판 원자재가 매출액의 절반을 차지할 정도로 비중이 높아 원가의 부담을 줄이는 노력이 요구된다.

따라서 제철소는 철판을 사용하는 고객이 낭비가 없는 가치창조가 되도록 관련 가공기술에 대한 연구도 깊숙이 진행해서 그 개선책을 고객에게 공급해주어 만족도를 높여줄 필요가 있다. 후속기업들의 제품 원가나 품질확보는 주로 원자재의 품질과 경제적인 취급능력에 달려 있기 때문에 기초 원자재를 만드는 기업은 후속제품을 창조하는 기업들의 고민을 덜어주는 일이 곧 고객창조가 된다. 공급사슬 관리(SCM: Supply Chain Management)를 단순한 물류과정의 합리화 활동에서 한 차원 올려 고객창출의 신규통로로 활용할 수 있어야 일류기업이다.

❯ 고객의 희망을 미리 완성시키는 기회

영업부문을 제외하면 사실 대부분의 직원들은 고객과 거리감이 있다고 느낄 것이다. 그런 이유로 모든 부서가 실무를 할 때 본인들이 일하기 편리한 방향으로 업무방향을 잡기가 쉽다. 그 결과 고객이 요구와는 무관하게 업무가 진행될 수 있다. 더욱이 직원들이 스스로의 업무에 만족을 못하고 마지못해 수행하면 고객만족을 이끌어내기는 더 어렵다. 하지만 본인들의 임금이 고객으로부터 지급된다는 의식이 철저하다면 고객의 요구가 빠짐없이 달성되는 방향으로 업무 자체를 변화시킬 것이다. 기업 내부에서 고객 지향의 업무혁신을 해야 하는 가장 큰 이유는 고객의 시야에서 벗어나 있는 영역이나 과정에서 그들의 감동을 계속 유도하는 직원들의 실천이 필요하기 때문이다.

도요타는 일찍이 재고 없이 고객의 수요를 대응하는 전략으로 타 기업과 차별을 둔 활동을 펴왔다. 고객은 다양한 모델 중에서 원하는 차를 사려고 하는 동시에 가능한 한 빠른 시간 내에 받길 바란다. 하지만 대부분의 회사들은 그 반대로, 자기들이 편하게 만들 수 있는 모델과 수량을 설정해 생산한 다음 그 안에서 고객이 선택하길 바란다. 그렇게 고객요구와 상반되는 전략으로는 고객이 늘 수가 없다. 따라서 제한된 제조능력 안에서 다양한 모델을 대상으로 그것도 고객이 원하는 시기에 건네주는 개념은 모든 기업에게 매우 어려운 과제로 보였다.

하지만 도요타는 직원들이 조금 더 노력을 기울이면 고객이 요구하는 다양한 모델을 골고루, 그것도 필요한 만큼 생산해낼 수 있다고 확신했다. 궁극적으로 고객이 요구하는 바와 동일한 판매환경을 우선적으로 조성하는 것을 말한다. 게다가 재고가 거의 없는 상태로 대응하는 것이어서 기업으로서는 수익성도 더불어 증가해 도랑을 치우면서 가재도 잡는 이중효과를 거둘 수 있는 것이다. 이런 확신을 얻은 도요타는 이 전략을 향후의 경쟁력으로 삼고 목표를 달성하기 위해 수십 년 동안 내부의 전 직원이 왕성한 혁신활동을 편 결과 자동차 업계에서 제왕의 위치를 차지하게 됐다.

기업이 생존하기 위해 필요한 경쟁력의 기본요소는 흔히 품질, 원가, 스피드라고 정의한다. 이것은 상대적으로 고객이 요구하는 3대 조건이기도 하다. 어느 기업이나 고객이 요구하는 바를 정확히 만들고, 고객이 허용하는 가격을 흡수하며, 고객이 요구하는 시점에 공급할 수 있는 제조 스피드의 능력보유는 내부의 필수역량이라 보고 이를 위해 전력을 다한다. 따라서 고객창조는 기업 내부에서도 충분히 달성할 수 있는 분야로 볼 수 있다.

고객들은 서로 독립적인 존재라서 개개인이 기업에게 원하는 바도 전부 다를 수 있다. 제조하는 입장에서는 그런 십인십색의 요구를 동일한 시기와 장소에서 해결해야 한다는 어려움을 호소할 수 있다. 그중에서 특히 고객이 원하는 품질의 다양한 요구는 제조의 일관성을 무너뜨리기 때문에 더욱 어려운 요소로 작용한다. 하지만 그런 상황을 극복하는 것이 혁신이다.

가령 비슷한 제품을 주문하는 고객들이 있다고 가정하자. 제품형태는 유사해도 특정 가공공정의 요구사양은 다를 수 있다. 표면을 처리하는 도장공정을 예로 들면, 쉽게 처리할 수 있는 저급이 있고 어렵게 완성해야 하는 고급도 있을 것이다. 이런 다양성을 그때마다 대응하며 완성하기란 사실 어렵고 낭비도 많아진다. 이 상황에서 품질사양의 차이가 작을 경우에는 차라리 가장 고급을 원하는 고객의 품질에 맞추어 전부 일관되게 작업하면 어떨까? 그러면 저급의 품질을 요구했던 고객들은 제품을 보고 감동할 것이고, 애초에 고급을 원한 고객은 균일한 품질에 신뢰를 보낼 것이다. 그리고 내부적으로는 도장작업에 단일의 표준화를 이룸으로써 다양화로 생길 수 있는 낭비를 일시에 제거할 기회도 생긴다.

그래서 고가로 거래했던 고객은 가격을 약간 낮추어주고 낮은 품질로 거래했던 고객에게는 약간의 가격인상을 타협할 수 있게 된다. 이렇

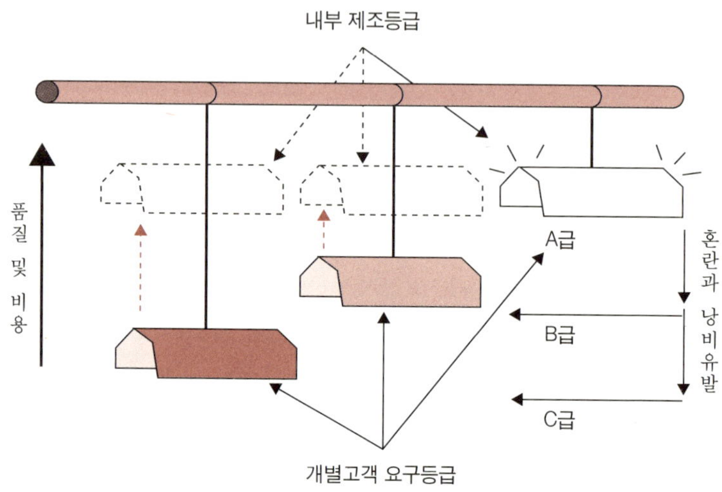

듯 고객만족의 증대는 내부에서 고객이 알아채지 못하는 사이에 얼마든지 만들어갈 수 있다.

국내에서 휴대폰을 제일 많이 판매하는 기업 그룹의 계열사를 지도한 적이 있다. 이 기업은 휴대폰의 주요 부품인 전자회로 기판의 고급사양을 일부 제조하는 부품 전문기업이다. 비록 같은 그룹사의 주문을 받는 형태지만 엄연히 고객과 공급사의 관계로 거래한다. 휴대폰의 종류가 다양해지고 모델의 변경주기도 점차 짧아져서 신속한 부품공급이 제조의 주요 관심사가 되었다. 그리고 스마트폰의 개발로 점차 부품의 복잡도와 정밀도는 증가하는 추세여서 신속한 공급을 더 어렵게 만들고 있었다.

주문을 주는 고객기업이 재고를 발생시키지 않기 위해 자사의 월간 판매계획을 기준으로 부품을 발주하지 않는다. 주요부품의 조달기간을 단축해서 재고 없이 단기의 판매계획을 운영하는 정책으로 하기 때문에, 발주에서부터 납품까지를 2주 안에 해달라는 요구가 발생했다. 만약 그 조건을 만족시키지 못하면 공급사를 변경하겠다는 입장을 표명했다. 이런 절박한 고객의 요구에는 어떤 항변과 엄살도 소용없다. 오로지 수행 여부에만 초점을 맞추어야 한다.

스스로 능력을 점검한 결과 현재 이 부품 제조기업이 수행하는 속도는 가장 복잡한 사양을 기준으로 3주 정도가 소요됐다. 그래서 필자의 지도과제가 제조기간을 3주일에서 2주일로 줄이는 30%의 단축활동으로 정해졌다. 복잡한 여러 경로를 거쳐 약 60여 개의 공정을 거치는 까다로운 정밀제품을 과연 빠른 시일 내에 단축할 수 있겠는가? 어려움이 많은 활동이라고 생각했지만 결국은 해내고 말았다. 종국에는 경쟁자가 없을 정도로 빠른 스피드의 제조를 하게 된 것이다.

그 결과 신제품의 까다로운 주문도 고객의 요구기간 내에 제조하게 되어 경쟁사로 주문이 넘어가는 것을 차단하고, 고객사의 주문량이 오히려 증가하는 효과를 본 경험이 있다. 이렇듯 고객의 미래에 대한 요구를 있는 그대로 흡수하여 적용시기가 도래하기 전에 내부에서 당면과제를 완수하면 고객창조는 저절로 이루어진다고 확신한다.

아주 작은 기계가공 전문기업을 지도할 기회가 있었다. 그 기업은 직원이 30여 명 정도이며 연 매출이 40억 원 정도로서 반도체와 LCD 제조장비에 소요되는 부품의 임가공 전문기업이다. 거래처는 고정적으로 일을 주는 10여 군데에 불과해 크게 성장을 기대할 수 없는 형편이었다. 하지만 기능장 출신의 경영자는 자신들의 가공능력이 경쟁력이 있다고 판단해 영업기능을 확대해 거래처를 늘려 매출을 올리는 전략을 희망했다. 하지만 내가 반대를 했다.

완제품을 제조하지 않고 주로 자재를 공급받아 부품을 가공하는 기업은 내부 경쟁력으로도 승부할 수 있고, 확실한 품질능력과 우수한 대응력만 갖추면 고객은 저절로 늘어난다고 조언해주었다. 그래서 경쟁력의 포인트를 제조업의 기본인 4청정(정리, 정돈, 청소, 청결) 활동에 두었다. 기계 가공기업이지만 마치 전자부품을 다루는 기업 정도의 환경상태를 목표로 노력한 후, 고객에게 현장을 적극 공개하는 전술을 펴기로 한 것이다.

일반 기계 가공업체를 생각한다면 절삭유와 기계 윤활유, 가공절편이 튀어 더러운 현장을 상상하겠지만, 그것을 완전히 뒤집는 발상으로 혁신활동을 했다. 그리고 무질서한 기계 주변의 관리상태도 필요한 가공품을 하나씩 순서대로 진행하는 아주 질서정연한 흐름으로 바꾸어 갔다. 불량을 만드는 조건은 아예 싹을 자르는 예방관리도 실행했다. 사원들이 전에 하지 않던 활동을 꾸준히 실행하는 동안 경영자는 다른 회사들이 하지 않는 신공법의 응용에 주력했다.

그 결과 우연히 방문하게 됐거나 입소문을 듣고 찾아오는 국내외 고객들은 하나같이 단 한 번의 현장방문을 통해 모두 신규고객으로 바뀌었다. 특히 일본 고객들은 자국의 금속 가공업체에서도 그만큼 깔끔한 현장은 보지 못했다고 하는 인상적인 방문소감을 피력했다. 결국 2년 만에 거래처가 50군데를 넘었고 공장도 확대하여 매출이 무려 100억원에 이를 정도로 두 배 넘게 성장했다. 일반기업처럼 고객을 찾아가 기회를 달라는 문전 영업행위는 하지 않는다. 찾아오는 고객만 감동시켜도 넘쳐난다. 직원은 단지 늘어난 설비를 담당할 작업자만 몇 명 증가했을 뿐이다.

그 과정에서 직원들은 맹목적이고 충동적으로 남의 흉내를 내는 것이 혁신이 아니라는 점을 깨달았다. 고객의 희망과 의중을 제대로 짚으면 자신들의 미래를 보장할 올바른 혁신활동이 언제나 가능하다는 것을 터득하게 되었다.

대기업과 협력사 간의 불공정한 거래가 중소기업들을 궁지로 몰아넣는다는 여론이 있다. 하지만 대기업이 납품가격을 지속적으로 내리는 습관은 어제오늘의 일이 아니다. 게다가 한 달 정도의 확정물량을 제시하지 않고 짧은 기간의 주문만을 일삼는 경우도 점차 늘고 있다. 협력사가 이런 어려운 조건을 개선해달라고 호소하기보다는 일단 그 조건에 대응할 수 있는 내부혁신을 시도하는 것이 더 현명하다. 스스로 변신해야 한다. 과거에 하던 관리수준으로 계속 대처하겠다는 마음자세는 바람직하지 않다. 사업하기 어려운 환경이야말로 전 직원의 지혜를 동원해 도전할 시기라 생각하고 실천해야 한다.

❯ 일어서고, 바로 서고, 앞서가는 기회

각 기업이 처한 경영상황에는 여러 가지가 있겠으나, 크게 다음의 세 가지로 나눌 수 있다.

첫째, 기업이 경제활동을 통해 적자가 발생하거나 그러한 상태가 지속되어 생존의 위태로움을 느끼는 경우다. 국면을 돌파해보려고 여러 방향으로 시도해보지만 딱히 뾰족한 수가 나오지 않는다. 경쟁사에 비해 경제성 면에서 많이 뒤져 있고, 닥쳐올 사업환경의 악조건을 염려하여 지속적으로 고통당한다. 직원들의 불평 속에는 고객에 대한 불만이 가장 많다. 기업이 처한 상황 가운데 가장 심각하다.

둘째, 경제활동을 통해 손실(적자)을 보지는 않더라도 장기적인 관점에서 보면 안정감이 낮아 보이는 기업상태를 말한다. 마주친 환경에 대응하는 데 급급하고 호조건의 경제상황에 희망을 건다. 그래서 급격한 환경변화를 두려워하고 경쟁사의 변화에도 일희일비한다. 발전기에 들어선 기업이나 오랜 성숙기를 특별한 어려움 없이 거쳐온 기업들이 변화가 심한 환경에서 드러내는 현상이다.

셋째, 다른 기업들보다 경쟁력 면에서 안정되어 있으며, 흑자기조를 유지하고, 사소한 환경변화에도 유연하게 대처하는 경우이다. 보호막을 젖히고 글로벌화된 경제체제 아래에서 당당히 초일류가 되기를 희망한다. 그리고 가치 있는 기업으로 발전시킬 욕구를 행동으로 보여주는 기업을 말한다.

이러한 세 가지 상태에서 기업 혹은 경영자가 갖추어야 할 혁신개념과 방향을 정의해보면 다음과 같다.

첫 번째 상황은 기업의 상태를 반전시켜야 하는 '일어서기 혁신'이 필요하다. 조직원의 정신과 관심을 현실타파 방향으로 모아야 한다. '우리는 과연 고객의 요구를 만족시켜주는 기업인가?, 왜 고객은 우리에게 관심을 가져주지 않는가?'라는 의문을 반복하면서 계속 해답을 찾아 극복해야 한다.

두 번째 상황은 경영의 불완전한 기복상태를 해결하기 위한 '바로서기 혁신'이 필요하다. 다양한 고객의 요구에 단순히 익숙한 방법으로 대처하지는 않았는지, 현재의 방법들이 과연 경쟁자보다 나은 수준인지를 평가해 다방면에서 개선해야 한다. 또한 과제의 난이도를 높이고 그것을 해결할 수 있는 실력을 빠르게 길러야 한다.

세 번째 상황은 경쟁력을 선도하는 '앞서가기 혁신'이 필요하다. 경

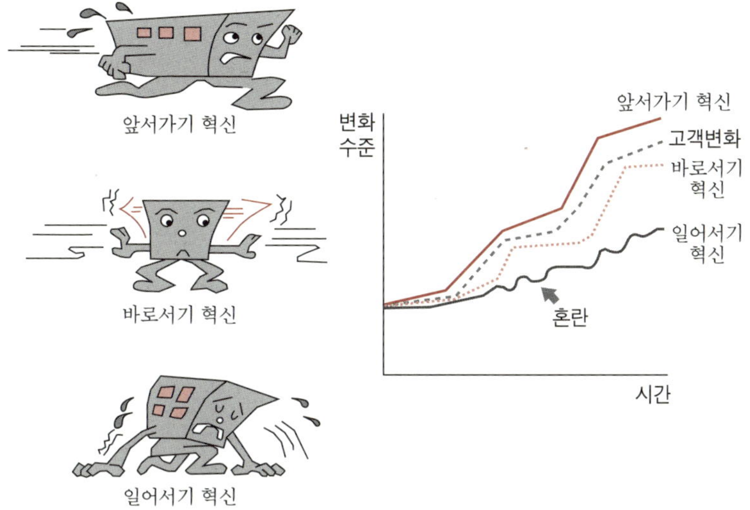

쟁자와 비교 평가하는 차원이 아니라 스스로를 경쟁상대로 삼아야 한다. 현재의 상태나 수단들을 항상 제로베이스로 놓고 현재의 방법을 늘 부정해야 한다. 새로운 가능성의 오솔길을 찾으면 대로를 바로 만들어 기존의 대로를 폐쇄하는 단호함을 보여야 한다. 그리고 어떻게 하든 더 나은 수단을 찾아야 한다는 최면을 걸어 경쟁자와 차별되는 방안을 계속 만들어가는 혁신활동과 정신문화가 필요하다.

축구경기를 볼 때 가끔 기업의 혁신활동을 보는 것 같은 착각을 한다. 특히 조직원들 개개인의 역할이 부각되는 대표적인 장면으로서, 경기 중에 한 명의 선수가 퇴장당하는 팀은 경기에서 거의 패배하기 때문에 매우 안타까운 마음이 든다. 어느 직원 하나라도 자신의 역할에 대한 중대성을 깨닫지 못한 나머지 해당분야에서 오류를 범하면 회사를 곤궁에 빠뜨릴 수 있는 경우와 같다. 특출한 능력을 보유한 한 명의 선수보다 각 기능별로 조직된 기본 구성원 개개인이 제 역할을 해주는 것이 더 중요하다는 것을 배우게 해준다.

경기에서 골을 넣는다는 것은 경쟁에서의 승리이고, 골을 먹는다는 것은 패배를 뜻하며 무승부는 현상유지를 의미한다. 즉 상대를 극복하지 못하면 적어도 상대가 이쪽을 밀어내기 힘들게 만드는 노력이라도 따라주어야 한다. 그런 노력은 대부분 감독의 작전에 의해 수행되듯이 경영자의 전략과 전술이 경쟁력을 좌우한다.

공을 다루는 능력이 곧 축구의 경쟁력이다. 이 능력을 기업에 비유하면 제품전략이나 마케팅 전술과 같은 대외적 소프트웨어와 재료를 제품에 이르기까지 현물을 다루는 생산과 제조기술로 간주할 수 있다. 즉 공은 기업이 다루는 정보와 현물의 실체라고 보면 된다.

선수가 공을 제때 처리하지 못하거나 패스미스를 범하면 곧바로 상대방의 역공을 당하게 된다. 이 의미는 기업이 제품개발이나 출시 그리고 시장침투 전략 등에 대해 제때에 제대로 된 의사결정을 못한다거나, 제조과정의 현물에 대해 필요한 것을 필요한 때에 필요한 만큼 경제적으로 생산하거나 공급하지 못하면 바로 경쟁사에게 우위를 점할 수 있는 기회를 제공하는 것과 같다.

팀이 골을 넣기 위해 상대편 골대를 향해 늘 전진하고 작전을 시도하는 것은, 기업이 고객을 앞에 두고 경쟁력 확보를 위해 항상 혁신활동의 발전기를 꾸준히 돌리는 것과 흡사하다. 하지만 상대방의 골대를 향하지 않고 후방에서 자기편에게 백패스를 일삼는다면, 마치 모험을 피하고 안전하게 시간을 끌며 현상유지라도 해야겠다는 기업들의 행태를 보는 듯하다. 그런 경기를 하는 팀에게는 관객이 등을 돌린다. 관객들은 적극적으로 공격에 매진하는 팀을 선호하고 또 그런 팀에게 충성한다. 기업이 고객을 사로잡는 동기와 똑같다.

개최국이라는 이점이 있었지만 과거에 한국이 세계축구 4강을 이룩했을 때는, 마치 어느 기업이 혁신목표를 잡아 열심히 활동하여 그 목표 이상을 달성한 모습처럼 느껴졌다. 그 성공요소를 살펴봤을 때 세 가지를 꼽을 수 있었다.

첫째, 범국가적인 전폭적 지원을 들 수 있다. 재정지원은 물론 전 국민이 월드컵이 끝나는 날까지 보여준 뜨거운 관심을 말한다. 이것은 마치 혁신활동의 활성화를 위해 기업 차원의 전폭적인 지지, 특히 경영자의 완전한 참여와 지원을 받는 것과 동일하다.

둘째, 훌륭한 지도 시스템의 존재다. 즉 선수들의 기량향상에 대한 철저한 동기부여를 말한다. 기업에서 혁신활동의 조직을 만들고 각 부문의 활동을 이끌 많은 지도자들을 가르치고 육성하는 일을 말한다. 물론 능력 있는 지도자가 필요하다.

셋째, 선수들의 의욕과 투지가 높았다는 점이다. 아무리 아낌없는 지원과 세련된 훈련을 받았더라도 직접 뛰는 선수들의 자신감이 부족하고 승리의 의지가 약하면 성공하지 못한다. 마찬가지로 기업에서도 혁신의 참여자들이 소극적이고 활동의지가 희박하면 돈과 시간만 허비할 뿐 아무런 소득이 없다.

각 국가들이 축구 경쟁력 순위를 높이려고 안간힘을 쓰고 세계대회에 참가할 때마다 더 나은 결과를 얻기 위해 전진하듯이, 경영자가 기업이 처한 현실을 극복하거나 남보다 앞서기 위해 혁신정신을 불어넣으려고 많은 활동을 유도하는 것은 너무나 당연하다.

그 과정에서 경영자가 활동 자체가 무엇을 의미하고 어떤 목적으로 왜 해야 하는지를 가늠하지 못한 채 마구잡이로 강요하거나 진행시켜,

결국 중도에 하차하거나 부정적 결과를 낳아 오히려 신뢰를 상실하면 곤란한 지경에 빠진다. 따라서 경영자들은 혁신활동의 전개지식에 부족함이 없는지 스스로 더 많은 고민을 해야 한다. 직원들이 납득할 때까지 경영자가 도와주지 않으면 직원들은 절대 동참하지 않는다는 사실을 깨달아야 한다.

기업이 현재보다 한 단계 높아지려는 혁신을 시도를 할 때는 다음과 같은 질문에 확답을 얻고 출발해야 한다.

첫째, 왜 해야 하는가?
둘째, 무엇을 대상으로 하면 되는가?
셋째, 어떻게 하면 되는가?

그렇지 않으면 배가 산으로 올라가도 물 위를 달리는 것으로 착각한 채 효과 없는 활동을 계속하게 된다.

단순이익보다는 수익성 추구

❯ 수익성의 핵심인 스피드 내기

경쟁력의 향상방안은 대외적인 방향으로서 신제품의 개발보급을 들 수 있고, 내부적인 방향으로서 원가 내리기를 대표적으로 들 수 있다. 대부분의 기업들이 치열한 경쟁구조 속에서 살아남는 방법을 원가경쟁력에서 찾는다. 개발은 새롭게 고민하는 가운데 탄생되지만 원가는 늘 마주하고 있어서 친숙하기도 하고 실현 가능성도 높다고 생각하기 때문이다.

원가를 경쟁력의 주축으로 삼기 위해서는 '만드는 방법이 변하면 원가는 저절로 변한다'는 발상을 조직원 전체가 철저히 인식하고 있어야 가능하다. 따라서 관리자들은 경영에 직결되는 시스템적 개선을 꾸준히 실행하고, 현장에서는 제조방식과 방법을 하루가 다르게 변화시켜야 한다.

오랜 혁신 지도활동을 통해 가장 많이 목격하는 경영의 비효율은,

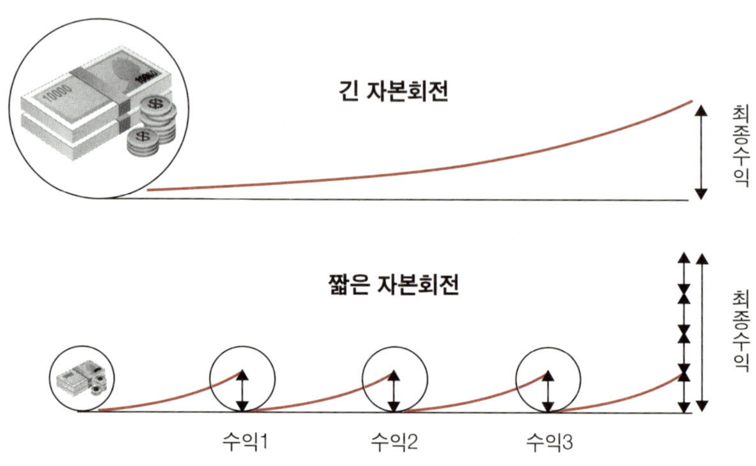

재무제표상에는 이익이지만 실질적으로 현금의 이익이 하나도 없는 속 빈 강정의 기업을 보는 경우다. 이익률이 높은 상품을 보유하고 있거나, 부가가치가 높은 제품을 남보다 먼저 개발해 시장에 침투시켜 이익을 기대할 수는 있지만 수익성은 보장 못하기 때문이다.

이익이 발생했다고 하더라도 기업의 지속적인 활동과정상에서 총합적으로 판별되는 수익성이 비례하지는 않는다. 즉 이익률이 비교적 높은 제품을 취급한다 해도 재고를 많이 보유하는 운영방식이 되면 자본의 회전기간이 길어져 오히려 적자경영이 되기도 한다. 반대로 작은 자본이라도 신속히 돌리면 대자본과 호각을 이룰 수도 있다. 따라서 기업으로서는 이익률보다는 자본회전의 스피드를 올려 수익성 경영에 중점을 둔 혁신활동이 필요하다.

전통적 회계방식에서는 재고보관에 드는 공간비용, 광열비용, 취급비용, 보관설비 비용, 출하비용, 방청 등의 관리비용이 재료비, 노무비,

경비라는 회계비목으로 분산되거나 간접배분이 되어 정확히 계산되지 않는다. 그런데 통계적으로 보면 그 추가비용이 재고금액의 20% 이상을 상회할 정도로 수익성에 치명적인 영향을 준다. 따라서 재고자산은 적자경영의 주원인이 된다.

재고자산을 불려 이익이 발생한 것처럼 보이거나, 재고자산도 마치 현금인 양 착각해서 자산으로 평가해 대차대조표의 대변에 이익이 발생하면 안도의 한숨을 내쉬는 무능력한 경영자는 도저히 이해를 할 수가 없을 것이다.

실제로 많은 경영자들이 장부상의 이익으로 만족하고 산다. 체면유지의 목적도 한몫하는 듯하다. 진지한 노력은 하지 않았어도 뭔가는 건졌다는 기분을 느끼고 싶어 하는 심리를 가진 사람들이다. 그러니 유일한 근거가 되는 장부상의 이익이 나온 상황에서 종업원들이 특별 상여금이라도 바라는 눈치를 보이면 자기 손에도 현금이 없다는 말로 잘라버리는 경영자들이 많을 것이다. 이는 아주 무책임한 행동이다. 재고로 돈이 깔려 있는 현상은 직원들이 책임져야 할 대상이 아니다. 경영자의 몰이해나 무능으로 보아야 옳다.

물론 관리자나 현장 작업자에게 전혀 책임이 없는 것은 아니다. 특히 생산부서는 영업으로부터 추가될 긴급 주문량의 수요를 가늠하지 못해 난감해할 때가 있다. 생산이 영업의 긴급주문을 제때에 해결할 능력이 없어 자기들이 작업하기 편리한 수량을 기준으로 완성계획을 세우다 보면 과잉재고를 늘 유발하게 된다. 그러나 그러한 현금 깔고 앉기 현상을 직원들에게 제대로 인식시키고, 목표를 달성할 수 있도록 줄곧 지켜봐야 할 책임은 경영자에게 있다.

'재고가 팔리면 곧 돈이 될 것이니 현금으로 생각해도 좋다'는 식의 발상을 가진 경영자나 관리자는 절대로 재고를 줄이지 못한다. 기본적 사고방식이 잘못 되어 있기 때문에 어떠한 행동도 실행할 수가 없다. 따라서 기업에게 꼭 필요한 것은 경영자부터 기본개념을 바꾸는 혁신을 해야 한다는 점이다.

경영자가 간부회의 석상에서 경영자 조찬회나 최고경영자 코스에서 귀동냥한 이야기를 하며 당부하는 것은 혁신이 아니다. 혁신은 정확한 대상의 선정과 방법결정, 그리고 요구하는 결과수준을 명확히 결정하고 끝까지 물고 늘어지는 끈기와 집념을 발휘하지 않으면 결코 따먹을 수 없는 먼 나라의 과일일 뿐이다. 즉 혁신을 하기 위해서는 실천의지가 강한 안목 있는 지식인으로서의 경영자가 필요하다.

만약 재고자산을 줄이기 위해 많은 재고를 처분한다면 대다수의 경영자가 의문을 가질 것이다. 무턱대고 재고를 줄인다면 과연 다품종 소량의 주문품을 그것도 단납기 현상으로 일관할 때 어떻게 대응할 수 있느냐는 것이다.

물론 반대급부적인 대책을 세우지 않고 재고를 과감히 줄일 수는 없다. 재고이용의 기회가 줄어드는 만큼 거기에 상응하는 생산속도 향상과 품질체계를 동시에 발전시킬 수 있어야 한다.

재고는 사실 수익성 확보에서 최대의 적이다. 재고는 가치창조 현장의 모든 문제를 감추는 역할을 한다. 특히 생산능력과 계획과의 적합성을 알지 못하게 한다. 그리고 설비고장이나 품질 트러블을 드러나지 않게 하는 역할도 한다. 또한 필요하지 않은 비용들을 일시에 소비하는 요인 중에 가장 큰 부분으로 작용한다. 그래서 재고를 줄이면 현장은 진보하고 그렇지 않으면 진보는 멈춘다.

기업이 능력이 뛰어나면 고객요구의 시점에 맞추어 필요한 것을 필요한 만큼만 만들 것이다. 하지만 능력이 부족해도 미리 만들거나 많이 만들어 여유수량을 확보한 후 고객이 요구하는 시점에 요구하는 수량을 공급할 수는 있다. 필요한 것을 필요한 시점에 필요한 수량을 모두 만족시켜준 점에 대해서는 두 경우가 같다. 하지만 경제적인 관점에서 보면 차이가 많다. 수익성으로 승부하는 경영자라면 당연히 재고 없이 해결하는 전자의 경우를 택할 수밖에 없다. 결국 재고를 보유하면서 공급하는 경영자 혹은 품질을 확보하기 위해 최종검사에 많은 공수를 투입해서 양품을 걸러내는 경영자는 형편없는 수익성 의식의 보유자로 볼 수 있다.

수익성 경영의 완성에는 시간과의 승부에서 늘 앞서가는 능력이 필요하다. 신속하게 만들어서 빨리 파는 능력을 말한다. 미국에서 유발시킨 국제적인 금융위기로 불황이 갑자기 닥쳐왔을 때 국내 조선업의 수주 건수가 일시적으로 전무한 적이 있었다. 기존에 받아놓은 수주가 많이 있어 다행이었지만 그렇지 않았다면 타격이 컸을 것이다.

그 후로 점차 경제가 풀리자 화물운임이 다시 높아져 선박의 수요가 발생했다. 하지만 새로 건조하려면 2년 정도가 소요돼 당장 배가 필요한 해운회사는 우선 급한 대로 중고선박을 사들일 수밖에 없었다. 그런 결과 중고선박 가격이 새것의 가격보다 높아지는 기현상도 발생했다. 만약 이런 경우 조선소가 건조기간이 짧은 경쟁력을 갖고 있다면 독보적인 경쟁력으로 누구도 예상할 수 없는 수익성을 올릴 수 있었을 것이다. 이런 현상이 스피드의 가치라 할 수 있다.

만약 많이 팔 수 있는 영업능력이 없다면 신속하게 만드는 능력만이라도 확보해 비용의 증가나 재고자본을 유발하지 말아야 한다. 가장 좋은 수익성은 고객이 요구하는 스피드와 일치한 생산능력을 갖출 때

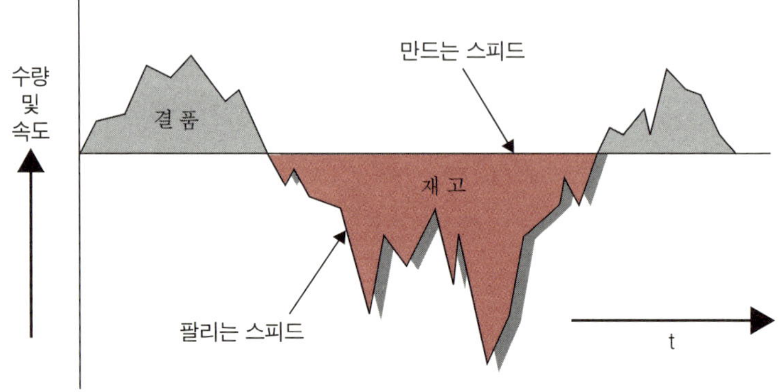

얻을 수 있다. 즉 재고가 없어 자본이 묶이지도 않고 공급부족 현상도 없어 기회수익을 다 잡을 수 있다. 이런 능력보유에 해당하는 혁신이 제조 소요기간(Lead Time) 단축분야라 할 수 있다. 결국 시간과의 싸움이다.

❯ 시간 중심의 가치관 보유하기

시대를 가리지 않고 물 흐르듯이 발전을 추구하는 회사는 드물다. 그러나 거대한 몸집의 유지와 세계화를 동시에 달성해야만 살아남는 어려운 조건을 가진 기업 가운데에도 남다른 독특한 의식개혁으로 번창해온 두 기업이 있다. 혼다와 도요타가 그 기업들이다. 창업자들의 카리스마가 흥건히 괴어 있는 회사들로서 각자 독특한 기업문화를 지니고 발전해왔지만 두 기업 내부에는 확연한 공통점이 있다. 시간사용에 대한 의식이 바로 그것이다. 조직이나 직원들에게 시간은 유한한 것일지라도 그 사용방법은 무한하다는 철학을 기초로 하는 기업들이다.

혼다는 시간의 혁신개념을 주로 개발 스피드나 생산방법에 깊숙이 활용하고, 도요타는 제조활동 전체에 걸쳐 활용함으로써 두 기업 모두가 경쟁기업들을 앞지르고 있다. 혼다의 혁신은 창업자인 혼다 소이치로 회장의 엔지니어 정신으로부터 출발했고 도요타는 창업자의 '저스트 인 타임'(Just In Time) 사상과 현장일선의 자발적 개선활동이 합쳐짐으로써 성립되었다. 시간사용에 대한 혁신개념의 역사는 두 기업 모두 수십 년을 넘는다. 시간개념이 혁신의 주제가 되는 이유는 가치창조에 소요되는 시간에 비례하여 비용이 좌우되는 것이라서 그 시간에 유념하면 수익성은 저절로 향상된다는 원리 때문이다.

혼다 회장 본인이 엔지니어 출신인 관계로 주로 생산이나 개발단계에서 시간사용의 개념에 대한 변화를 촉구하기 시작했다. 생산성에 관한 기준을 잡을 때도 가장 빠른 공정을 기준으로 삼아 각 공정이 완료될 수 있도록 기계의 최고 스피드를 끌어내는 데 주력했다. 가장 느린 공정을 기준으로 생산성을 잡고 서서히 시간을 단축시켜나가는 일반 기업에서의 관리방법과는 정반대의 방법을 구사한 것이다.

혼히 생산계획 부문이나 현장 감독자는 최고 스피드로 가공하면 품질에 문제가 발생한다든지 기계에 과부하가 걸려 기계의 수명을 해친다든지 등의 어떤 이유를 붙여서라도 각 공정의 최단시간 작업을 저해하고 안이한 방향으로만 고집한다. 그러나 혼다의 생각에 시간이란 최고의 귀중품이기에 각 공정의 단축을 방해하는 과제에 정면으로 맞서 버렸다.

최고 속도로 가공해서 문제가 생긴다면 오히려 그 기계의 약점을 알 수 있어서 개조하기가 쉬워진다는 개념이다. 기계라는 것은 구입한 이후로는 회사의 자산이므로 망가져도 좋다고 하면서 메이커의 안전율이 감안된 카탈로그 사양을 신용하지 말도록 하고 항상 최고 스피드로 가공하기를 원했다. 물건 만들기의 속도가 바로 돈이기 때문이다.

심지어 절삭공정에서는 기계가 정상으로 작동되는 시간 중심의 가동률보다는 절삭하는 시간만을 계산하는 절삭 시간율을 강조했다. 계획하지 않고 무의식적으로 사용하는 시간도 허락하지 않았다. 가공장비나 공구를 재제작할 때는 반드시 개선 포인트를 넣어 이전보다 시간값이 더 적은 결과가 나오도록 방침을 세운 것이다. 최고의 스피드를 추구해 공정 간의 균형을 깨는 것을 재미로 삼았다. 그래야 다른 공정의 혁신이 일어나 새로운 진보가 가능하다는 논리다.

짧은 공정으로 짧은 시간에 물건 만들기가 가능하도록 생산기술이라는 개념 자체를 시간을 혹사시키는 분야라고 정의를 내린 것이다. 시간개념의 혁신이 결국 혼다자동차의 사풍에 초석을 깔았다. 이 계기로 인해 모든 사원들이 일을 마주할 때 어떤 어려움과 곤란함이 있어도 스스로 도전한다는 생각을 하게 됐다.

세계적으로 유명한 도요타의 '저스트 인 타임' 사상도 말 그대로 시간개념을 기본 축으로 삼는다. 앞 공정에서 사용한 시간을 후속공정에서 바로 살려줄 수 있어야 한다는 사상이다. 시간사용의 방법 차이가 물건 만들기의 실력차이를 가늠한다는 얘기다.

이런 사상을 갖추려면 우선 시간의 성격과 특성을 알고 있어야 한다고 강조한다. 시간이란 자를 수 있는 것이어서 잘게 자르는 것이 자유롭다고 보는 것이다. 그렇지만 일방적으로 흐르고 있는 시간 속에서 유

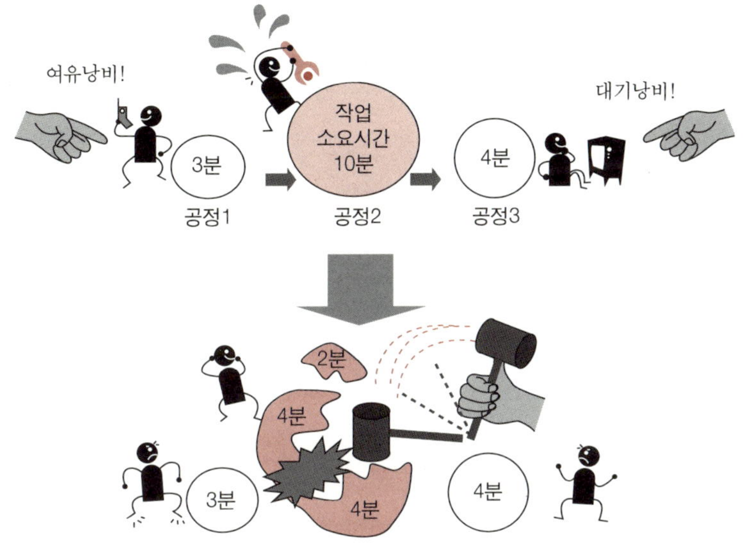

용하게 사용하는 시간과 유용하지 못한 시간을 구별한다는 것은 매우
어려운 일이다. 비록 어렵더라도 시간의 사용방법에 혁신을 불러일으
키는 것이 진정한 혁신의 길이라고 믿었다.

시간에 대해 단순히 길고 짧은 느낌이나, 많고 적음의 의식보다는
시간의 밀도와 질을 중시하는 철학을 탄생시켰던 것이다. 기업 내부에
서 눈으로는 움직이는 사람이나 사물을 보고 있지만 그 배후에는 항상
소요되는 시간이 존재한다는 것을 도요타 사원들은 인식한다. 따라서
시간의 효율적 사용이라는 관점에서 낭비가 없는 다양한 동작으로 재
설계하면 결국 시간이 단축되는 결과로 변한다. 그 능력을 계속 성장시
켜야만 다품종 소량이라는 변화에 과감히 대응할 수 있는 현장이 될 수
있다고 강조했다.

시간의 가치는 매우 중요하기 때문에 시간에 대한 의식과 활용도에

따라 노동가치도 결정된다고 믿었다. 다양한 욕구와 신속한 스피드를 요구하는 고객에 대응하려면 시간엄수와, 시작과 종료가 분명한 시간질서의 유지도 필요했다. 공정시간을 설계하는 데에서도 혼다와 동일한 개념으로 가장 빠른 사람을 기준으로 하여 다른 공정들의 문제를 항상 드러낼 수 있도록 했다. 불필요한 여유를 차단하는 적극적 사고가 이미 도요타에도 존재하고 있었다.

기업이 목적과 목표를 세우고 시간을 들여 활동한 일의 결과가 기대만큼 나오지 않으면 그렇게 될 수밖에 없는 행동절차나 조건이 깔려 있었다는 것을 깨달아야 한다.

만약 독자가 어느 기업의 경영자라고 하자. 상품의 수요가 많아져 동일한 시간과 자원으로 더 많은 제품을 만들어야 할 경우, 대부분의 사람이 인원을 추가로 투입하거나 연장근무를 시키는 전략을 사용할 것이다. 그런데 이런 경영자는 어떤 자원의 변경 없이도 현재의 효율을 항상 두 배 가까이 올릴 수 있다는 가능성을 간파하지 못하고 있는 사람이다. 또한 왜 제품 한 개가 현재 그만큼의 시간을 투자해서 나와야 하는지를 근본적으로 분석하지 않는 경영자라고 볼 수 있다.

기초가 탄탄한 일부 대기업들을 제외하고는 이런 물음에 대한 해답을 찾기 위해 시간을 투자하는 경우가 드물다. 그저 오랜 세월에 걸쳐 형성되었거나 많은 관리자가 관계되어 정착됐기 때문에 '최고의 스피드이겠지' 하고 안일하게 대하는 경우를 많이 볼 수 있다.

무척 빨리 진행되는 것처럼 보이는 작업도 그 방법이 구체적인 동작으로 분석되어 있는지를 물으면 십중팔구 없다고 대답한다. 그런 상황에서는 더 이상 짧은 시간에 수행하기란 힘들다. 구체적 데이터가 있어야 왜 이런 동작이 나오게 됐는가를 알고 그 조건들을 하나하나 개선해

나갈 텐데 그렇지 못한 것이다. 근본적인 깨달음이 있어야 한다. 지금보다 더 많은 산출물을 자원의 증가 없이 해결해야만 하는 것이 경영자의 일차적 의무이고, 새로운 자원투입은 그 다음에 해도 된다.

⫸ 아킬레스건을 해소하는 기회

특히 제조업에서 수익성을 위한 시간단축의 핵심요소는 병목현상의 제거에 있다. 흔히 이 병목현상을 제조공정에서는 애로(Neck)공정이라 부른다. 여러 공정을 거쳐 완제품을 만드는 과정에서 가장 시간이 오래 걸리는 공정이 그 제품의 생산량이나 소요시간을 결정한다. 사무절차도 마찬가지다. 아무리 빠른 속도로 각자의 과정을 처리한다 해도 속도의 균형이 안 맞으면 지연되게 마련이다. 시간혁신의 포인트는 가장 곤란한 부분을 분해하여 변화시키는 일이다.

재고는 바로 이 병목공정에서 최초로 발생하기 시작한다. 선행공정에서 빠르게 지나온 제품도 이 병목공정 앞에서 대기하다 보면 자연스럽게 누적되어 쌓이게 된다. 따라서 고객에게 신속히 출하해야 하는 마지막 공정에서는 고객을 기다리지 않게 하려고 수요량보다 미리 더 만들어놓은 재고를 이용해 해결하려 한다. 그것이 영업의 입장이다. 그런 이유로 매번 계획보다 많은 수량을 생산해서 재고를 확보한다. 따라서 재고를 만들기 위한 용도의 원자재를 더 많이 미리 구입하는 낭비행위도 당연하다고 생각한다.

그런 상황이 원자재와 재공품(생산과정이 진행중인 제품, 완제품 이전 상태) 및 완제품 재고가 회사 내에 항상 넘치게 만든다. 미리 만들어놓

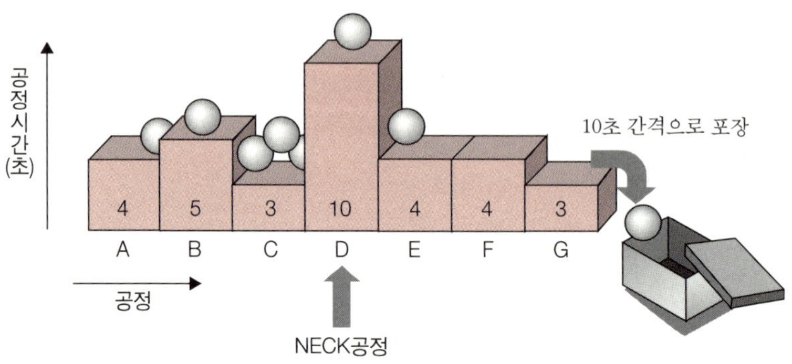

은 재고로 고객의 수요를 해결하는 회사는 신속히 대응하는 생산체계
가 아니라, 제품을 만드는 시간이 길고 비싼 비용을 들여 수요에 대응
하는 삼류회사일 경우가 많다. 수익성이 나쁠 수밖에 없다.

하지만 대부분의 기업이 이런 조건을 부득이한 경우로 몰아간다. 곤
란하다고 생각하지도 않고 그로 인해 고통을 받지도 않는다. 스스로 시
간과의 싸움에 곤란을 느끼고 고민해야 지혜를 낼 수 있지만 경영자부
터 편하게 재고로 해결하려는 사고가 강하다. 고객의 납기불만을 해소
하려고 재고를 동원해 대응한 것이 그 순간은 잘한 것 같지만 결국 경
영성과를 적자로 만든다.

자동차 분야에서 가장 많은 수요를 담당하는 도요타는 이 분야에서
가장 활발한 혁신을 단행한다. 설비를 이용해 가공을 하는 경우가 많아
긴 공정 가운데 시간의 불균형을 일으키는 공정을 급히 해결하는 전문
설비 보전팀이 별도로 있을 정도다.

그런 불균형은 설비조건에서만 발생하지 않는다. 작업인력의 기능
확보면에서 특정공정의 기능인력이 부족해도 불균형의 상황은 동일하

게 일어난다. 따라서 다기능의 인력을 배양하는 노력도 시간해결의 중요한 전술이 된다.

월남전의 초기에 미국은 정규군의 파병이 있기 전까지 라오스로 우회해서 월남으로 침투하는 월맹군을 저지해야 하는 곤란한 처지에 있었다. 갑자기 현지에 많은 전투요원이 필요한 상황이 됐다. 그래서 라오스 밀림지대의 현지주민들이 월맹군을 저지하는 자체 능력을 갖출 수 있도록 훈련을 담당할 특수부대를 파견해 활동한 적이 있다. 그 부대는 그린베레라는 이름으로 활동했다. 위생병까지 포함해 12명이 팀을 이루어 여러 화기를 다루는 훈련은 물론 심지어 적의 총까지 다루고 수리할 수 있는 교차훈련을 거쳐 전원이 열 가지 이상의 다기능을 확보해야만 하는 혁신이 필요했다. 결국 최소의 병력으로 빠른 시간 내에 다수의 현지주민을 훈련시켜 정규군의 도착지연으로 발생하는 불리한 상황을 어렵게 해결한 일화가 있다.

이와 같이 어느 조직에서나 목적달성에 장애가 되는 상황은 언제나 발생할 수 있고 또 그 애로공정은 반드시 해소해야 할 의무가 있다. 특히 시간과의 싸움에 최선을 다해 지혜를 내는 모습이 필요하다.

부가가치 활동의 질서구축

❯ 내부질서의 중요성을 인식하기

일상생활에도 목적을 둔 희망찬 시작이 있듯이 경제행위를 하는 모든 조직도 목적을 분명하게 정하고 필요한 산출물을 정의한다. 그런 다음 그 과정을 수행하는 기능을 정의한 후에 기능수행에 필요한 자원과 프로세스를 준비해서 착수한다. 조직의 기본질서가 확립되는 순간이다. 이때 세운 질서는 최소의 비용으로 최대의 효과를 거두려는 경제법칙을 기초로 한다. 그것이 질서의 법칙이다.

하지만 시간이 지날수록 본래 목적했던 의도와 방향이 점차 변질되어 기존의 내부질서에 재차 변화를 주어야 할 시기가 온다. 제조업이면 특히 제품과 고객요구 스피드의 변화에 따라 내부질서가 무너지기 시작하고, 서비스업 또한 고객의 생활환경 변화에 민감하게 대응하다 보면 초기에 세운 내부질서가 무너질 수밖에 없다.

특히 대기업들은 매출이나 이윤을 증대하기 위해 경영자가 각 부문별 조직을 경쟁구도로 몰아가기가 쉽다. 따라서 자기 부문의 목표달성에만 매달려 타 부서에 대한 배려는 보기 힘들어져 기존에 세워진 기본질서에 균열이 가기 시작한다.

예를 들면 판매증진이라는 명분으로 과잉제조를 하고도 자기만족을 하거나, 재고가 많아도 서로 남을 탓하는 무관심으로 일관하는 행동을 보인다. 제조현장에서는 빈번한 제품의 사양변경으로 인해 미처 보완하지 못한 공정 간의 여유를 각자의 휴식시간으로 악용하거나, 변경을 핑계로 자기 멋대로 기존의 가공방식 혹은 운반방식을 바꾸기도 한다. 또한 신제품이라는 명분으로 불량품이 연속해서 나와도 당연하다는 인식이 만연한다.

이렇듯이 특정시기에 생긴 수단이나 규칙이 시간이 지나면 원래 의도와 다른 결과를 낳아 비효율을 발생시킨다. 그러나 대부분 그 기본질서를 과감하게 폐기하거나 전격적인 수정을 통해 새로운 질서를 구축하지 못하고 과거의 연장선상에서 위험한 곡예를 진행하고 있다. 워낙 다양하고 넓은 분야에 걸쳐 개선을 해야 하므로 감히 엄두가 안 나기 때문이다. 따라서 조금만 방심하면 언제 무너질지 모르는 기업으로 전락하고 만다.

이때 경영자와 직원들은 새로운 개선책을 쓰지 않으면 계속 폐단이 닥칠 것을 염려해야 한다. 그리고 전통적인 질서와 반대되는 새 질서를 수립하는 혁신을 과감히 단행해야 한다. 이것을 질서의 혁신이라 한다. 영국의 철학자 화이트헤드는 이런 과정을 '변화 속에 질서를 보존하고 또 질서 속에 변화를 보존하는 행위'라고 서술하며 이 질서혁신을 '발전의 기술'이라 정의했다.

각 기업마다 세운 내부질서의 모습에서 느끼는 감정이나 풍기는 인상을 통틀어 그 기업문화라고 표현할 수 있다. 하지만 많은 사람들이 문서화가 안 된 암묵지(暗默知)를 포함해 자기들의 모든 내부질서가 기업문화라는 것을 깨닫지 못한다.

그래서 도요타는 기본질서 세우기의 개념을 회사 차원에서 정의하기도 했다. 사원들에게 구체적 사고와 행동방향을 주고 그대로 실천하라는 의미로서 '도요타웨이'(Toyota Way)로 표현했다. 인간성을 존중하고 개선의 지혜를 화두로 삼아 '도전', '개선', '현지·현물', '존중', '팀워크'라는 행동을 통해 질서를 항상 현실에 맞게 올바로 세우라고 유도했다.

물론 이것이 모든 질서를 지배할 수는 없지만 도요타의 업무 프로세스가 위의 질서관리 개념을 기초로 세워져 있는 것이 사실이다. 그 개념은 도요타 그룹의 창업시절부터 내려온 전통이기 때문이다.

특히 대기업에서 발생하는 문제로서 문화의 컬러가 나타나지 않는 경우가 종종 있다. 그것은 같은 조직 내에서 서로 다른 질서가 뒤섞여 무채색으로 나타나기 때문이다. 그래서 동일 회사의 직원일지라도 서로가 무엇을 하는지 또 어떻게 하는지 잘 모르는 경우가 다반사다. 따라서 제대로 질서가 잡힌 문화를 선보이려면 규모와는 상관없이 소통이 원활한 기업문화와 눈에 보이는 뚜렷한 질서를 갖는 것이 지름길이다.

기업규모에 비례해 무질서가 발생하는 경향이 많아서 모든 직원들이 주변의 무질서를 줄이는 혁신에 동참하지 않으면 가장 경제적인 프로세스의 구축은 불가능하다. 하지만 대다수의 사람들이 근무하는 직장에 특별한 문제가 없다고 말한다. 이는 질서에 관심이 없거나 문제를 굳이 찾으려 하지 않는 경향 때문이기도 하지만 더 큰 문제는 직원과 동일한 사고로 일관하는 회사의 무관심이다. 현상의 실태파악을 하지

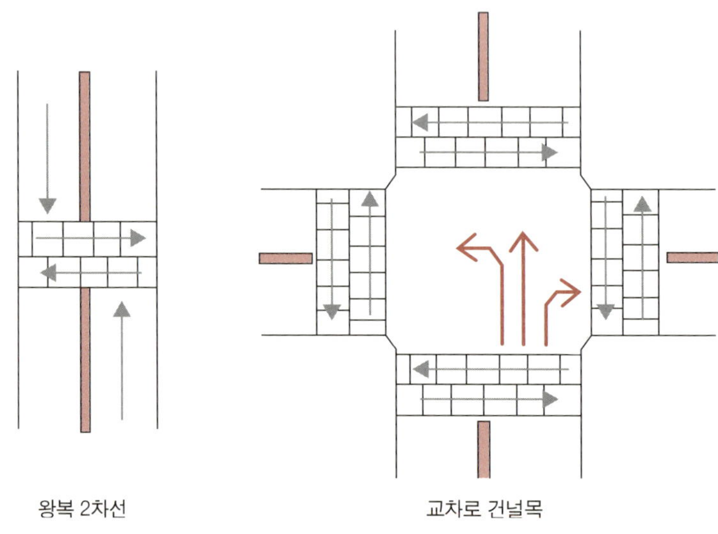

않았거나 질서의 평가기준이 없는 경우가 그렇다. 그리고 가장 중요한 회사의 바람직한 모습이 구체적으로 정해져 있지 않은 기업의 경우가 무질서를 방치한다.

질서가 아름다운 이유는 모든 것이 편리하기 때문이다. 편리하다는 이야기는 가장 경제적인 방법이라는 의미다. 그 이유는 낭비가 없기 때문이다. 그래서 혁신과 개선이라는 단어를 어렵게 생각할 것이 아니라 단지 무질서를 질서로 바꾸는 수단이라고 간주하면 쉽게 접근할 수 있다.

무질서를 줄이는 훌륭한 혁신방법의 하나로서 일의 구성요소를 감축하는 개선을 들 수 있다. 제조업에 해당하는 일의 요소로는 대표적으로 제품과 공정 및 부품, 협력사와 고객사 등을 들 수 있다. 하나의 관리요소가 늘어나면 기하급수적인 무질서의 요소가 새로 추가되는 현상을 교차로의 예를 통해 분석해보자.

외길에서의 도로는 양방향의 차로가 형성되고 하나의 횡단보도가 만들어진다. 신호등은 양방향 2개와 횡단보도 양측 2개를 합쳐 4개가 있다. 하지만 이 도로에 교차하는 도로 하나가 단순히 추가되는 현상으로 인해 차로의 방향은 12개로 늘어나고 횡단보도가 4개로 늘어난다. 그리고 신호등이 4개에 보도 양측의 8개를 합하면 12개로 늘어난다. 과연 이전 상태의 관리자원으로 새로운 교차로의 질서를 감당해낼 수 있겠는가?

❯ 질서의식을 높이는 기회

우리는 흔히 초기투입이 진행되면 그것으로 다 잘될 것이라는 안일한 생각을 하고 후속과정의 질서 여부에 관심을 두지 않는다. 마찬가지로 중간 위치에서 처리하는 사람도 처음 사람이 잘 했으리라 생각하고 무관심하게 중간과정을 처리한다. 마지막도 마찬가지다.

과정상에 일정한 질서를 부여한 후 순간적 오류가 감지되면 그 자리에서 바로 해결하여 전체과정을 성공시키겠다는 철학을 가져야 한다. 처음부터 마지막까지의 절차가 질서 있게 처리되지 않으면 중간에 오류가 발생하기 마련이다.

비효율을 일으키는 무질서에서 벗어나기 위해서는 지혜가 필요하다. 지혜는 깊은 생각에서 비롯된다. 많은 사람이 해결을 위해 고민한다고 하지만 그것은 결과에 대한 염려일 뿐 근본적인 문제가 해결되는 것이 아니다.

일정한 과정을 거쳐야 하는 처리 대상물들(혹은 업무)은 대개 질서와 무질서를 동시에 겪으면서 진행된다. 그렇게 어지러운 과정을 지나온 결과물이 정상이면 다행이지만 원하는 바가 아니라면 어떨까? 공장에서 많은 시간을 들여서 열심히 만든 물건이 결국 불량으로 판정받은 경우가 대표적인 사례일 것이다.

그런데 많은 경영자들이 불량에 대해 뜻밖에도 관대한 태도를 취한다. 사람이 하다 보면 그럴 수도 있고, 말 못하는 기계가 일을 하다 보면 그럴 수도 있다고 생각하거나, 왜 불량을 만들었냐고 직원들에게 야단을 치면 자존심을 들먹이며 사표를 낼까봐 두려워한다. 또 이미 벌어진 일을 따진다고 제품의 질이 올라가는 것도 아니고, 오랜 시간 동안 복잡한 공정을 거치다 보면 그런 일이 가끔 발생할 수도 있다고 자위한다.

우리나라가 공업으로 기반을 지탱하면서도 그 분야에서 초일류국가란 소리를 듣지 못하는 이유는 바로 이처럼 잘못을 관대하게 대하는 태도 때문이다. 서비스업이나 금융업도 마찬가지다. 돈을 여러 곳에 빌려주다 보면 떼일 수도 있는 것 아니냐는 항변을 대수롭지 않게 떠벌리는 은행 관리자도 있다.

그리고 보험업의 수많은 불량계약이나 잘못된 처리과정도 제조기업의 제품불량과 동일한 것이다. 하지만 그것을 업무상의 실수나 오류로 무마하려 한다. 결코 자신들이 불량을 발생시켰다고는 하지 않는다. 그런 착각 때문에 좀처럼 개선이 안 되고 고객불만은 늘 쌓인다.

일본과 독일은 물건을 만드는 기술면에서 세계 제일이라 해도 손색이 없다. 그렇게 평가받기 위해서는 세월이 아니라 노력이 필요하다. 그 노력이라는 것은 특별한 처방이 아니라 처리과정에서의 질서부여를 습관처럼 성실히 수행하는 일이다.

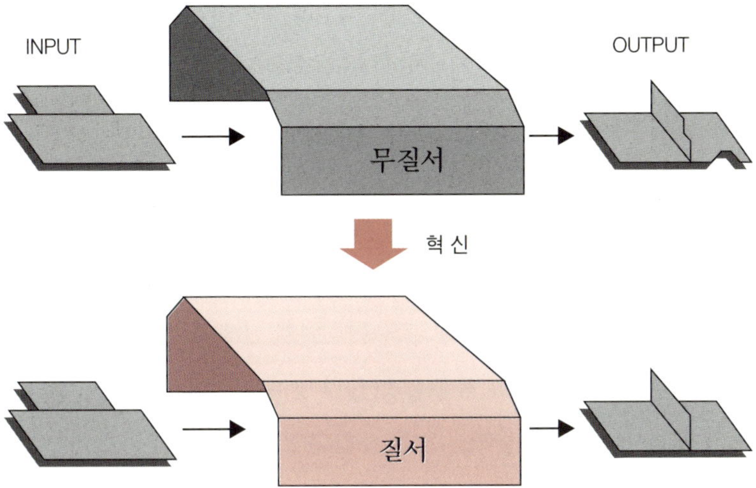

도요타는 연속적으로 리드미컬하게 질서를 부여하는 '저스트 인 타임' 생산체계로 유명하다. 그들은 부품 공급체계의 질서를 유지하기 위해 심지어 태풍이 오면 해당지역의 공장가동을 잠시 멈추기도 한다. 태풍으로 인해 출근하는 직원의 사고를 예방하고, 협력사의 부품공급 사고를 피하도록 예방하는 질서가 설계되어 있기 때문이다.

잘못 처리되는 과정은 물론이고 공급이 늦어져 생산이 방치되는 작은 무질서도 용납하지 않는다. 이를 위해 정확하고 신속한 처리를 가능케 하는 질서체계를 삽입하는 것이다. 질서가 세워지면 평소에 보이지 않던 사각지대가 발견되어 어떤 오류나 혼란도 사전에 발견할 수 있다. 이렇게 조직 스스로 필요에 의해 확립된 내부질서는 외부환경의 변화로 전복되는 일도 거의 없다.

양품 만들기의 질서에 대해 한 번 더 살펴보자. 불량보고나 업무실

수 보고를 받은 다음에 경영자가 '불량(사무분야는 실수)을 줄여야 한다'고 말하는 것과 '불량(실수)은 줄이는 대상이 아니라 만들지 말아야 할 대상'이라고 말하는 것 사이에는 매우 큰 의식차이가 있다. 즉 '아무 일도 없어서 다행이다'라는 말과 '아무 일도 없게 했다'라는 말은 차원이 다르다. 이렇게 개념이 다른 상태에서 출발하면 접근하는 방법도 다르고 생각하는 절차도 다르다.

경영자가 불량을 줄이라고 지시한 일방적 불량감축 요구는 외압(外壓)이라 할 수 있다. 하지만 불량은 동료에게 피해를 주는 부끄러운 일이라고 여겨, 자연스럽게 불량을 만들지 말아야 한다는 의지와 행동이 작업자들 사이에서 촉발되는 것은 내압(內壓)이다. 따라서 경영자의 지시로 움직이기보다는 작업자 간의 인식변화로 생긴 질서가 쉽게 무너지지 않고 오래 지속된다. 만약 경영자가 일부의 불량발생에 신경을 쓰지 말고 수량증대에 주력하라고 지시한다면 불량예방의 질서는 아예 세워지질 않는다. 외압에 의한 질서는 이렇게 변화의 부침이 심해 가볍게 취급되기도 한다.

특히 제조업의 불량은 무질서한 작업체계에서 나온다. 발생현상도 무질서하지만 처리과정도 질서가 없어 많은 낭비가 발생한다. 그러나 도요타는 불량발생의 무질서를 제거하기 위해 작업의 진행과정에 작업자의 책임과 권한을 삽입시키는 질서체계를 세워 해결했다. 그들은 '안돈'이라는 경광등 체계를 설계했다. 품질상태가 정상이 아닐 때 라인을 세우면 경광등이 켜져 조치가 이루어질 때까지 작업을 중지하는 질서를 세웠다. 일반 기업들이 불량을 빼놓고 양품만 골라 후속공정에 보내는 무질서와는 다르다.

경광등이 켜진 채 라인을 정지하고 조치를 하면 조립이 지체되어도 작업자에게 불이익은 없다. 하지만 반대로 안돈을 활용하지 않은 상태에서 불량이 나중에 발견되면 불이익을 받는 질서를 만들었다. 양품의 결과를 내기 위해 라인을 정지시키는 권한을 작업자에게 준 것이 결국 품질을 준수하는 책임으로 전가되는 현상이 일어났다. 따라서 품질의 바람직한 결과를 얻기 위해서는 작업자의 책임과 권한이 따라오는 질서체계를 설계해야 한다.

아직도 경영자들은 정확성보다는 넉넉함을 중요하게 생각하는 경우가 많다. 싸다는 핑계로 원자재를 과다하게 사들이거나, 원재료를 사용해 부품가공을 할 때에도 가공설비의 조건을 핑계로 필요 이상의 수량을 만들어놓는다. 옳은 일은 아닌 것 같아 경영자나 간부에게 시정을 요구하면 "어차피 시간이 지나면 다 사용될 건데요. 큰 지장 없어요. 길어 봐야 고작 한 달 정도니까요" 하고 대답한다.

이런 기업의 내부를 들여다보면 항상 무질서하게 운영되어 목표를 달성하기는커녕 기본이익도 못 거두는 경우가 많다. 그러면서도 그 이유를 매번 시황 탓으로 돌리고, 판매가격의 불리함을 핑계삼아 질서잡기에 게으르다.

영업부문의 판매실적에만 무질서가 있는 것은 아니다. 심지어 제조현장에서도 가공이 잘 되다가 간혹 안 될 때도 있다는 이야기를 종종 듣는다. 이런 현상은 제조방법과 조건에 질서가 없기 때문에 발생한다. 양품을 지속해서 만드는 질서를 갖고 있어야 초일류기업이라 할 수 있다.

❯ 올바른 질서를 부여하는 기회

대부분의 기업은 취급상품에 대한 전략을 갖고 있다. 즉 상품의 생명주기 관리와 생산규모, 그리고 가격정책 및 고객확보 전략에 대해 늘 고민한다. 이것을 해당 기업의 제품(상품) 포트폴리오(Portfolio)라고 한다. 하지만 정작 그 제품들을 만들어가는 과정에 대한 포트폴리오는 거의 전무한 형편이다. 사실 많은 기업이 만드는 절차보다는 파는 절차에 더 무게를 둔다. 그런 오류로 앞으로 남고 뒤로 손해를 보는 결과를 얻기도 한다.

제조된 것을 판매하는 절차는 그리 길지 않고 복잡하지도 않다. 그러나 원재료에서 제품이 되기까지의 과정에는 무수한 질서가 필요하다. 단계가 많고 다양성도 있어서 복잡한 구조를 갖는다. 따라서 제조과정의 각 단계들을 대상으로 어떻게 하는 것이 가장 비용이 적게 드는지, 아니면 어떤 질서가 가장 빠른 스피드를 내는지를 연구하는 자세가 필요하다. 단순히 제조 인프라 비용이 적게 드는 후진국으로의 진출만이 능사가 아니다.

제품 판매전략과 제조전략은 동일한 무게를 지녀야 한다. 그러나 많은 기업들이 제조부분의 질서잡기를 더 어렵게 여겨 판매만 담당하고 제조는 아웃소싱으로 처리해 가급적 제조를 피하려는 습관을 갖고 있다. 그렇지만 두 부분을 모두 잘해야 초일류기업이라 할 수 있고 수익성도 높아질 수 있다. 진정으로 제조과정의 질서 세우기가 어렵다는 점을 알고 협력사에게 제조를 의뢰했다면, 협력사와의 거래에서 일어나는 대기업의 온갖 횡포와 못된 관행은 사라져야 마땅하다.

국내 굴지의 중공업 제조현장을 살펴본 적이 있다. 내경(內徑)이 큰 파이프를 가공하고 용접하는 공장을 방문해서 현장의 작업방식에 대한 효율적 방식을 조언했다. 그러자 책임자는 곧 외주로 이관할 공장이라 그럴 필요가 없다는 식의 대답을 했다. 어차피 외주 협력사로 옮겨갈 일을 굳이 개선까지 해서 표준을 만들어 건네줄 필요성이 없다는 것이다. 사실은 개선된 방식의 표준을 만들 자신이 없다는 표현이기도 하다.

개선된 경제적 방법으로 협력사에 정확한 지침을 주어야 품질이 보장되고 거래가격에 대한 불만도 해소할 수 있다. 그런데도 단지 관리하기에 귀찮은 공장이 하나 없어진다는 홀가분한 기분이, 당연히 해야 할 그들의 일을 망각하게 하는 것 같았다. 입고되는 물건의 품질검사만 잘하면 되고 가격지침만 내려주면 그뿐이라는 안이한 사고방식이 상생의 길을 막고 제조수준을 후퇴시킨다. 바람직한 질서를 설계할 수 있는 여건일 때 그리고 실제로 가치가 발휘되기 전에 질서를 구축해야 의미를 찾을 수 있다.

도요타는 자신들이 만들던 어려운 부품을 외주로 전환할 때는 가장 경제적인 방법을 한 번 더 연구해 정리한다. 그런 후에 자세한 표준을 수립해서 그것을 근거로 가격을 정하고 협력사를 훈련시킨 후에야 이관이 완료되는 시스템을 갖고 있다. 협력사의 실력이 곧 자신들의 얼굴이라는 의미를 담고 있어서 부품이관에 대한 커다란 질서를 보유하고 있다.

시장개척에 공을 들여야 하고 또 비용을 많이 투자한 분야에서 매출을 많이 올려야 하는 것이 마케팅의 원칙이다. 마찬가지로 제조부문에서도 투자액의 순위대로 실수익을 거두어야 한다. 생산현장의 투자를 초기에 해놓고 그 이후로는 각 공정의 수익성을 평가하지 않는 기업이

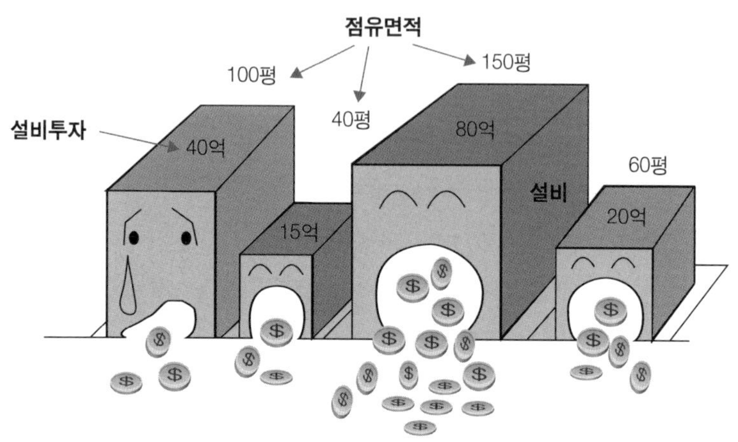

많다. 투자비와 상관없이 모든 공정을 동일한 가치로 보는 것은 제조의 무질서를 뜻한다. 반드시 투자가치에 비례하는 성과를 올리기 위해 고가장비나 비용이 투자된 장소에서 고수익을 올리는 혁신이 활발히 이루어져야 한다. 이것이 바로 수익성을 위한 질서혁신이다.

많은 기업들이 작업장을 구성하는 능력에 매우 취약하다. 제품을 위해 작업장이 존재하는지 아니면 작업자나 설비를 위해 가공되는 제품이 존재하는지 구분을 못하는 것 같다. 현장의 작업장을 구성할 때 원재료에서 제품으로 완성되는 과정을 항상 물 흐르는 듯이 조성해야 한다. 대부분이 설비를 잘 다룰 수 있는 환경을 우선하여 조성하고, 수작업이 집중된 영역에서는 작업자가 위치할 장소를 먼저 정한 후에 제품을 흘리는 경우가 다반사다. 그래서 제품의 변경이나 다양성에 의해 가공경로가 변해도 설비와 작업자 위치는 그대로인 채, 재료의 이동이 빈번하고 이동경로도 복잡한 형태로 변해 혼란스런 작업장 환경을 만든다. 이런 상황이 낭비를 낳고 원가를 상승시킨다. 제품에 따른 작업장의 질서를 세우지 않기 때문이다.

특히 공정들이 거의 수작업으로 구성되어 있는 경우에는 재료가 작업자의 위치로 이동하는 것이 아니라 작업자가 제품의 흐름에 따라 옮겨가며 작업하는 것을 선택해야 한다. 가장 대표적인 예가 컨베이어 작업이라 할 수 있다. 하지만 대량생산에 적합한 컨베이어를 다른 조건에서도 늘 사용할 수는 없다. 오히려 다품종 소량의 추세라서 각 공장들은 컨베이어 벨트를 걷어내는 추세다.

종류나 수량이 수시로 다변하는 제품의 주문에 대응하기 위해 가장 경제적인 질서를 부여하려면 가공공정의 순서를 우선 세부적으로 정의한다. 그 다음에 주어진 작업장 내에서 가장 빠른 시간에 통과할 이동궤적을 설정한다. 그런 후에 곧바로 작업자들 스스로가 작업도구들을 지정된 공정장소로 옮겨와 작업을 수행하는 방식이 바람직하다. 공정별로 필요한 작업영역의 크기가 다양할 때는 표준 사이즈의 소형 작업대를 복수로 사용해 자유자재로 자신의 작업영역을 꾸미는 유연성을 발휘하면 된다. 가장 스피드하고 경제적인 제조흐름을 위해 생산주체인 작업자와 보조공구가 전격적으로 이동하는 체계를 의미한다. 그런 질서를 운영하는 덕분에 작업자와 공구의 순간이동이 이루어져 낭비 없는 제품의 흐름이 완성된다. 질서의 기준을 작업자나 설비로 보지 않고 제품의 흐름으로 보는 개념이 필요하다. 즉 작업자나 관련된 설비들의 위치는 늘 같아야 한다는 고정관념을 버려야 한다. 질서의 기준을 무엇으로 하느냐에 따라 경제성이 달라진다.

앞장에서 고객별로 다양하게 주문한 품질사양의 조건들 가운데 가장 높은 사양으로 가공하여 모두에게 공급하면 고객의 추가확보가 가

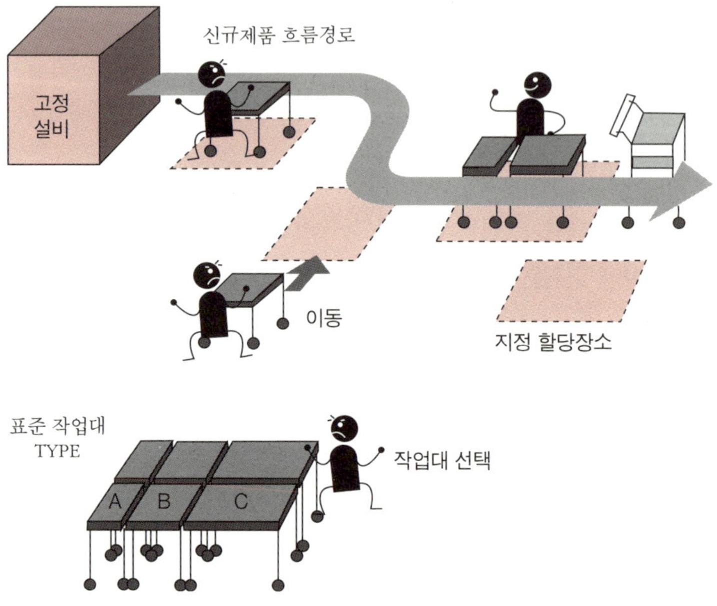

능하다는 예를 들었다. 이는 가공품질의 질서를 바로잡는 사례에 속한다. 각 고객이 주문한 유사한 제품일지라도 부분적인 가공단계에서 사양의 차이가 발생한다. 사양이 다르면 당연히 비용도 다르다.

하지만 약간의 비용차이 때문에 각 사양마다 해당하는 가공을 달리 수행하면 오히려 작업의 혼란이 일어나고 복잡함만 더 늘어난다. 당연히 낭비가 많이 발생한다. 그리고 각각의 요구대로 대응하면 그 분야에서 도대체 어떤 개선활동을 해야 옳은지 갈피를 잡지 못하는 경우가 발생한다.

따라서 가장 까다로운 가공작업을 요구하는 고객의 사양을 질서의 기준으로 삼아 통일된 표준을 마련하면 개선대상은 분명해진다. 그리고 표준이 된 기준사양을 지키되 가장 경제적인 방식을 새로이 강구하는 혁신활동을 하면 상당히 수준 높은 기업이 될 수 있다.

특히 무질서가 가장 많이 발견되는 영역은 IT를 이용한 정보화 분야다. 경영자나 직원들의 각종 요구를 정확한 검증 없이 개발해 누더기 전산 시스템을 운영하는 기업이 의외로 많다. 대부분의 기업에서 현재 잘 활용되고 있는 프로그램을 분석해보라고 하면 불과 30%를 넘지 못한다. 이렇게 투자한 비용에 비해 낭비가 많은 시스템이 운용되는 이유는, 직원들이 수작업 과정을 통해 충분한 시행오차를 겪는 검증단계를 밟지 않은 채 바로 전산화로 관리하고 싶은 무리한 욕심 때문에 발생한다.

일정한 기간을 두고 활용도의 평가를 하지 않은 채 전산화를 서둘러 자신의 욕심만 채우려는 직원들이 너무 많다. 자신이 낸 의견은 마치 당장 정착될 것이라고 간주한 교만이 낭비를 불러일으킨다. 이런 과정에도 절차의 질서혁신이 절실하다.

일을 처리하는 질서의 설계에 도요타가 주로 사용하는 네 가지 질문법의 논리를 소개한다. 나는 이를 4Q(Questions)로 부른다. 자기 앞에 놓인 일을 깊은 통찰력으로 바라보며 목적달성은 물론, 설정한 목표 그 이상의 결과를 얻는 업무추진의 질서를 세우는 방법이다.

첫째, '이 일을 어떻게 할 것인가?'라고 묻는다. 일을 처리하는 절차나 계획을 가장 먼저 세우라는 뜻이다. 일의 목표나 방향성을 정확히 인식하고 있으면 올바른 과정을 상세하게 설계해야 한다.

둘째, '이 일을 올바르게 하고 있다는 것을 어떻게 아는가?'라고 묻는다. 현재 하고 있는 과정을 일일이 정확하게 확인하는 검증절차를 세우라는 뜻이다. 아무리 계획대로 수행한다 해도 하나의 절차나 요소가 결과에 치명적인 악영향을 미칠 수 있는 만큼 일말의 어긋남도 없게 한다. 또 과정 중에 진도를 계획과 항상 대비하는 신중함이 필요하다.

셋째, '일의 결과가 완벽하다는 것을 어떻게 보증하는가?'라고 묻는다. 일의 진행뿐만 아니라 목표달성을 확신할 수 있도록 일의 결과가 보여줄 수준의 설정이나 상세모습을 미리 정의해둔다. 그리고 일이 완료되면 사전에 설계된 내용과 대조해 차이점을 발견하여 그것을 보완해야 한다.

넷째, '만일 진행 중에 문제가 발생한다면 어떻게 대처하겠는가? 라고 물어 일이 본인 뜻대로 되지 않았을 경우를 대비한 조치까지 준비해놓아야 한다. 만의 하나까지 대비하는 완벽성을 기한다.

이런 네 가지 질문으로 관리자의 일처리에 질서를 부여하는 습관이 필요하다. 질서부여의 방식을 논할 때마다 늘 떠오르는 문구가 있다. "생각을 잘 하는 것은 현명하고, 계획을 잘 하는 것은 더 현명하고, 실행을 잘 하는 것이 가장 현명하다"라는 페르시아 속담이 생각난다.

이와 같이 조직 내에서의 모든 질서부여 행위와 그 수준은 곧 그 기업의 경쟁력을 성장시키는 원동력이 된다. 따라서 경영자는 기업 내의 질서부여에 온 힘을 기울여야 한다.

▶ 표준화는 질서구축의 핵심

'표준화'란 '사물의 합리적인 기준을 설정하고 다수의 사람들이 이 원칙에 따라 활동함으로써 편리와 이익을 가져오는 조직적 활동'을 의미한다. 표준화를 쉽게 이해하기 위해서 음식점을 예로 들어보겠다. 음식점이 전형적인 제조업의 가장 흔한 소기업 형태이기 때문이다. 집단급식을 하는 직장이나 학교 구내식당의 벽에 걸려 있는 주간 메뉴는 표준이 아니라 생산하는 상품과 그 상품의 생산일정을 의미한다. 즉 계획서에 해당한다.

우리가 음식점에 갔을 때 제일 먼저 눈길이 가는 것은 메뉴판에 적혀 있는 음식의 종류일 것이다. 그것이 그 음식점에서 생산하는 상품범위의 표준이다. 그리고 각 상품들을 만들기 위해 필요한 음식재료들의 종류와 양(대개 주방장의 머릿속에 있다)이 재료의 표준에 해당된다. 그 음식을 조리하려면 어떻게 준비하고 어떤 과정을 거쳐야 하는지(이것도 대부분 주방장의 머릿속에 있다)에 해당하는 것이 생산절차의 표준이다. 그 밖에 주방기구를 어떻게 다루어야 하는지, 기구들을 항상 어떻게 조치해야 하는지에 관한 내용들은 모두 생산설비에 관한 표준이라 할 수 있다.

우리가 자주 찾는 음식점은 세 가지 형태가 있다. 음식맛이 좋기로 소문나 찾아가는 경우, 맛이 변하지 않고 한결같아 찾아가는 경우, 마지막으로는 음식의 질이 떨어지지 않으면서 값이 저렴하고 음식도 신속하게 나오는 경우다. 일반 소비자들이 일반상품을 구입하는 선택의 동기도 이와 같다.

똑같은 종류라도 특별히 맛있는 음식을 제공하는 곳은 가공법의 표준을 설계하되 훌륭한 맛을 발휘하는 차별화된 음식의 설계능력이 있다는 것이다. 따라서 표준을 만드는 것이 전부가 아니라 훌륭한 상품을 만드는 성숙한 표준설계가 더 중요하다.

꾸준히 고객을 유도하는 한결같은 맛의 비결은 어느 때 음식을 접하더라도 같은 맛을 느끼게 하는 것이다. 그러나 주방장이나 주인이 바뀌면 대개 고유의 맛을 유지하지 못한다. 그 이유는 언제나 표준이 지켜질 수 있도록 되어 있는 것이 아니라, 아무 때나 없어지거나 임의대로 바뀔 수 있는 환경 때문이다. 그리하여 결국 매력을 잃고 마는 것이다. 그래서 새로운 맛을 창조하지 않는 한 항상 기존의 표준을 지키도록 객관적으로 명시해두어야 한다.

값싼 음식점을 살펴보면 백화점 방식으로 많은 종류의 음식을 제공하는 집과는 달리 같은 재료가 두루 사용되는 비슷한 종류의 음식을 제공한다. 그러면 대량구매가 가능해 남보다 적은 비용으로 동일한 재료를 구입할 수 있다. 또 요리나 준비에 들어가는 시간이 줄어들어 신속하게 고객의 기대를 만족시킨다. 이것이 표준화와 단순화라는 두 마리 토끼를 잡는 경우다.

표준화라는 활동분야에서 고객을 많이 확보하는 능력 있는 기업이란 상품설계와 제조과정상에 누구도 흉내낼 수 없는 개념을 준비하는 기업이다. 또한 설계된 표준을 누구나 지속적으로 지키도록 성실히 관리해나가는 기업을 말한다. 창조적이라는 의미는 누구의 것도 베끼지 않았다는 것이 아니라 누구도 흉내낼 수 없다는 의미가 강하다.

표준화는 기업 내에서 일정한 목표를 잡고 자원들을 효율적으로 사용해 목표를 달성해가는 과정에서 가장 먼저 해야 할 기본과정이다. 자원의 대표적인 요소로서 사람(Man), 설비(Machine), 물품(Material), 방법(Method)을 들 수 있다.

이 자원들을 효과적이고 효율적으로 활용하려면 다음 사항을 기억해야 한다.

첫째, 목표를 달성하는 데 수행할 업무종류와 그 업무에 필요한 자질 및 수준을 명확히 정의해놓는 것이 사람에 대한 표준화라 볼 수 있다. 활동할 조직을 구성하는 데는 어떤 분야가 필요하며, 그 분야 안에 어떠한 역할이 필요한지, 그 역할에 필요한 수행능력으로는 어떤 자질과 지식이 있어야 하는지를 명확한 기준과 상세한 내용으로 마련한다. 이런 기준에 근거해야 훌륭한 인재의 채용과 구성 및 활동방향을 제시할 수 있다.

둘째, 설비는 생산활동을 하는 주체로서 인력과 거의 동일한 중요성을 갖는 요소다. 대상물(목적)을 제조(수행)할 때 기능적으로 필요한 메커니즘의 상세한 조건을 정의할 필요가 있다. 그리고 이에 따라 제작된 설비의 탄생부터 수명을 다할 때까지 설비를 효율적으로 운용할 수 있는 설비 운용법이나 설비보전에 관해 명확한 기준을 마련해야 한다.

셋째, 물품은 대부분 대상물을 만드는 데 소요되는 원재료나 부품을 말한다. 많은 종류의 제품을 만들기 위해 구성하는 물품들 중에 공통부분이 가급적 많아지도록 연구해 최소의 구성물품으로 최대의 결과물을 내도록 경제성을 추구해야 한다. 즉 모든 제품들의 형태를 명확하게 제시해 복잡한 파생품의 발생 가능성을 미리 방지하거나, 제품은 다를지라도 구성부품들을 최대한 동일한 것으로 사용하게 하여 다양한 상품을 산출하되 구성물품들의 다양성과 복잡성을 극소화시키는 철학이 필요하다.

넷째, 방법은 위의 세 가지 요소를 어떻게 결합시켜 최대의 효율을 창출하느냐를 연구하는 것이다. 방법의 기준을 명확하고 경제적인 방향으로 설계하지 않으면 이미 서술한 세 가지 자원 모두 비효율적인 활용으로 몰아넣을 수 있다. 결국 각각의 기본자원에 대해 기준과 사양을 명확히 했더라도 방법상에서 효율성이 떨어지면 전체적인 생산성이 떨어지고 만다.

따라서 표준화란 모든 활동의 착수에 앞서 선행되어야 하며, 신중한 준비가 필요한 분야다. 특히 제조기업에서는 현장에서 생산을 담당하는 작업자가 어떻게 일해야 가장 안전하고 단시간에 업무를 완수할 수 있는지를 연구한 것이 작업표준이다. 각 관리수단에서 동일한 성격의 업무처리 방법은 가급적 같은 방법과 절차, 양식을 사용하게 하는 것을 업무표준이라 한다.

미국의 포드는 특히 부품의 표준화를 실천했다. 초기에 소량으로 생산하던 T 자동차의 폭발적인 수요 때문에 대량생산으로 전환시키려 했을 때 가장 크게 걸린 문제가 부품이었다. 부품이 일정하게 정의되어 있거나 만들어지지 않아서 조립에 불편을 가져오고 생산이 지체되었다. 그래서 누구나 쉽게 부품을 식별하고 만들 수 있도록 부품의 기준을 뚜렷이 명시하고 모두 똑같은 부품을 사용하게 하여 효율을 높인 사례가 이미 100년 전에 수행됐을 정도로 가장 근본적인 일이다.

가장 기본적이고 중요한 것은 역시 '표준화'다. 기초적인 표준화가 되어 있어야 그것을 토대로 단순화도 시행하고, 전문화시킬 대상도 찾아내며, 대기낭비가 없도록 일의 짜임새를 만드는 동기화의 방법도 찾아낸다. 즉 표준화는 정체성을 찾는 작업이라 정의해도 좋을 것이다. 하지만 아직도 많은 경영자나 직원들이 표준화의 의미를 '매뉴얼화'로 착각하는 수가 많다. 표준화의 대전제는 '보여주기'와 '가르치기'다. '보여주기'는 객관적인 정보를 소통시키는 목적이고, '가르치기'는 초보자를 그 표준의 상태로 끌어올리는 기준으로 삼기 위한 목적이다.

기업에서 구축한 표준은 모두가 실천해야 할 기본의무가 있다. 특히 제조기업에서는 제품을 만드는 현장 작업자가 철저히 준수해야 한다. 단순화는 모든 과정을 책임지는 직책을 맡은 관리자들이 이끌어야 하고, 전문화는 시스템 전체를 조망할 수 있는 여건을 가진 경영자가 고민해야 할 대상이다. 동기화는 모든 실무과정에 종사하는 전 직원이 고민해야 한다. 이렇듯 제대로 하는 혁신이란 쉬운 일이 아니다.

기본이 되는 표준화를 지키지 않으면 모든 것이 무너지기 쉬우므로 이를 어기면 엄격하게 조치해야 한다. 하지만 현실적으로 표준이 없어 철저한 기초 다지기를 할 수가 없는 기업이 많다. 사정이 이러하니 현장 작업자들의 기분에 입맛을 맞추는 기업도 등장한다.

통상적으로 표준을 설정하는 배경에는 대표적으로 세 경우가 있다.

첫 번째는, 특정작업의 표준이 없을 때 신속하게 표준을 마련하는 경우로서 동일한 작업을 반복적으로 수행하는 타성을 이용해 그 작업의 지정된 고유방식으로 일단 정한다. 이 경우는 표준이 없어 작업 계획량이나 소요시간을 가늠하는 데 애를 먹지 않기 위한 기초적인 관리를 수행할 수 있도록 자료를 축적할 때 적용한다.

두 번째는, 전통적인 표준의 작성으로서 동일한 작업에 대해 작업자별로 작업방법을 달리하는 이유로 생기는 오류나 차이를 방지하기 위한 목표를 둔다. 가장 오류가 없는 모범적인 경험에서 배우게 하려는 목적으로 작성하는 표준을 말한다. 모범을 택하는 이유는 다른 사람들에게 최고의 방법을 따르도록 영향을 미치는 유일한 수단이 되기 때문이다.

세 번째는, 비반복적이거나 신규업무에 대해 유일한 기준을 정해야 할 때 각 해당 작업자의 입장차이로 방법에 대한 의견이 다양할 수가 있다. 이때 누구나 인정하는 통일된 기준질서로서의 방법을 결정해 획일화된 전개를 시도할 필요가 있다. 정하는 과정에서 개인의 의견차이나 개성은 존중하되 일단 기준방법이 결정되면 모두 따라야 하는 표준의 설정을 말한다. 이런 과정을 통해 수행방법의 기준결정은 사전에 올바로 잡는 것이 표준설정에서 중요하다는 것을 습득한다.

예를 들어 조립제품을 만들 때 주어진 공간에서 어떤 형식의 방법이 조직에 수익성을 가져다주는 최선의 방법인가를 설정하는 사례를 살펴보자. 주어진 작업공간과 인력은 일정하고 하루에 하나의 조립품을 후공정에 공급해야 한다고 가정한다. 하나의 조립기간을 3일로 수행하는 방법을 결정할 경우 적어도 세 곳에서 조립해야 하루에 한 개씩의 조립품 수급이 가능하다. 하지만 생각을 달리해 2일의 조립방법으로 바꾸면 두 곳의 장소로도 충분해 장소의 여유가 생긴다. 따라서 남은 공간에서는 더 많은 생산량을 추진하거나 타 제품의 생산공간도 제공할 수 있다. 또한 조립품별로 3일에 걸쳐 하던 부품의 조달을 2일로 변환하는 조건이 필요해져 선행공정의 스피드를 개선해야 하는 동기도 제공한다. 이런 것이 바로 내압에 의한 혁신활동이라 한다. 방식의 표준을 어떻게 결정하느냐에 따라 혁신활동의 전개형태와 범위도 달라진다.

일정한 노력과 시간이 소요되면서 재현성이 있는 모든 일들을 표준화의 범위로 삼아야 한다. 그리고 늘 그 방법론을 재검토해서 질을 높이는 질서체계도 잡아야 한다. 기업에서 실질적인 표준화가 가장 많이 이루어지는 분야가 설계부문이다. 즉 설계도면이 대표적인 표준서나 마찬가지다. 대부분의 설계자들은 초기설계를 완료한 후 특별히 하자가 없거나 현장에서 오류의 피드백이 없으면 도면을 그대로 보관해 방치하기 쉽다. 하지만 표준의 제정은 개선을 전제로 만든 것이므로, 만약 생산의 작업표준을 6개월에 한 번씩 검토하여 개선한다면 그와 동일한 수준으로 설계도면도 일정한 주기로 개선 여부의 확인행위를 해야 한다. 아주 단순하게 살펴봤다는 확인과정을 통해서라도 개선의 기회를 찾아주어야 한다.

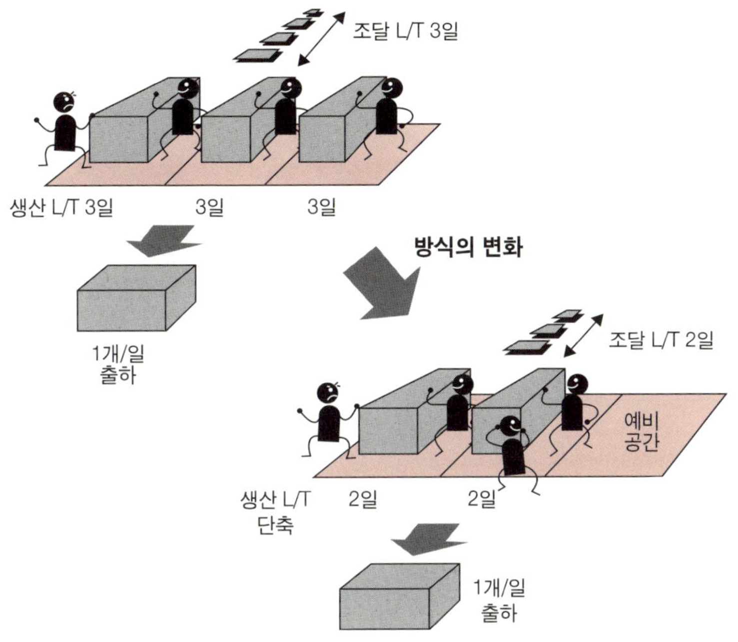

  획일적이고 개괄적인 표준을 상세하고 전문화된 표준으로 확대하는 일 역시 중요하다. 일반적으로 산업계에서 활용되는 표준의 활용은 두 경우가 가장 많다. 그 하나는 생산의 작은 작업단위에 국한하여 작업절차와 조건을 명시하여 현장 작업자가 사용할 수 있게 만든 경우다. 또한 경우는 특정 관리업무 전체의 흐름을 서술한 절차서 및 그때 사용하는 서류를 명시하는 업무절차 표준으로서 관리자 용도로 사용된다. 하지만 정작 긴요하게 사용될 수 있는 표준으로서, 관리자나 기술진들이 평소에 머릿속에 든 것을 끄집어내서 수행하는 실무의 상세한 업무내용이나 추진논리 및 근거에 대한 표준화를 추진하는 조직은 많지 않다.

  예를 들어 특정제품의 제조공정에 대한 기술적인 상세내용은 있되,

A 공정 SPEC.		
INPUT	PROCESS	OUTPUT
투입상태의 조건	수단의 조건 및 절차	완성상태의 조건
− 투입상태의 조건서술 − 검사 측정법 및 도구	− 변형절차와 방식 − 가공의 조건 사양 − 수단 치공구	− 양품의 조건서술 − 검사 측정법 및 도구

공정이나 작업장별로 자원(인력)을 할당하는 계획논리나 과거의 다양한 작업경험 패턴들을 기록해 표준화로 정립하는 경우는 별로 없다. 특히 작업 표준서에는 반드시 있어야 할 작업 전 혹은 작업 후의 상태를 정확히 판단하는 조건, 그리고 가공행위의 수단조건이 부족한 경우도 많다.

경영자들은 이와 같은 기본 갖추기를 잘 모른 채 늘 발생하는 내부의 트러블을 단순히 제품의 복잡성이나 제작상의 까다로운 기술 탓으로 돌린다. 하나의 작업에 대해 작업조건이나 환경이 변할 경우를 고려하지 않고 표준을 획일적으로 작성해 방치하면 작업하다가 많은 차질이 빚어지기도 한다. 따라서 표준은 있되 다양한 변화조건을 따라가지 못하는 빛 좋은 개살구를 직원들은 바로 무시해버린다. 그것이 표준이 정착되지 않고 개인적인 방법만이 난무해 결국 무질서한 현상이 벌어지는 이유다.

일의 체계를 세우기 위한 표준화가 이루어지고 나면 더 나아가서 낭비를 방지하는 목적으로 전문영역의 표준도 고려해야 한다. 가령 많은 금액의 소모성 부자재를 소비하는 기업에서는 일회성 소비에 그칠 부자재를 공급할 때 잔여수량이 없도록 하는 공급방식을 정립해야 한다. 그리고 반복 사용하는 대상에 대해서는 회수와 공급의 두 효율성을 고려하는 체계적인 방식으로까지 표준화를 전진시켜야 한다. 그렇지 않으면 사소한 무질서가 원가를 잠식하고 만다. 이제는 활용도 하지 않는 ISO규정이 기존에 있다거나 사문서가 된 규정집이나 표준서 뭉치를 들먹이는 것으로 만족하는 시대는 지났다.

사소한 질서의 무시로 큰 손실을 보는 사례를 살펴보자. 2차 세계대전의 아프리카 전장에서 롬멜 장군이 이끄는 독일군이 사막에서 전투가 아닌 문제로 병사들이 전의를 상실해 전력에 큰 차질이 일어났던 예가 있다. 이는 영국군과 독일군 병사들이 야전에서 용변을 보는 방법상의 차이로 일어났다.

전쟁 중에는 병사들의 이동이 잦아 화장실을 설치하지 못하는 관계로, 병사의 위생을 지킬 수 있으면서도 간단한 방법으로 할 수 있는 방법을 미리 설계해야만 했다. 그래서 영국군은 야전에서 대변을 볼 때 지켜야 할 표준 행동수칙을 정해서 지침을 주었다.

땅을 좁게 그리고 가능한 한 깊이 판 후에, 보급품을 담았던 나무궤짝의 밑면 일부를 도려내 구덩이 위에 엎어서 그 위에 올라가 일을 보도록 했다. 그리고 용변을 보고난 후에는 조그만 헝겊조각을 상자 위에 살짝 덮어 파리가 접근하지 못하도록 조치하는 방법을 사용했다. 그래서 가능한 한 한곳에서 병사들 모두가 일을 보도록 했다. 하지만 독일군은 그런 수칙이 설계되지 않은 채 야영지 근처의 아무 곳에서나 제각기 일을 보고 변을 방치하는 습관으로 일관했다.

그 결과 파리가 들끓어 병사의 식사에 파리가 접근하게 돼, 많은 독일군 병사들이 이질에 걸려 체력약화와 전투의욕이 상실되는 치명적인 결과를 초래했다. 지휘자인 롬멜조차도 이질에서 자유롭지 못했다. 이토록 사소한 행동표준의 준비와 실천의 차이가 큰 전쟁에서의 승패를 좌우하기도 한다.

❯ 현장에 질서를 부여하는 기회

공장에 가보면 큰 글씨로 벽에 '정리, 정돈, 청소, 청결, 마음가짐'이라고 써놓은 것을 쉽게 발견할 수 있다. 이 문구들은 일본에서 건너온 5S(5청정, S는 다섯 항목의 일본 발음 영문 이니셜)라는 일본식 기본질서를 말한다. 그런데 정확히 이해하고 시행하는 것인지 궁금해서 그것들을 왜 지켜야 하는지 물으면 대부분 "공장이라면 저것은 기본이죠. 아, 깨끗하게 하자는 얘기 아닌가요?"라고 대답한다. 다시 말해 공장을 말끔히 치우고 작업하면 보기도 좋다는 식이다. 경영자부터 현장 작업자에 이르기까지 진정한 5S의 의미를 모르고 있는 것이다.

실제로 그 다섯 가지 구호를 철저히 지키는 공장은 그렇게 많지 않다. 말로만 떠들 뿐이다. 왜 그럴까? 답은 간단하다. 그렇게 단정한 일처리를 원하지 않으며, 조금 복잡하고 혼란스럽게 보여야 일하는 듯한 기분을 느끼기 때문이다. 또 일본인들이 왜 그렇게 했는지를 모르는 채 따라하기 급급했기 때문이다. 아니면 주위 사람들이 다 하니까 뒤떨어진 경영자처럼 보이기 싫어서 원리를 모방하지 않고 껍데기만 열심히 가져왔다고 할 수 있다.

다섯 가지 항목은 행동지침이 아니라 현장에 질서를 부여하는 가장 좋은 도구를 표시한 것이다. 다섯 가지 가운데 가장 기본적 질서도구인 세 가지에 대해서는 독자들이 알고 있다고 느껴도 좀더 살펴보는 것이 좋겠다.

첫째, 정리란 필요한 것과 필요하지 않는 것을 구분하는 일로, 일의 진행에 혼란을 초래하는 장해물을 사전에 제거해 나쁜 결과를 막는 데 목적이 있다. 질서잡기의 가장 으뜸이 되는 방법이다. 예를 들어, 가공을 진행하다가 발생한 불량품은 양품과 섞이지 않도록 점검 후에 바로 분류하고, 생산 전의 대기 중인 물건 가운데 당장 수행할 것이 아니면 전단계의 공정으로 되돌려보내는 조치 등이다. 공장에서 사용하지 않는 오래된 설비를 과감히 뜯어내 공간을 확보하거나, 방치로 인한 오염을 막는 행동도 여기에 속한다. 공장에 당장 필요하지 않은 물품을 없애는 철학이다.

둘째, 정돈이란 필요한 것을 사용하기 쉬운 장소에 사용순서에 따라 배치하는 것을 말한다. 이는 곧 모든 시간적 지체를 해소하는 동시에 작업상의 착오나 오류를 없애는 수행상의 질서를 부여한다. 예를 들면, 작업할 종류의 작업 대상물이 여러 상자에 담겨 작업장 옆에 어지럽게 놓여 있을 경우 작업순서대로 상자를 재배치하거나, 작업을 완료한 후에 후속 공정별로 보낼 위치와 순서를 구분하여 표시해주는 것이다. 즉 운반자가 쉽게 처리할 수 있도록 하는 것이다. 공구들도 가장 가까운 위치에 두고 사용순서대로 배열해 작업자가 빠른 시간 내에 준비작업을 완료할 수 있도록 하는 행동도 여기에 포함한다. 물건이 가득 쌓인 창고에서도 마찬가지다. 심지어 도요타에서는 작업방식이나 순서를 결정할 때 가장 효율적인 절차로 설계하기 위해 연구하는 일도 정돈업무의 일부로 보기도 한다. 엄청난 개념의 차이를 엿볼 수 있다.

셋째, 청소란 모든 관계시설물들을 항상 닦고 조여서 어디엔가 이상이 발생하면 금방 그 징조를 발견해 조치를 취하고, 무질서가 크게 확대될 것을 미리 방지하는 조건을 만드는 것이다. 예를 들면, 현장의 바닥을 말끔히 청소하다 보면 바닥에 무엇이 흩어져 있는지 낭비요인들을 쉽게 발견할 수 있고, 무심코 버려진 것들을 수거할 수도 있다. 또한 설비를 주기적으로 구석구석 닦다보면 어느 부분에서 기름이 새고 틈새가 벌어지는지 금방 발견해 고장나기 전에 손볼 수 있다. 청결상태에서는 결함이 더욱 두드러지고 백설 위에서는 가장 작은 티끌도 보이게 마련이다. 서양 속담에 "딱지투성이 머리는 빗을 좋아하지 않는다"는 말이 있듯이 이미 극복하기 힘들 정도로 오염된 작업장은 청소 습관이 정착되질 않는다. 기본적으로 청소를 자주 해야 정리정돈 행위를 다시 할 수 있는 기회를 저절로 갖게 된다. 이런 자동적 주기현상이 발생한다는 것을 깨닫고 있는 경영자는 거의 없어 보인다.

병을 물리치는 비결의 절반은 청결이라는 말이 있다. 청결함은 수명을 잘 보존해주기 때문이다. 하루에 두 번 하는 목욕은 철저히 청결해지려는 것이고, 한 번 하는 목욕은 적당히 청결해지려는 것이며 일주일에 한 번 하는 목욕은 단지 공공의 위협이 되지 않기 위함이라고 영국의 어느 소설가는 지적하기도 했다.

이렇듯 단어 몇 가지에 일본의 기업 종사자들은 일과성 구호가 아닌 엄청난 의미를 부여하고 진행시키기 때문에 철저한 물건 만들기를 이룩했다고 볼 수 있다. 관리자나 작업자에게 단순하고 명쾌한 방법론을 제시함으로써 혼란을 방지한 것이다. 가령 작업기간을 혁신적으로 짧게 한다든지 현물과 정보의 일체화를 수행하는 혁신전술이 정립되지 않으면 현장의 5S가 발전하지 못한다. 역으로 5S의 부실현상은 고객이 요구하는 가치창조를 엉망으로 하고 있다는 증거도 된다. 우리도 맹목적으로 따라할 것이 아니라 그 문구의 근본목적인 질서잡기의 의미를 철저히 이해해야 한다. 또한 생각나면 외치는 구호가 아니라 일상업무에 자연스럽게 녹아들어 습관이 되도록 해야 한다.

필자는 현장지도의 경험을 통해 철저한 5S의 실천자 대부분이 공통된 성향을 갖고 있다는 것을 발견할 수 있었다. 5S활동이나 품질보증의 능력에 강한 작업자는 대체적으로 남을 적극적으로 돕지도 않고 또 남에게 도움을 요청하지도 않지만, 남으로부터 책망이나 비난만은 절대로 받기 싫어한다는 것을 알았다. 그들은 자기에게 주어진 일을 어떤 잔소리도 듣지 않고 완벽하게 달성하려는 성격일 뿐이지 결코 완벽주의자나 결벽증을 가진 사람들은 아니다. 단지 남에게 피해를 주지 않으려는 성향이 강한 것이다. 오히려 성격이 후하고 인간성도 좋다고 평가를 받는 사람이나 항상 말이 앞서는 사람은 5S도 못하고 업무의 완성도도 떨어지는 경향을 경험했다.

도요타자동차가 전 세계적으로 유명하게 된 것은 최고의 생산성을 유지하기 위한 질서부여 의식과 실천력을 모든 직원들이 갖고 있기 때문이다. 심지어 1952년도에 새롭게 현장을 개조할 때 공장의 내부 컬러를 결정짓는 '색채조절 위원회'라는 조직까지 결성했다. 그래서 공장을 깨끗하게 만들자는 취지 아래 기계 가공라인의 벽을 모두 하얗게 칠한 사례도 있었다. 이토록 수많은 질서부여를 가장 기본이 되는 현장영역에서부터 높은 관리수준에 이르기까지 철저하게 설계하고 실행했기 때문에 현재의 위치로 성장할 수 있었음을 아는 사람은 많지 않은 듯하다.

인재를 양성하는 절호의 기회

❯ 혁신활동으로 인재를 구분

기업은 망해도 인재는 건재하다. 그룹 규모의 기업일지라도 시기와 조건이 맞으면 순식간에 붕괴하는 것을 가끔 목격한다. 하지만 시간이 지난 후 살펴보면 그룹은 해체됐지만 개별기업으로서 살아남아 경쟁력을 갖고 재건되는 경우도 종종 있다. 이런 상황을 볼 때 기업의 간판은 형식이고 그 내부의 인력들이 실체라는 것을 알 수 있다. 자본력과 우수한 인재의 확보가 조직의 기본적 구성요소인데 그중에 인재의 영향력이 더 강력하고 훨씬 오래간다.

많은 경영자가 자기 조직에 인재가 별로 없다는 푸념을 한다. 그러나 실제로는 적은 것이 아니라 양성하지 않은 결과다. 직원들이 조직의 가장 큰 자산이라고 입으로 말은 하지만 사람은 얼마든지 많아서 선택 대상이라고 여겨 기존의 직원들을 성장시키거나 인간답게 사는 환경을 조성해주는 일에 야박한 경영자도 많다. 사실 재능 있는 사람을 선택하는 데 들이는 노력을 기존 직원의 능력향상에 쏟는다면 더 많은 사람들이 유능하게 될 수 있다. 사람 중심의 문화로 움직이는 조직은 인력을 비용이 아니라 자산으로 본다.

특히 도요타의 현장능력이 뛰어난 것은 공장 노동자를 조립의 단순노동자로 보기보다는 현장이 아니면 얻을 수 없는 지혜나 경험지식을 축적하고 있는 지식노동자로 간주하기 때문이다. 그래서 단기의 기능연수나 교육에 의존하기보다는 계속 스스로 생각하는 습관을 키워주기 위해 철저한 현장 직무교육(OJT: On the Job Training)으로 승부한다.

오랜 동안 기업지도를 통해 기업의 직원들이 본인들의 역할을 자각하지 못하고 있는 점을 자주 발견한다. 근무경력이나 직책에 따라 임금을 달리하는 것은 상식이다. 하지만 왜 임금을 차별화하는지는 잘 모르는 것 같다. 동일한 분야에서 업무내용도 비슷한 일을 하면서도 왜 근무기간에 따라 임금이 다르고 상사와의 연봉차이가 무려 두 배 가까이 나는가의 속뜻을 모르는 경우가 대부분이다.

전문 경영인들 자신도 잘 모르는 경우가 다반사다. 경험한 만큼 아는 것도 많고 의사결정을 현명하게 한다는 증거를 내놓은 적도 없다. 그냥 사회적인 관습으로만 여길 뿐이다. 혹자는 책임에 따른 가치부여라고 하는데 과연 책임질 일이 있을 때마다 모두 변상하고 책임을 지는가? 그렇다고 두 배의 연봉자는 과연 두 배의 가치를 지니고 있는가? 전혀 그렇지 않다. 많은 고액 연봉자들은 그저 근무기간이 오래됐을 뿐 특별한 실력이나 책임감도 없는 경우가 많다.

조직 내에서 남보다 많은 임금을 받으면서 직책을 보유한 직원들은 기본적으로 부하직원들을 양성시켜야 한다는 남다른 역할이 암묵적으로 주어져 있다. 즉 업무지도를 통해 현재의 직원들을 유능한 자질의 직원들로 바꿔놓아야 한다는 의미다. 하지만 대부분의 상급자들은 일방통행의 업무지시를 주고 그 완료 여부만을 점검하거나, 회의석상에서 단지 부문을 대표하는 자리 하나를 차지하는 것으로 본인의 직무를 다한 것이라고 해석하기도 한다. 심지어 하루 종일 여러 회의에 참석한 것으로 자기 일을 완수한 것처럼 바쁘다고 여기는 간부도 많다. 아주 잘못된 사고의 소유자다. 사내외의 여러 관련정보를 많이 보유했다고 해서 상급자가 되는 것은 아니라는 말이다. 그것과 실무역량은 아무 관계가 없다.

만약 어떤 수행업무가 있을 때 단순히 목적만 알려주고 부하직원에게 업무지시를 하면 그 결과는 부하직원의 능력수준에 그치기 십상이다. 그래서 이미 일이 돌이킬 수 없을 만큼 진행됐을 때 상사의 수정지시가 소용없는 경우가 발생한다. 따라서 일의 수행에 앞서 상사의 지식이나 경험을 충분히 알려주고 만약을 대비한 경우까지 지도를 해야 부하직원의 실력이 빠른 시간에 향상된다. 하지만 부하직원이 보유한 능력을 뛰어넘는 지혜나 방법지식이 없어 단순지시로 일관하는 상사들이 많다. 이런 상사들은 남보다 많은 자기의 연봉이 부하직원들에게 돌아갈 임금 중의 일부를 십시일반으로 떼어서 모은 과외 수강료의 성격이란 것을 모르는 사람이다. 그래서 경영자들은 상사들이 인재양성 차원에서 직원들을 잘 지도하고 있는지 늘 살펴야 한다. 만약 자기 직책만 고수하면서 부하직원의 실력배양에 게으르다면 그 사람은 상사로서 자격이 없다고 봐야 한다.

현장직원의 경우도 마찬가지다. 비슷한 기량과 설비를 다루면서도 관리 감독자의 직책을 보유하면 기존의 일반 직원보다 대우가 좋다. 이 역시 현장의 많은 경험과 체험을 직원들에게 훈련시켜 더 높은 기량의

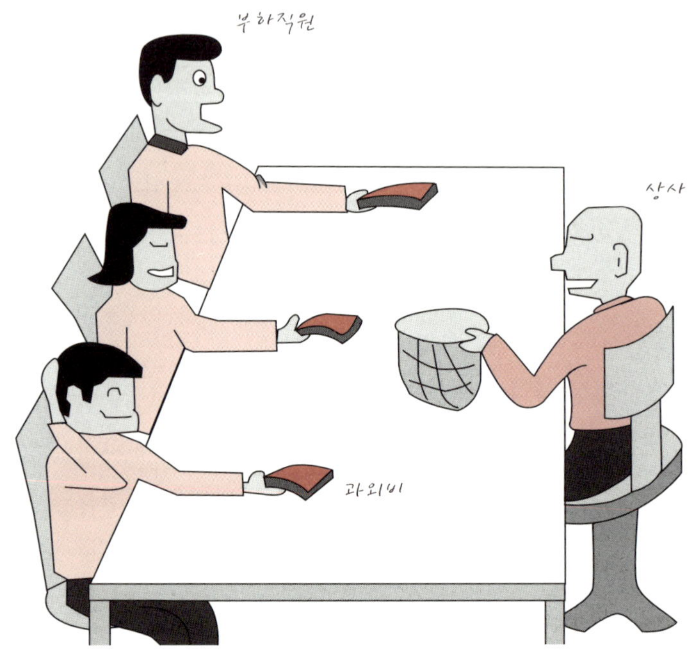

직원들로 만들어야 한다는 사명을 갖고 있기 때문이다. 즉 상사는 항상 스승의 입장이어야 한다.

혁신활동을 하면 가장 바빠야 할 당사자는 당연히 직책이 높은 상사가 된다. 높은 목표를 달성하려면 일선직원들이 지닌 기존의 사고나 행동으로는 부족해서 상사의 경험과 지혜를 최대한 살릴 필요가 있다. 따라서 혁신활동을 하는 조직은 상급자의 지도능력을 늘 파악할 수 있다. 하지만 혁신활동을 하지 않아 늘 같은 상황만을 마주하는 조직은 인재의 양성은커녕 기존 인력들의 능력파악조차 할 수 없다.

❯ 변화를 거부하는 자세를 제거하는 기회

기업을 지도하다 보면 각 기업마다 그 기업의 오래된 전통이나 경영자의 영향으로 생기는 문화가 있다. 따라서 제각기 다른 풍토와 관행으로 기업활동을 해나가는 것을 느낄 수 있다. 그리고 어느 조직에서나 기업이 보유한 고유의 특성을 살려가면서 생존과 발전을 위해 변신해보려고 노력하고 있다. 하지만 그 변화 여부는 직원들의 의식과 태도에 의해 좌우되기 때문에 경영자는 그들의 행동양식을 잘 살펴볼 필요가 있다. 그동안 기업을 지도하면서 변화를 저해하는 몇 가지 의식과 태도를 발견했는데 그것은 다음과 같다.

바쁘다고 하는 직원이 많은 기업은 변화할 수 없다. 말로는 변해야 한다고 하면서 행동은 바꾸지 않기 때문이다. 기업을 지도하다 보면 많은 부서의 사람들과 접촉하게 된다. 그 가운데에는 혁신지도를 성실히 받아들이는 관리자가 있는 반면에 혁신에 저항하는 태도를 정면에서 취하는 관리자도 있다. 그런데 두 부류의 특성을 관찰해보면 확연한 차이점이 발견된다. 혁신활동 중에 직원들의 성향이 대부분 드러나는 데는 그리 오래 걸리지 않는다.

지도를 잘 받아들이는 관리 책임자는 늘 표정이 여유가 있고, 무언가를 배우려는 의지를 갖고 있다. 또 대응하는 자세도 유연해 언제나 새로운 것을 흡수할 준비를 한다. 이것이 바로 실력 있는 관리자의 모습이다.

반면에 바쁘다는 핑계로 불성실한 대응을 일삼는 관리 책임자는 마주 앉았을 때의 모습에서조차 여유가 없고, 뭔가 쫓기는 듯한 초조감으로 집중하지 못한다. 그리고 더 중요한 일이 있으므로 이야기를 빨리 끝냈으면 하는 듯한 표정을 짓는다. 변화에는 관심이 없으며, 자기 방식이 최고라고 착각하는 무능력한 유형이다. 사실 실력이 만천하에 드러나는 것이 두려워 혁신을 기피한다.

바쁘다는 말을 입에 달고 사는 사람과는 어떤 일도 할 수가 없다. 혁신을 추진해도 좋은 결과가 나오지 않는다. 바쁠 망(忙) 자를 분석해보면 마음 심(心)에 망할 망(亡) 자가 더해진 형태다. 이는 곧 심리적인 상태가 망가져 있는 정신없는 상황을 의미한다. 그래서 차분하고 냉철한 이미지는 사라지고 없는 것이다. 늘 그런 관념으로 일하다 보니 혁신의 '혁'자만 들어도 부담이 가고 동참할 수 없는 핑계를 댄다.

나는 가끔 의도적으로 바쁜 사람에게 정신이 없어서 일을 제대로 추스를 수 없다는 의미로 '오천만의 호구'라고 부른다. 그런 이야기를 들은 관리자들은 그 후로는 바쁘다는 말을 하지 않는다. 호구가 되긴 싫은 모양이다.

바쁘다는 표현 대신에 업무의 많고 적음으로 표현해가면서 생각하다 보면 스스로 업무를 조절해 중요한 순서대로 일처리를 하게 된다. 시간이 부족한 경우에는 부하직원이나 동료에게 부탁하여 처리하든지 업무편성을 다시 함으로써 계획적인 업무태도로 바뀔 것이다. 결국 그런 사람만이 변화에 동참하고 배우려는 의지를 자연스럽게 내보일 수 있다.

어느 조직에서나 변화에 적극적으로 동참하려는 사람은 그리 많지 않다. 변화의 분위기가 경영자의 강제의지에 의한 것일 수도 있고 회사 상황이 악화되어 하는 수 없이 할 수도 있지만, 그것과 관계없이 대부분의 혁신활동에 대한 조직원들의 참여유형은 세 가지로 나뉜다.

먼저 매우 긍정적이고 적극적으로 변화를 몸으로 받아들이려는 부류, 반대로 변화에 대해 동조하고 싶은 생각이 전혀 없는 부류, 마지막으로 변화에는 반대하지 않지만 별로 달갑게 여기지 않아 적당히 눈치

만 보는 부류가 있다. 세 번째 유형을 취하는 사람이 가장 많다.

결국 대부분의 사람들이 변화를 추진하는 데 미온적이거나 거부하려는 마음으로 참여하기 때문에 혁신활동이 제자리를 맴돌기 쉽다. 변한 것이라고는 벽에 쓰인 혁신구호 정도나 서류상의 흔적일 뿐이다. 따라서 수동적인 참여자들을 능동적으로 이끄는 일이 혁신활동 가운데 가장 중요한 실천사항이다.

많은 직원들이 혁신활동 과정에서 상사의 일방적인 지시를 접한다. 사실 상사가 모든 해답을 쥐고 있는 것도 아닌데 일방통행이 난무한다. 그런 분위기에서는 어떤 직원도 참여할 생각이 들지 않는다. 현실을 잘 모르는 상사도 문제지만 현실을 가장 잘 파악하고 있는 직원들의 의견을 반영하지 않는 것도 변화의 적이다. 현지·현물에 강한 인재들의 의견을 우선하는 풍토를 만들면 참여자의 수는 저절로 늘어난다. 올바른 의사결정을 하기 위해 때로는 상사의 의견이 무시될 수 있다는 과감한 발상이 필요하다. 그래야 직원들의 발상이 자유로워지고 풍부해진다.

특히 현장에서 현물을 다루는 직원들의 성장에 힘써야 한다. 대부분 관리자의 육성은 많이 하지만 직접 가치창조를 지휘하는 관리 감독자의 능력향상에는 별로 신경을 쓰지 않는다. 아주 잘못된 발상이다. 가치창조의 일선을 담당하면서 수익창출에 가장 막강한 영향력을 발휘하는 계층이 현장의 리더들이다. 진정한 혁신활동은 현장 책임자들의 체험과 변화를 통해 완성된다.

❯ 얄팍한 모방보다 지혜로 승부하는 습관

타 회사의 적용사례나 절차를 따르지 말고, 기본적인 사고와 원리만으로 모든 문제를 재조명하면서 개선해야 한다. 비록 외부환경은 어렵더라도 내부에서 변화를 꾸준히 일으킨다면 얼마든지 어려움을 극복할 수 있다. 다른 회사의 아이디어를 받아들여 뿌리 없는 혁신을 꾀하기보다는, 많은 직원들이 창의적인 행동을 일삼아 독창성을 발휘하는 것이 바람직하다. 경험이 많은 사람은 실수를 적게 하지만 경험이 많아지기 위해서는 거꾸로 많은 실수들이 필요하다는 미국 속담이 있다. 따라서 혁신활동은 실수를 많이 하는 직원들의 훈련장이라고 여겨 독려해야 한다.

독창성은 개성의 존중에서 출발한다. 목적 없는 불필요한 개성은 무시해야 하지만 수준향상을 꾀하거나 조직발전을 가속화시키는 개성은 철저히 존중해주어야 한다. 그러한 바람직한 개성에는 창조와 개선에 대한 열의가 담겨 있다. 그 개성을 발휘하려면 타인의 의견을 경청하며 배우려는 의식도 강할 수밖에 없다. 또 문제의 본질을 이해하려고 적극적인 현장관찰도 수행한다. 그런 결과 조기에 문제해결을 하려는 의식이 강해서 신속한 행동을 취하는 과정에 실수도 얼마든지 있을 수 있다. 그런 실수는 백 번 용서돼야 한다.

독창적인 개발의 황제로 알려진 혼다는 기술자나 관리자들에게 책을 뭐하러 읽느냐고 말했다. 이것은 책을 읽지 말라는 것이 아니다. 책을 읽고 나면 그 내용의 포로가 되어 무슨 일을 풀어갈 생각을 하는 것이 아니라, 지식의 틀 안에서 왜 이번 일이 힘들고 안 되는지를 증명하기에 바쁜 사람이 될 것을 우려했던 것이다.

책을 통해 얻어진 풍부한 간접경험은 교양에 불과할 뿐이고 자신의 경험만이 지혜로 바뀔 수 있다고 본 것이다. 또한 글쓰기와 말하는 실력이 부족한 사람은 머리에 든 것이 없는 것이나 마찬가지기 때문에 부끄러워해야 한다고 늘 사원들에게 말하곤 했다. '생각이 많고 아는 것은 많은데 말하거나 글로 표현하는 것이 잘 안 된다'는 이야기는 있을 수 없다는 것이다. 즉 아는 만큼 표현할 수 있어야 진정한 실력이라고 생각했다.

혁신활동을 내부적으로 수행하지 않으면서도 어떤 기업이 혁신했다더라 하는 소문을 들으면 어떤 것인지 궁금해하며 조바심을 내는 기업들이 의외로 많다. 특히 굴지의 대기업이 수행했다고 하면 더하다. 마치 공부는 안 하면서 남의 실력을 빌어 시험성적을 올리고 싶어 하는 학생과 똑같다. 경영과 관리의 노하우가 전혀 배양될 수 없는 토양을 가진 회사의 대표적 행태라고 볼 수 있다.

생각하기 싫어하고, 보지 않은 것은 믿으려 하지 않으며, 아예 시도조차 하지 않는 회사의 사원들은 발전의 여지가 없다. 혁신은 곤란함을 한탄하는 것이 아니라 가능성을 믿고 달려드는 데서 완성된다. 인간은 선천적으로 게을러서 자극하는 것이 없다면 생각하지도 않고 로봇처럼 습관적으로 행동한다고 아이슈타인은 지적했다. 실제로 기업에 근무하는 직원들 대다수가 타성에 젖어 현상을 유지하거나 이제까지 지켜온 질서를 따르려는 강한 성향을 보인다.

기업지도를 통해 여러 직무를 경험한 경력자의 타성이 더 강한 면을 볼 수 있었다. 자신이 경험한 것을 우주로 여긴다. 심지어 과거의 오랜 경험조차 바로 현실인 것처럼 과대평가를 한다.

자신이 책임자로 일했던 공정의 후속공정을 새롭게 맡은 관리자에게 현재의 공정을 혁신하라고 제안하면 선행공정 때문에 안 된다는 핑계를 댄다. 선행공정의 문제와 한계를 자신이 잘 숙지하고 있다는 견해다. 또 반대로 후속공정에서 일하다가 선행공정을 맡은 자에게 혁신하라 하면 후속공정의 형편으로 인해 불가능하다고 대답한다. 결국 자기가 경험한 과거시점에 모든 시계가 멈추어져 있어서 본인이 경험한 그 이상은 개선되기 힘들다는 식으로 표현한다. 얼마나 멍청한 생각인가.

본인이 담당했을 때는 그 상태가 최선이라고 생각했지만 후속위치에 와보니 개선의 필요성은 물론 방향성도 보인다고 표현해도 부족한데, 무조건 변화를 거부하는 편에 서버린다. 경험이 오히려 장애물로 전락하는 현상이다. 경험과 체험이 지혜로 바뀌는 것이 아니라 행동제한의 테두리로 변하는 직원이 의외로 많다.

이런 경우에는 관련업무의 경험을 한 직원보다 오히려 문외한이 낫다. 반드시 주변사항을 알고 있어야 개선할 수 있는 것이 아니다. 모르는 상태에서 상식만으로 문제를 마주해도 쉽게 풀리는 경우가 많다. 경험과 체험을 혁신활동의 지혜로 활용하기보다는 오히려 고정관념이 되어 많은 발상을 꺾는 역효과를 낳지 않도록 주의해야 한다.

❯ 경영자가 스스로 변할 수 있는 기회

직원들을 진정 인재로 양성하고 싶다면 고기를 낚는 법을 가르치거나 훈련시켜 조직에 기여할 수 있는 사람들로 성장시켜야 한다. 그래서 혁신활동을 하는 것이 자신을 스스로 한 단계 성장시키는 유일한 기회로 삼을 수 있도록 분위기를 조성해야 한다.

가끔 어떤 경영자는 자신의 직원들이 더 배우기보다는 현상을 유지하며 월급만을 꼬박꼬박 받아가기만을 원한다고 말한다. 하지만 모든 사람이 그런 것은 아니다. 경영자의 경영철학과 성품에 따라 게으른 직원들이 생기는 것이지 결코 직원들의 인생관이 문제가 되는 것은 아니다.

회사의 발전은 곧 업무를 해결하는 직원들의 능력과 비례한다는 점을 깨닫고 있는 사람이 훌륭한 경영자다. 그런 경영자는 사원들을 깨우치는 비용에 아낌없이 투자한다. 실력을 키워놓으면 염치없이 다른 회사로 옮겨갈지라도 억울해하지 않는다. 그런 위험을 감수하지 못하면 어떠한 이익도 얻을 수 없기 때문이다. 그것이 두려워 인력성장의 노력을 게을리한다면 그 기업은 영원히 성장하지 못한다.

경영이 부진하면 사원이 무능하다고 탓하고, 실적이 저조하면 불황을 탓하고, 회사가 적자가 나면 임금인상 탓이라고 푸념을 하는 경영자가 많다. 기업의 부진을 사원들 탓으로 전가할 뿐 그들의 발전에는 별 관심이 없다는 식의 태도를 보인다.

그렇다면 기업이 부실하게 되는 근본적인 이유는 무엇인가? 사실 눈에는 잘 보이지 않는다. 굳이 꼽자면 임금은 매년 올라가는데 생산성은 제자리를 맴도는 현상이 가장 큰 손해를 유발한다고 볼 수 있다. 이것은 사원의 능력을 배양하기 위한 투자에 인색하면 여지없이 퇴화한다는 것을 경영자가 자각하지 못하는 데서 발생한다. 만약 사원의 가치를 아는 경영자라면 벌써 '인력의 질'에서 해결방안을 깨닫고 끊임없이 투자했을 것이다.

사원들에게 쓸모 있는 지식과 체험을 계속 불어넣는 경영자는 난관이 닥쳤을 때 혼자서 머리를 쥐어짜지 않아도 된다. 사원들에게서 많은 도움을 받고 적자도 나지 않는다. 새로운 사고로 많은 실천행동에 도전하자고 해야 모든 일에 자신감을 갖고 가능성을 부여할 수가 있다. 그렇지 않으면 매번 곤란함만을 느낄 것이다.

창조성과 생산성을 발휘하기 위해서는 모든 면에서 지혜로워야 한다. 그런데 그 지혜가 어디에서 나오는가? 총명한 관찰력으로 배우고 익히지 않으면 지혜는 나오지 않는다. 지혜가 없다면 땀이라도 내야 하는데 요새 봉급자 가운데 과연 누가 그러하겠는가. 모두 자기 사업이 아니라고 생각하는데 말이다.

인재의 육성은 단기간에 불가능하다. 그래서인지 어느 경영자는 컨설팅을 추진하면서도 지도결과가 바로 나타나지 않아도 좋으니 제발 사원들의 능력을 올려달라고 부탁하기도 한다. 그렇게 하려면 여기에는 반드시 전제조항이 있다. '경영자인 나는 빼고' 하는 마음은 버려야한다. 혁신활동에는 예외가 없어야 한다.

대부분의 경영자는 혁신활동을 할 때 직접적인 참여는 하지 않고, 다만 보고받는 위치에 서서 가끔 평가해주거나 훈시를 하는 정도에 그친다. 하지만 실제로 혁신활동을 인재양성 기회로 만드는 경영자를 만난 적이 있다. 직원들의 실력향상을 위해 노력하는 훌륭한 경영자의 참모습을 목격할 수 있었다.

실무에도 밝지만 공부를 많이 하는 경영자로서 우연한 동기로 필자의 시리즈 책을 모두 섭렵한 후, 그중에서 혁신활동의 핵심이 들어 있다고 생각하는 책(《도요타처럼 생각하고 관리하고 경영하라》)을 선정해 무려 7번을 반복해서 탐독했다. 물론 책을 이해하지 못해서 여러 번 읽은 것은 아닐 것이다. 볼 때마다 새롭게 떠오르는 응용분야가 있었고 혹시 평범한 문장이라고 해서 중요한 개념을 그냥 지나친 부분은 없는가를 거듭 확인하는 열성이었을 것이다.

정독을 하면서 인상적인 혁신개념의 문구가 보이면 밑줄을 긋고 자사의 어떤 분야에 그 개념을 응용하면 효과가 있는지에 대해 본인 생각을 기록해나갔다. 그 결과 무려 두 권의 노트에 달하는 응용 계획서가 탄생한 것이다.

각 부서가 혁신테마를 스스로 발굴해서 진행하는 방식을 택했지만, 사실 테마를 연속적으로 발굴해 활동을 이어가기란 쉬운 일이 아니다. 결국 얼마 안 가서 각 부서가 테마도출에 곤궁해지자, 경영자는 각 부문의 책임자를 불러 본인이 기록해 놓은 노트에서 발췌해 테마의 아이디어를 지속적으로 지원해주었다. 이는 현장의 목소리를 우선 존중해주고 경영자 중심의 발상은 가능한 한 뒤에 두자는 조심스런 행동이었다.

그 결과 각 부서가 혁신테마의 발굴에 목마르지 않고 지속적으로 혁신활동을 하는 동시에 스스로 문제를 발굴하는 능력도 체득하게 되었다. 결국 경영자가 무엇을 원하는지 또 어떤 모습을 추구하는지를 전 직원이 몸소 깨달을 수 있는 기회를 제공한 것이다.

경영자가 희망하는 혁신을 전 직원이 하게 해서 소기의 목표를 달성하는 가장 바람직한 현상을 목격할 수 있었다. 경영자가 형식적인 행동과 태도에 그치지 않고 진정으로 혁신에 동참하는 의지와 구체적인 실천의 모범을 보이면, 혁신의 목표달성은 물론이고 직원들의 능력향상

기회도 갖는 일석이조의 혁신활동은 분명히 가능하다. 그리고 실력 있는 경영자는 혁신활동을 통해 아마추어에 머물던 직원들을 프로로 만든다. 즉 일을 할 때 주변사람을 피곤하지 않게 하는 것은 물론이고, 가장 경제적인 방식으로 추진하면서 한 번의 계획과 실행으로 목표를 완결하는 직원으로 만든다.

낭비를 제거하는 무한활동

❯ 낭비를 정확히 인식하는 기회

사회주의 국가에서는 이윤을 내는 것이 악덕이지만 자본주의에서는 손실을 내는 것이 악덕이다. 손실이 발생되는 동기는 여러 형태로 나타나지만 그중에서도 가장 대표적인 경우가 비용이 매출을 초과하는 현상이다.

이 현상은 기업의 규모와 업종의 성격과는 무관하게 벌어진다. 규모가 큰 대기업도 손실이 누적되면 망할 수밖에 없고, 아무리 첨단의 신제품일지라도 비용이 과다하면 기업에 누를 끼친다. 따라서 제일 중요하고 필요한 것은 비용이 판매액을 넘지 않게 하는 활동이다.

국내기업들은 아직도 '낭비'라는 단어에 익숙하지 않다. 평범한 단어인데도 일상생활에서는 물론 기업 내에서도 자주 사용하지 않는다. 1990년대에 일본의 도요타에서 낭비이론이 도입된 이후로 제조업의 현장에서 사용하게 됐지만 그 개념을 적극 활용하지 않아 단순한 의미로만 알고 있는 경우가 많다.

'낭비'라는 말은 손실을 유발하는 모든 요인의 총칭을 뜻한다. 투입된 총 자원에서 순수가치로 변한 부분을 빼면 나머지는 자동적으로 낭비가 된다. 즉 투입된 물질이나 시간이 산출물(Output)에 어떤 기여도 하지 않은 채 사라지는 것으로서, 이익창출에 도움이 되지 않는 투입을 지칭한다. 헛돈을 써버린 경우를 말한다. 따라서 직원들은 이익을 창출하는 동시에 낭비가 발생되는 것을 막거나 예방하는 역할의 대가로 급여를 받는다고 생각하면 간단하다.

오래전에 도요타에서 '낭비'라는 추상명사가 고유명사로 재탄생했다. 그들은 낭비를 영어로 정의할 때 'LOSS'라 표현한다. 정확한 영어 표현은 'Waste'가 옳다. 실제로 미국의 관리서적에는 'Waste'로 사용한다. 하지만 도요타는 'Waste'라는 단어가 단지 계획을 초과(Over Cost)하는 비용의 의미로 사용되기 때문에 자신들이 생각하는 낭비와 다르다고 여긴 것이다.

그들이 정의하는 낭비는 그 유형을 불문하고, 가치창조에 기여하지 않는 모든 투입은 경영의 '손실'과 직결된다고 보기 때문에 'LOSS'로 표기했다. 즉 계획원가 내에서 사용했어도 부가가치와 직결되지 않았으면 모두 낭비로 정의한다. 일반적인 낭비와 도요타의 낭비는 의미가 전혀 다르다. 따라서 직원들이 낭비를 발견하고 제거하는 실행단계에서 낭비를 어떤 의미로 적용하느냐에 따라 개선의 범위와 깊이가 다르다.

직원 전체가 실천하는 행동철학 중에 낭비를 철저히 배제한다는 사고방식이 꼭 필요하다. 경영자에서부터 현장직원에 이르기까지 '낭비'를 허용하지 않는 습관을 기본으로 해야 수익성이 높아질 수 있다.

낭비제거 사고의 바탕에는 인간존중의 개념도 깔려 있다. 인간이 발휘하는 에너지를 유용한 업무나 작업으로 연결시키지 못하고 방치하는 것은 인간의 존엄성을 무시하는 행위로 보는 것이다. 따라서 시간을 허비하거나 부가가치로 이어지지 않는 모든 인간의 활동을 적극 개선해나가자는 분위기를 조성해야 낭비제거와 인간존중이 동시에 실현된다고 보는 사고다.

일반적으로 혁신활동을 전개한다고 하면 직원들이 뭔가 새롭고 특이한 활동을 해야만 한다는 강박관념을 갖고 있다. 혁신은 작은 개선이 모여 이루는 결과이지 단번에 수확할 수 있는 열매가 아니다. 따라서 거창한 목표보다는 직원들이 각자 눈앞의 작은 낭비를 개선하는 것부터 시행하는 것이 혁신의 첫걸음이다.

낭비를 제거하려면 현상에 만족하지 않는 기본자세가 필요하고, 항상 문제를 발견할 수 있는 자가진단의 능력도 제대로 갖추어야 한다. 그리고 가능한 큰 목표를 달성하려면 소수의 직원만이 튀어보이는 활동형태보다는 전 직원이 매일 일보 전진하는 형태가 더 바람직하다.

흔히 낭비를 제거한다고 하면 일상생활의 절약을 생각하는 경영자가 많다. 물론 절약하는 행위도 낭비제거의 일부가 될 수는 있다. 낭비제거의 선두기업인 도요타도 혁신활동 초기에 업무개선 이외의 분야에서 절약운동을 펼쳐 수익성 향상에 기여한 적도 많았다. 사무용품인 연필도 잡기가 불편할 정도의 몽당연필이 될 때까지 사용해야 새것으로 교환할 수 있는 시절도 있었다. 서류봉투의 겉이 지저분해지면 뒤집어서 헤질 때까지 사용하고, 전산용지는 일정두께로 묶어 5회 정도까지 사용하고 버리는 자린고비의 활동습관을 키워왔다.

하지만 실제로 낭비가 만연한 곳은 사무용품이나 소모성 자재의 소비분야가 아니라 정상적인 활동이라고 여겨 여러 자원을 투입하는 업무과정이다. 일의 구성요소를 세분화해서 무가치한 자원투입을 낭비로 판별할 줄 아는 개념과 사고가 없기 때문에 평상의 일 속에 낭비가 잔뜩 포함되어 있어도 제거하지 못한다.

생산 경쟁력이 특히 강한 도요타가 선정한 낭비에는 과잉생산, 대기, 운반, 가공, 재고, 동작, 불량의 7대 낭비가 있다. 이 일곱 가지를 시간개념으로 재해석한다면, 과잉생산과 재고는 앞 공정에서 사용한 시간의 가치를 후속공정이 살리지 못한 경우가 된다. 재고는 다음 조치가 내려질 때까지 오랜 시간 정체되기 때문이다.

운반이나 가공 및 동작의 낭비는 본인이 물건을 완성시키는 순서로 시간투입을 했다고 하지만 그렇지 않은 경우에 발생하는 낭비다. 즉 적재된 물건을 다시 옮겨 쌓거나 불필요한 부분까지 가공하는 과잉행동 등이 여기에 속한다.

대기의 낭비는 돈을 들여 노동시간을 투입했지만 실제로 돈이 되는 동작을 전혀 하지 않는 낭비로 해석할 수 있다. 작업자나 설비가 물건이 오기를 우두커니 기다리는 현상을 가리킨다. 그 시간에도 인건비와 감가상각비는 지불된다.

이런 해석들은 낭비 없는 절대 소요시간을 그대로 100% 살려서 부가가치로 바로 이어준다는 도요타의 기본정신을 대표한다. 시간의 투입가치를 평가하여 업무의 질을 향상시키는 동시에 낭비를 제거하는 시간사용의 철학을 보여준다.

❯ 상세한 계획체계와 프론트 로딩 방식

전쟁에서 화기가 우세한 측이 반드시 승리한다는 보장은 없다. 오히려 착오를 적게 저지르는 쪽이 좋은 결과를 볼 수도 있다. 이런 착오와 비슷한 현상으로서 기업 내부에서는 생각대로 진행되지 않는 현상을 흔히 차질이라 부르고 있다. 조직 내에서 늘 불만과 함께 섞여 나오는 말 중의 하나다.

일은 계획에서 출발하고 노력으로 이루어진다. 하지만 교만함으로 인해 망치는 경우도 많다. 특히 여기서의 교만이란 상세한 활동계획의 생략습관을 말한다. 대개 계획단위를 크게 잡아 굵직한 몇 가지의 활동요소로 계획서를 간단히 작성해 활동하는 관리자는 낭비가 많이 내포된 활동을 하고 있다는 증거다. 시간과 자원이 풍요로워 계획이 상세하지 않아도 뜻을 이룬다는 의미로써 투입하지 않아도 될 자원의 과잉소비를 한다.

아무리 기업환경이 안정되고 넉넉한 재정상태에 있더라도 늘 낭비가 없는 계획을 수립하는 능력이 중요하다. 가장 세밀한 부분을 다룰 줄 알 때에 정확히 일할 수 있고 가장 빠른 속도를 내면서도 경제적인 업무수행을 할 수 있다. 따라서 계획하는 개념과 습관부터 바로잡는 것이 혁신의 출발점이다.

흔히 관리자들은 '계획 대비 실적이 몇 퍼센트'라는 식으로 계획과 실적이 서로 독립적인 것인 양 분리해서 표현한다. 이는 잘못된 표현이다. 일이 완료되지 않은 이상 계획은 늘 존재해야 하기 때문에 계획의 종착점은 곧 실적의 완료시점과 동일하다.

일이 시작되기 전에 계획이 있어야 하는 것은 당연하지만, 일이 종

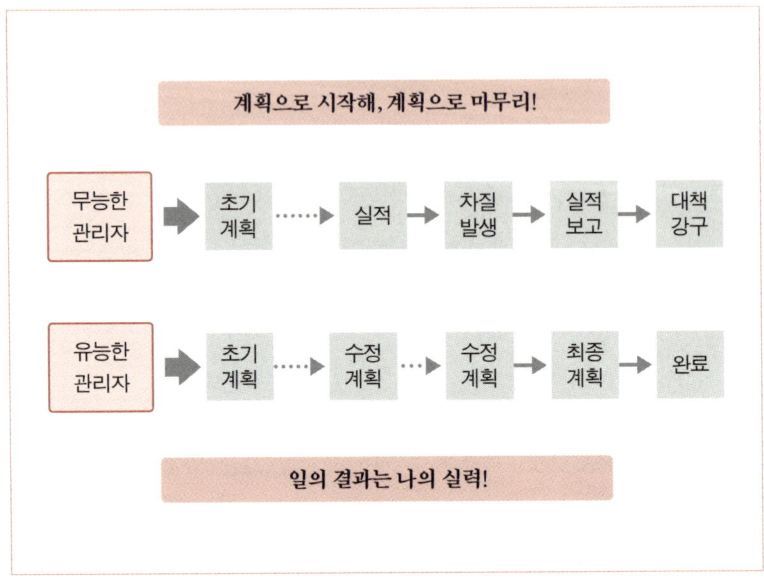

료되기 직전에도 그 시점에 합당한 마지막 수정계획이 있어야 한다. 일의 진행과정에 몇 번의 계획이 있어야 하는지는 사정에 따라 다르겠지만, 업무수행은 머릿속에 있든 종이에 쓰든지 간에 모두 계획에 의거해서 한 것이지 계획과 실적이 따로 있는 것이 아니다. 그런 개념을 기초로 한다면 '계획은 좋았는데 실적이 부족했다'라고 무책임하게 말할 것이 아니라, 결과의 만족도와는 상관없이 계획한 대로의 결과라고 말해야 옳다.

결국 실적이란 계획의 최종결과이고 열매다. 계획할 때의 목표와 실적의 차이가 많이 날수록 계획개념이 없는 관리자이고 일의 진행에 무관심으로 대응하는 방관자이기도 하다.

도요타의 생산이 거의 계획대로 실적을 거두는 비결은 그날의 작업완료 예정시점 직전까지 수정계획을 수립하는 습관에 있다. 작업완료

예정시점의 두 시간 전쯤에 그날의 마지막 진도상황을 파악한다. 그때 약간의 차질이 보일 경우 정규시간 내에 목표달성을 하는 방법으로 할 것인지, 아니면 잔업을 누가 얼마나 해서 해결할 것인지를 다시 계획한다. 투입자원의 규모에서 차이가 조금 발생할 수 있지만 완제품의 실적 수량은 늘 그날의 계획대로 달성한다. 일반기업처럼 매번 퍼센트를 집계해 계획 대비 실적관리를 할 이유가 없다.

지도과정에서 겪은 현상으로서 대부분의 관리자는 일정의 최소단위로 일(日) 단위를 즐겨 사용한다. 비록 하루 안에 시간단위로 표현할 수 있는 여러 형태의 작은 일이 순서개념을 갖고 구성되어 있어도 작성의 편리함을 핑계로 대략적인 일정을 계획하는 경우가 대다수다. 상세한 내용은 진행과정에서 말로 조정하거나 그때 가서 대응하면 된다는 생각으로 출발한다. 하지만 계획의 완료시점이 가까워지면 대부분 계획과 달리 차질이 일어나 급하게 서둘러 만회하려는 활동을 중간에 부지런히 하게 된다. 이것이 낭비의 원천인 줄도 모르고 늘 일어나는 현상으로 치부하면서, 마치 그런 관리형태가 본인이 수행할 역할이라고 착각하기도 한다.

이런 습관에 익숙한 관리자에게 시간단위로 구분할 수 있는 수준까지 일을 분할하고, 거기다 순서개념을 집어넣어 일의 완료시점까지 상세한 계획을 미리 작성해보게 했다. 물론 평소보다 훨씬 복잡하고 많은 양의 정보를 계획해야 하는 것은 당연하다. 그런 결과 그 상세계획의 내용은 본인이 최초에 대략적으로 계획했던 작업기간보다 긴 기간을 요구했다. 생각과 달리 도저히 주어진 기간 내에 완성할 수 없는 일의 구성이라는 점을 간파할 수 있었다. 그래서 최초에 계획한 완료시점에 끝낼 수 있도록 서둘러 구성작업들을 새롭게 조정하여 기간을 단축시

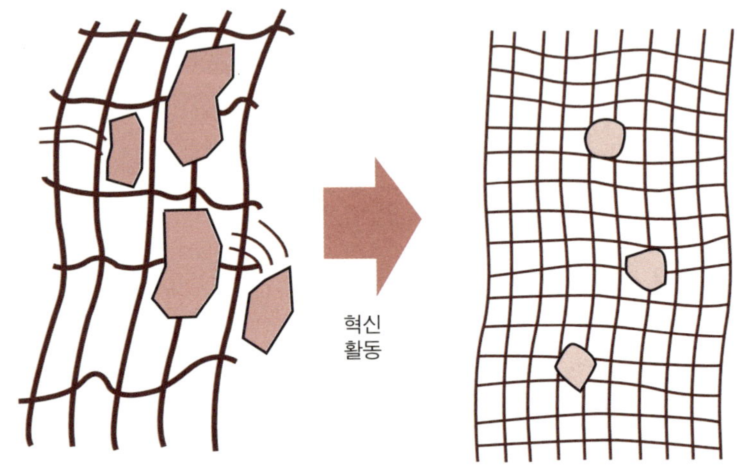

키는 재계획을 수립했다. 그런 후에 일자별로 재편성을 해보니 습관적으로 해오던 대략적인 계획과는 시점이나 투입자원 규모에서 차이가 난다는 것을 발견했다. 결국 게으른 태도로 일관했던 이전의 계획은 모두 잘못된 것으로 판명되었다. 이전에는 사실 상세한 작업정보의 지식이 없는 상태로 일을 수행했다고 봐야 한다. 당연히 회사에 손실을 안겨주는 행동을 일삼고 있었다는 의미다.

대략적(Rough)인 사고에서 상세(Detail)한 사고와 행동으로 바꾼 결과 예전과 같이 일의 수행과정에 부단히 움직여야 했던 차질의 복구행위가 사라지게 됐다. 오히려 일이 진행되는 동안 바쁠 이유가 사라져 차분히 다음 시기의 개선을 생각하는 여유가 생겼다. 따라서 바쁘다는 관리자는 계획능력이 부족한 사람이고 반대로 상세계획에 뛰어난 사람은 늘 여유가 있어 회사의 다른 혁신활동에도 성실하게 참여한다. 간격이 조밀한 그물은 간격이 넓은 그물보다 고기를 낚을 확률이 높은 것처럼 계획을 세밀하게 세우는 습관은 낭비를 훨씬 많이 발견하고 제거하는 지혜를 제공한다.

또 다른 사례로서, 특정제품을 만드는 데 가령 150일이 소요되는 프로젝트를 관리하는 방법의 혁신을 들어보자. 건설이나 조선 및 중공업 그리고 특수 대형장비를 주문생산하는 기업은 모두 해당되는 사례가 될 것이다. 일반적인 제작일정 계획은 중간의 굵직한 공정을 기준으로 어느 날 무슨 공사 혹은 작업을 하고, 어느 시기까지 몇 퍼센트의 진척도를 달성한다는 식으로 계획을 세운다. 그 이외의 자세한 계획은 세우지 않고 실행하면서 통제하는 방식으로 일관한다.

하지만 필자가 제안한 방식은 150일의 작업수행에 해당하는 정보를 150장의 계획서에 일일이 자세히 서술하는 방법이었다. 즉 일별로 A3 한 장에 해당하는 작업장소의 레이아웃을 중심위치에 그려놓고 그 내부에 각종 자원(작업자, 설비, 자재 등)의 소요량과 이동경로를 표시해 완전한 작업정보를 구성시키게 했다. 물론 좌우의 여백에는 주요설비의 사용시간 계획과 자재의 수량 및 수송차량 진입경로와 보관위치 등은 물론, 투입되는 인력의 기능종류와 해당인원 및 작업위치까지도 상세히 표시하게 했다. 이는 진행 관련자 모두가 하나의 기본정보를 기초로 의문이 없는 상태에서 활동하게 하는 체계를 말한다. 일말의 오차도 없게 하려는 것이다. 필자는 이 방법을 '일일 작업계획 배치 시스템'(DIS: Daily Installation Scheduling system)이라 부른다. 물론 이것은 공사 전후의 여러 관리부문 중의 한 부분에 불과하다.

공사착수 이후로 관리자가 할 일은 특수한 환경문제(우천 혹은 폭설)가 발생하여 피할 수 없는 지연을 맞게 될 때 하루 이틀 이내에 복구할

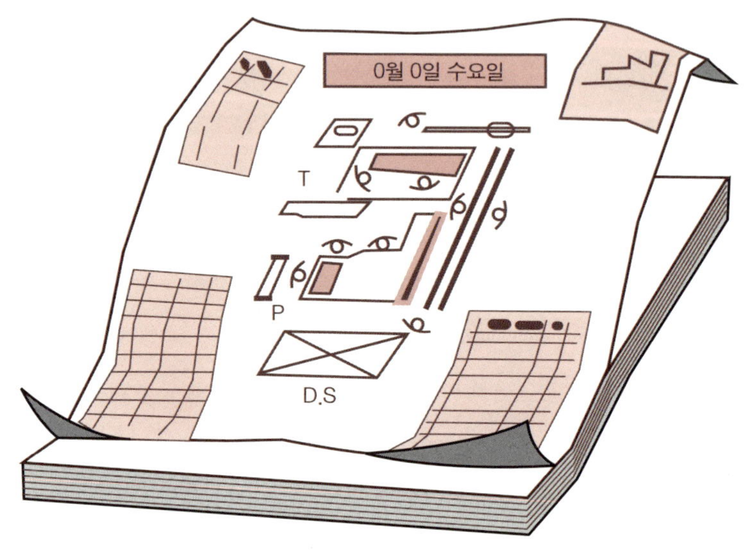

수 있도록 순간대응만 고민하면 된다. 그래서 그 이후 일정 전체가 영향을 받지 않고 다시 계획서 그대로 진행되도록 한다. 그 결과 프로젝트 지연이나 자원의 과잉투입을 방지하는 것은 물론 차후 동일 프로젝트의 단축과 생산성 향상의 설계를 어렵지 않게 유도하는 능력도 생겼다. 그리고 생존을 위해 적자견적이라도 받아들여 만들어야 했던 제품을 흑자로 전환시키는 방법까지 터득했다. 당연히 수주의 경쟁력은 한 단계 상승하기 마련이다. 단지 공사계획 준비단계에서 평소보다 밀도 있는 계획과 확실한 작업정보를 공동으로 구사한다는 남다른 노력만 했을 뿐이다.

계획과 준비능력의 확보에 관한 혁신활동은 작업현장에도 동일하다. 가공을 하는 주체가 설비가 됐든 작업자든 상관없이 전체의 작업시간은 준비단계에서 승부가 난다. 간혹 기계장비로 가공할 경우 준비작업을 보조 작업자에게 맡기고 주작업자는 편하게 기계의 단순작동만을 감독하려는 경향이 짙다. 하지만 이는 아주 잘못된 습관이다. 오히려 베테랑 작업자는 작업의 준비상태를 완벽히 그리고 빠르게 수행하는 일에 전념하고 보조 작업자에게는 기계 버튼을 누르는 작업이나 가공이 잘 진행되는지의 확인을 맡기는 것이 바람직하다. 작업의 조건이나 품질을 결정하는 일은 전부 준비단계에 있기 때문이다. 일반적인 광경은 그 반대다. 그래서 경쟁력이 없다.

초기작업의 정밀도가 전체의 일을 가늠하는 대표적인 부문이 설계단계다. 개발 혹은 설계단계에서 폭넓은 검토나 다각도의 관점에서 진행하지 않고, 폭좁은 의견으로 속단을 내리거나 고정관념으로 초기작업을 진행하면 그 이후의 작업에 많은 오류가 발견되어 무수한 시행오차의 낭비를 유도한다.

시간과 자원이 기대 이상으로 투입되는 낭비발생의 원인으로서 대표적으로 세 가지를 들 수 있는데, 너무 여유 있는 설계(Over Spec.)와 무리한 설계(Under Spec.)와 엉뚱한 설계(Mismatch Spec.)가 있다. 이러한 낭비유발 행동은 설계자의 머릿속에 어떠한 사고(思考)가 전개되고 있는가를 객관적으로 읽을 수 없기 때문에 사전에 오류방지를 못해서 일어난다. 따라서 설계과정에 펼쳐지는 설계자의 사고전개 절차를 누구라도 알 수 있는 형태로 끌어낼 필요성이 있다.

설계자들의 생각을 잘 정리할 수 있는 방법과 여러 설계자가 서로의 설계의도를 정확히 이해할 수 있는 방법을 강구해야 한다. 그리고 사후에 많은 시간을 들여 수정과 보완을 계속 반복하는 악순환을 차단할 기회도 반드시 만들어야 한다. 즉 발생 가능한 문제를 사전에 찾을 수 있

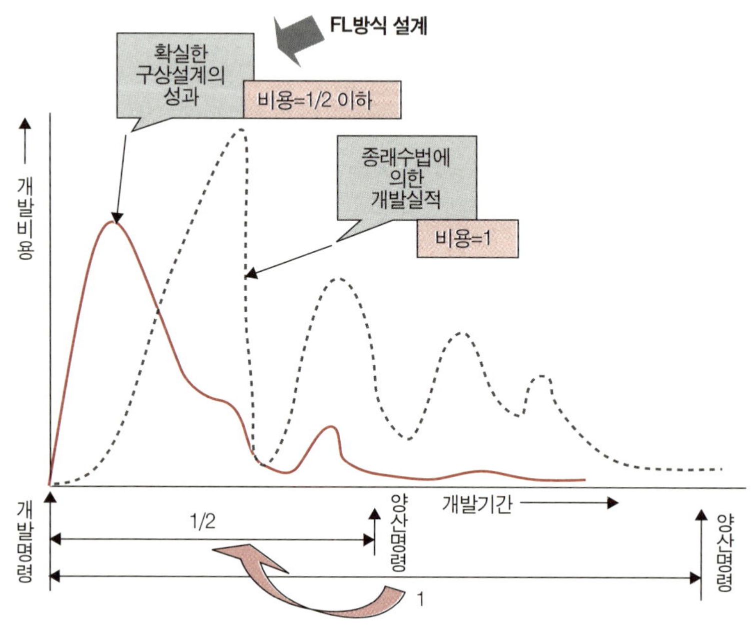

도록 지혜를 모을 수 있는 기회를 설계 초기단계에 삽입하는 것이 설계 오류를 최소화하는 길이다.

그렇다고 무한정의 시간을 투입해 초기단계를 꾸려나가라는 말은 아니다. 가장 적은 시간을 투입하면서도 오류가 사전에 차단될 수 있는 체계적인 설계체계를 심어주어야 한다. 많은 땀과 노력을 준비단계에 투입시켜 후속으로 벌어질 오류와 차질을 최소한으로 하는 것이 설계의 경쟁력이다. 하지만 많은 기업이 시간의 급박한 사정을 이유로 초기에 노력을 기울이지 않고 진행하면서 해결하려는 습관에 길들여져 있다. 사실 자원투입과 시간의 효율성을 정확하게 살펴보면 사전검토가 충실한 쪽이 모든 면에서 경제적이라는 결과를 보인다. 결국 어떠한 형태의 준비활동 체계가 자신들에게 필요한지 고민하는 조직이 경쟁에서 앞서게 된다.

위와 같은 선행단계에서의 충실함과 노력투자 행위를 프론트 로딩(FL: Front Loading) 방식이라 한다. 가능하면 업무의 선행단계에서 정밀함을 추구해 후속단계에서의 부가가치 활동에 낭비가 끼어들지 않게 하는 활동개념이 정착되어야 경쟁력을 발휘한다. 그래야 수정작업이라는 낭비에 시간을 다 허비하고서도 늘 바쁘다고 하는 설계자의 목소리가 사라진다.

프론트 로딩이 설계단계에서만 주로 적용되는 것은 아니다. 제조과정에서도 후반부에 작업하면 작업상에 어려움이 있고 투입자원이 많이 소요되는 부분에 대해 전반부의 공정으로 옮기는 개선도 프론트 로딩의 적용분야라 할 수 있다. 즉 '선행화'(先行化)의 개념이 그것인데, 이 개념이 해당되는 모든 작업 대상물에 적용해야 후반부에 많은 자원이 소요되는 피크현상과 기간이 길어지는 것도 막을 수 있다.

❯ 생산성을 향상시키는 기회

오랜 세월의 혁신지도를 거친 후에야 도요타가 왜 혁신활동의 핵심축으로 제조기간의 단축과 생산성 향상의 극대화라는 두 가지 방향을 설정했는지 깨달을 수 있었다. 그중에서도 생산성 향상의 분야는 모든 기업의 영원한 혁신과제에 해당한다. 하지만 이 과제를 진정으로 경쟁력의 핵심이라고 여기고 적극적으로 활동하는 기업은 많지 않다.

도요타는 생산성과 관련한 지표를 분명하게 갖고 있다. 즉 사람이나 기계설비의 움직임은 100% 부가가치 동작이어야지 낭비의 요소가 있어서는 안 된다는 목표를 두고 있다. 이 목표가 생산성에 직결되는 구체적 수단이라는 것을 깨달은 지는 그리 오래되지 않았다.

생산성은 제조를 하는 생산현장에도 필요하고 관리업무를 맡는 사무직원에게도 해당된다. 관리업무의 수행주체는 사람이거나 혹은 컴퓨터가 될 수 있고, 현장에서 생산가공을 하는 주체는 사람 혹은 설비가 된다. 생산성을 올리려면 이 주체들의 움직임이 낭비로 소비돼서는 안 된다는 것이 도요타의 주장이다. 하지만 막상 기업현장에 가보면 업무주체들의 움직임이 도대체 얼마만큼의 가치율을 발휘하고 있는지를 파악 못하는 경우가 대부분이다. 그런 상태에서는 생산성 향상을 할 수가 없다. 설령 하고 있다고 해도 착각일 수 있다.

일반적으로 숙련자가 초보자보다 똑같은 시간에 더 많은 수량을 생산한다. 이것은 초보자에 비해 숙련자의 동작에 낭비요소가 적기 때문이지 결코 스피드가 빠른 것은 아니다. 이런 현상은 사무직원의 능력 차이에도 똑같이 적용된다.

작업내용은 세 가지의 성격을 지닌 동작의 요소로 구성된다. 가치를 부가하는 기본기능, 기본기능의 수행을 돕기 위한 보조기능, 쓸데없는 낭비로 구분된다. 기본기능이란 목적물에 변형을 일으키는 기능이라 보면 된다. 생산에서 말하는 자재의 변형가공이나 조립을 말하고, 관리 분야에서는 정보의 창조과정이라 할 수 있다. 보조기능은 직접적인 변형의 가공작업은 아니지만 그 가공작업을 하기 위해 어쩔 수 없이 해야 하는 전후의 예비와 사후작업을 말한다. 낭비는 가치창조에 도움이 안 되는 동작으로서 만약 작업환경을 약간 바꿔주거나 조건을 달리하면

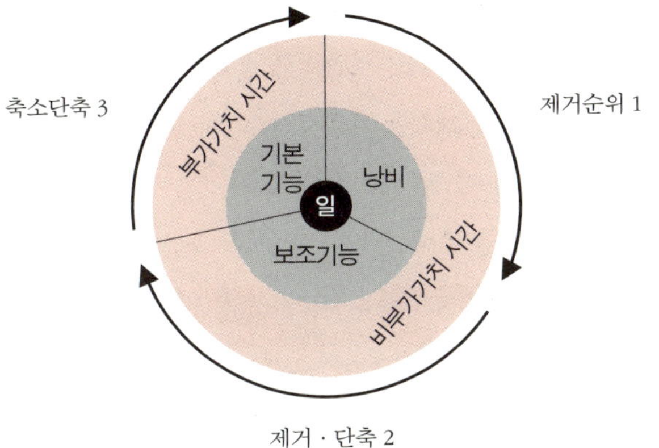

바로 없어질 수 있는 행위들을 말한다.

가령 철판조각을 용접하는 작업과정을 볼 때, 불이 붙은 용접기를 대고 직접 철판에 열을 가하는 작업이 기본기능이고, 가스를 켜고 용접기에 불을 붙이는 작업은 보조기능이다. 그리고 작업자가 작업시간 중에 공급된 철판조각들을 뒤적거리면서 필요한 대상물을 골라내는 작업이 낭비동작이다. 만약 공급받을 때 이미 필요한 것만 정리된 것을 인수한다면 그 동작은 필요 없기 때문이다.

개선하는 방법으로서 맨 먼저 낭비를 제거하는 면에 힘쓰고, 그 다음 보조기능을 없애거나 줄이는 방향으로 한다. 그런 이후에는 기본기능마저 자세히 분석해 그 자체에 포함된 작은 낭비도 발굴해 줄이는 개선을 해야 한다.

가공을 하는 기본기능은 보통 '부가가치 시간'(Value Adding Time)이라 하고, 비가공시간인 보조기능이나 낭비를 일컬어 '비용부가 시간' (Cost Adding Time)이라 부르기도 한다. 그리고 가치율은 전체의 작업시간 중에 기본기능을 수행하는 시간비율을 말한다. 이런 해석요령을 터득해 모든 작업에 대해 가치율을 분석하고 향상시키는 일을 전 직원이 늘 진행해야 혁신활동의 전개로 볼 수 있다.

일에 투입하는 시간 중에 가치가 있는 동작만을 분석해보면 평균적으로 30%를 넘지 못한다는 것을 여러 기업을 통해 분석할 수 있었다. 이는 사무직에서도 동일한 현상을 보인다. 결국 어느 조직이나 일 속에 숨은 낭비를 제거하면 가치율을 60%선까지 끌어올려 기본적으로 기존의 실적을 100% 더 증가시킬 수 있다. 즉 하루에 100개를 생산하는 능력에서 투입자원의 증가 없이 200개까지 올릴 수 있다. 이것을 흔히 능률향상 혹은 생산성 향상이라고 부른다.

능률은 100% 이상 수치를 올릴 수 있지만 가치효율은 100%를 넘지 못한다. 아무리 능률향상이 올랐다고 해도 최대의 가치효율을 초월하지는 못한다. 가령 30%의 작업 가치율을 발휘하는 작업자가 수량을 100% 더 생산하는 능률향상을 보였다고 해도 결국 가치율은 60% 정도에 그친다는 뜻이다.

결국 개선을 아무리 해도 투입한 가치를 완전하게 100%까지 활용할 수는 없다. 그래서 현재의 수량을 많이 증가시켰다고 해서 훌륭한 결과만은 아닌 것이다. 원래 가치효율이 너무 낮은 것을 방치했을 수가 있다. 무조건 현재보다 몇 퍼센트 증가시키자고 외쳐대면 곤란하다. 따라서 각 작업자나 설비 혹은 공정별로 가치율을 파악할 필요가 있다. 이 비율을 100%에 가까운 수치로 올리는 과정이 생산성 혁신활동이다.

하지만 단일공정이 아니고 여러 공정을 거쳐 완성되는 제품이나 업무가 존재한다면 개인별로 혹은 설비별로 가치율(개별 생산성)을 향상시킨다고 해도 전체적인 생산성의 증가로 연결되지는 않는다. 그 이유는 병목현상을 일으키는 공정 때문이다. 일련의 복수공정에서 가장 시간이 오래 소요되는 공정을 병목공정이라 하는데, 이 공정에 의해 그 라인에서 생산되는 제품의 수량이 결정된다.

가령 세 개의 공정 A, B, C가 순서별로 구성된 라인이 있다고 하자. 만약 A가 1분, B가 2분, C가 1분이라는 시간을 요할 때 이 라인에서는 B공정이 병목현상을 일으켜 결국 한 시간에 30개의 제품만 생산된다. 따라서 아무리 A와 B가 가치율이 높은 빠른 스피드로 작업해도 B공정의 영향을 받는다. 이같이 영향을 주는 결정적 공정을 애로(Neck)공정이라 하고 그 시간값을 해당라인의 '택트 타임'(Tact Time)이라 정의한다. 택트란 제품의 생산간격 시간을 말한다. 이같이 라인편성 효율을 높이기 위해서는 그 라인의 병목 택트 타임을 단축시키는 활동을 해야 한다. 결국 각 공정의 시간이 똑같아야 가장 낭비가 없는 높은 가치율의 라인편성이 된다.

이렇게 개별 생산성과 라인의 생산성을 올리는 활동을 지속시켜야 경쟁력이 확보된다. 사무 생산성도 동일하다. 여러 사원을 거쳐 완성되는 일은 반드시 효율이 낮은 사람의 능력에 의해 그 조직의 경쟁력이 결정된다. 따라서 유능한 사람을 확보하려고 노력하기보다는 무능한 사람이 없는 조직을 만드는 것이 더 바람직하다.

그래서 도요타는 생산라인의 무능한 공정(병목공정)을 늘 발견하고 없애는 활동을 규칙적으로 하는 별도의 팀이 존재한다. 이러한 라인편성 효율을 조립라인뿐만 아니라 기초가공부터 완료까지 자동차 전체 제조과정에서 완성시키기 위해 시도한 것이 동기화 개념으로서 바로

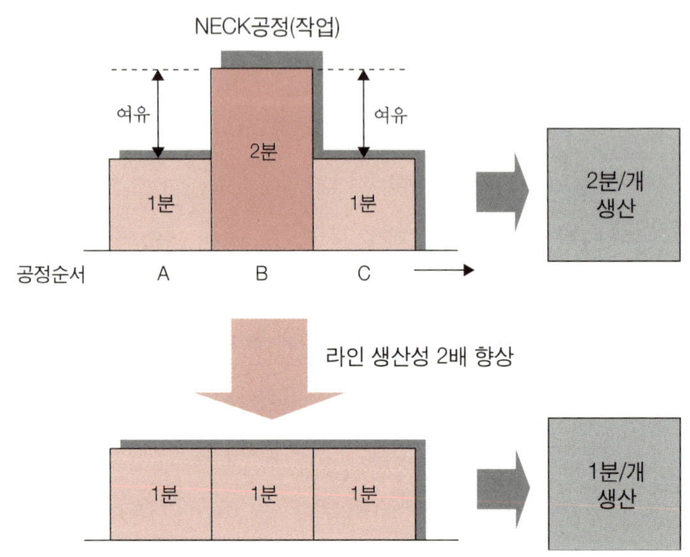

도요타자동차의 핵심역량이다. 따라서 모든 자동차 기업들이 같은 부품과 모델을 취급한다고 가정했을 때, 차 한 대를 만드는 데 들어가는 시간과 비용면에서 도요타의 철학이 가장 경제적이고 탁월한 운영방식이라는 것을 알 수 있다. 이 점을 깨달아야 도요타 생산 시스템의 개념을 조금 이해했다고 볼 수 있다.

❯ 불량을 없애고 원가를 내리는 기회

가격은 잊히지만 품질은 기억에 남는다는 프랑스 속담이 있다. 모처럼 원하는 상품을 구입했는데 불량품이라고 생각되면 몹시 기분이 상하게 마련이다. 그러면 그 상품을 만든 기업을 불신하게 되고, 다시는 그 기업체 상품을 사지 않겠다고 다짐한다. 더욱이 아는 사람을 만나면 스트레스 해소용으로 그 상품에 대한 불평을 해대기 시작한다. 좋은 상품이니 꼭 사보라고 권해도 부족한 판에 사지 말라고 부추기니 기업으로 봐서는 최악의 영업직원을 갖게 되는 셈이다.

요즘에는 독점품목이 거의 없어 소비자의 평가는 기업의 흥망성쇠와 직결된다. 아무리 좋은 상품을 기획하고 설계해서 내놓더라도 제조과정이나 유통과정에서 작은 실수라도 하게 되면 여지없이 기업에 치명타로 작용하는 것이 요즈음의 시장상황이다.

더군다나 인터넷의 발달로 일반 소비자가 발휘하는 입소문은 엄청난 폭발력을 가진다. 소비자 입장에서는 바람직한 현상이겠지만, 상품을 만드는 기업으로서는 무서운 복병일 수밖에 없다. 정보화 산업의 발달로 우리 기업들의 품질의식은 예전보다 확실히 좋아졌지만 아직도 소비자를 우습게 여기는 기업들도 많다.

'품질'이라는 개념을 물건이 귀하던 시절에 상품을 만들어내는 기업에서 '회사가 추구하는 바'라고 정의했지만, 독점품목이 없어지고 소비자의 구매욕구가 시장을 이끌어나가자 '고객이 요구하는 바' 혹은 '고객이 희망하는 바'로 바뀌었다. 고객의 희망은 제품의 품종에 따라 별로 차이가 없이 높은 수준으로만 치닫고 있다. 가령 조선의 선박블록 도장의 검사품질은 가전제품의 외관 상처불량의 수준과 거의 동일한 수준이다.

흔히들 기업에서 경쟁력을 논할 때 중요한 세 가지 요소로 납기와 품질보증과 저렴한 가격을 꼽는다. 특히 품질보증은 생산자의 기본에

의다. 아무리 납기를 지키고 가격이 저렴해도 품질이 나쁘면 아무 소용이 없다. 즉 품질은 모든 조건의 전제사항에 속한다. 그러나 그 기본개념을 지키는 일은 결코 쉽지 않다. 불량을 만들고 싶어 하는 사람은 없기 때문에 만드는 과정에서 불량을 막을 수 없다면 완성된 후라도 철저히 검사해야 한다.

아직도 우리의 품질의식은 매우 낮은 실정이다. 흔한 예를 한 가지 들어보자. 과일을 한 상자 구입했을 때 위의 것은 크고 흠이 없는 데 비해 아래로 내려갈수록 작아지고 흠집도 눈에 띈다. 이것은 '품질의식'이 문제가 아니라 '양심불량' 차원으로서 더 나쁜 행위라고 할 수 있다. 심지어 이런 일도 있다. 일본의 수입업자가 한국 제품의 샘플을 받아보니 매우 훌륭해 대량으로 주문을 냈다. 그런데 도착한 물건은 샘플과 영 딴판이었다. 불량이 다량 섞여 있었던 것이다. 일본의 수입업자는 클레임을 걸었고, 결국 거래를 취소했다.

고객이 품질불량을 발견해 해당기업에 알렸을 때 단순히 애프터서비스 차원으로 부품을 교환해줄 뿐이고, 기업 자체의 실수를 인정하며 사과하지 않는다면 품질의식은 이미 바닥을 헤맨다고 보아야 옳다. 다만 소비자가 품질을 의심하게 되면 판매가 어려워진다는 두려움을 갖고 있어서인지 자기들의 잘못을 쉽게 인정하지 않는 듯하다. 도요타의 대량리콜 사태만 보더라도 차후의 제품품질은 완벽하지 않으면 살아남기 힘들다는 개념을 가져야 한다.

품질은 거듭되는 반성에 의해서만 제고될 수 있다는 사실을 많은 경영자들은 깨닫지 못하고 있다. 그런 기업들은 사회에 발을 붙일 수 없게 만들어야 한다. 그래야 비로소 소비자가 안심하고 살 수 있는 상품을 선보일 것이다. 실수를 인정하고 반성하여 고치려고 노력하는 한편,

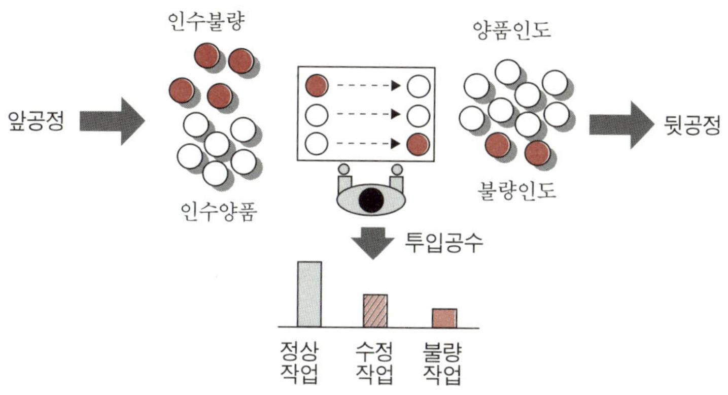

매사에 책임을 지는 성실한 기업만이 살아남을 수 있다.

품질은 생산자와 소비자의 접점에서만 확인돼야 할 사항은 아니다. 공장 내의 여러 공정을 거치는 과정에 품질보증의 행위가 더 완벽하게 선행돼야 한다. 도요타는 그런 개념을 현장에 심기 위해 '불량을 받지도 말고, 만들지도 말고, 주지도 말자'라는 슬로건을 세웠다.

실제현장을 지도하다 보면 선행공정으로부터 인수한 물건을 100% 확인하는 작업자는 거의 없다. 선행 작업자를 믿고 모두 양품일 거라고 간주하는 습관 때문이다. 하지만 후속 작업자가 가공작업을 하는 중에 표준에 없던 추가작업을 통해 선행공정의 불량을 수정해가며 공정을 마무리하는 사례가 많다. 이런 사소한 것이 쌓여 예상 못한 비용이 계속 추가되는 현상을 발견할 수 있다. 독일 자동차 공장에서는 조립비용의 10% 이상을 오류를 잡는 데에 사용한다는 통계도 있을 정도다.

따라서 각 공정의 담당자들은 작업을 하되 인수한 현물 중에 몇 퍼센트가 불량이었는지를 지속적으로 기록할 필요가 있다. 그러면 어느 공정이 가장 양심이 없는 행위를 하는지 혹은 선행작업 자체가 어떤 문제가 있는지를 바로 알 수 있어 불량을 넘기지 않는 의식도 키울 수 있다.

실제로 필자가 지도했던 어느 기업은 공정에서 나온 수정 불가능의 불량품을 모아 마치 예술품 같은 설치물을 계속해서 만들어 직원들의 눈에 띄는 곳에 비치할 정도로 불량에 대한 각성을 특이하게 수행하고 있었다.

각 단계의 모든 인수불량 비율이 0%가 될 때까지 계속하는 것이 불량퇴치의 혁신활동이다. 결함을 찾아내려는 자는 살 생각이 있는 것이라고 영국인 작가 토머스 풀러(Thomas Fuller)는 말했다.

제조기업에서는 대표적인 원가 내리기가 상품을 중심으로 이루어지고, 서비스 업체에서는 인건비와 경비 중심으로 이루어진다. 제조과정을 기준으로 크게 나누어보면 상품을 구성하는 부품들을 대상으로 활동하는 원가 내리기가 있고, 그 구성부품으로 상품을 만들어가는 과정을 대상으로 하는 원가 내리기가 있다. 전자는 설계원가 및 구매원가 내리기 부문이며, 후자는 생산원가 내리기 부문이다.

설계원가 내리기를 하려면 조건이 있다. 스스로의 힘으로 제품 및 부품의 기능원리 차원부터 검토한 개발품이 시장에서 고객의 인정을 받아 판매되는 기업은, 제품을 변형할 수 있는 권한과 실력이 있기 때문에 원가 내리기를 자유자재로 할 수 있다. 하지만 특정고객이 미리 설계해주거나 고객의 허락이 없으면 어떠한 설계변경도 하기 힘든 기업도 있다. 그런 기업은 설계원가 내리기를 국한된 범위 내에서 해야 하므로 큰 폭으로 실행하기 힘들다. 이렇게 설계단계에 관련된 능력과 고객의 설계사양 제한행위가 원가 내리기 혁신활동의 폭을 좌우된다.

대표적으로 자동차회사의 경우는 자유로운 원가 내리기를 할 수 있는 기업군이고, 부품 협력사들은 원가 내리기의 제약조건이 많은 기업군에 속한다. 따라서 자동차회사가 매년 2~3%의 원가를 낮추라고 요구한다면 협력사로서는 엄청난 부담이 될 것이다.

협력사의 원가대응 행동패턴도 동서양이 다르다. 대개 구미 자동차 부품회사들은 초기 납품 때에 낮은 가격으로 침투해서 점차 가격을 올려줄 것으로 기대하고 행동한다. 하지만 일본의 경우는 부품제조의 학습곡선을 고려하여 오히려 시간이 지날수록 가격을 인하해버린다. 결국 부품 협력사가 인하폭 이상으로 스스로 원가를 내리지 못하면 적자를 면하지 못한다. 국내 부품업체들의 거래관행은 일본과 비슷해서 수익률이 극히 낮을 수밖에 없다.

그러나 아무리 원가를 내릴 수 있는 기업군에 속하더라도 부품개발을 직접 하지 않고 선진국에서 빌려왔다면 아무 소용이 없다. 해당기업에서는 그 부품의 개발원리를 모르기 때문에 부품 하나라도 변경하거나 손을 대면 오히려 큰 화를 입을 수 있다. 오히려 가만히 놔두는 것보다 못한 결과가 발생해 해당기업에서는 겁을 먹고 활동에 지장을 받는다. 우리나라에서 비교적 고급기능의 제품을 만드는 많은 기업들이 그러한 상황이다.

이익창출 규모는 독자적인 역량으로 전면적인 개선활동을 할 수 있느냐, 아니면 한정된 부분에서만 개선할 수 있느냐에 따라 달라진다. 그래서 모든 기업이 자체적으로 개발하려 노력하고, 다른 기업의 브랜드 상품을 대신(OEM) 만들지 않으려고 시장을 개척한다. 또한 부품회사보다는 완제품을 직접 공급할 수 있는 회사로 남기 위해 계속 돌파구를 찾는다. 완전 독립기업이란 개발과 생산을 독자적인 기술과 방식으로 수행하면서 직접 판매행위까지 해야 성립할 수 있다.

흔히 기업에서 기술 자체를 평가할 때, 학습하기 어렵고 실행하기가 복잡하면 수준이 높은 기술이라 착각하기 쉽다. 하지만 '단순함'과 '쉬움'이 수준 높은 기술의 핵심이다. 특히 설계자의 실력이 부족하면 가공과정이 어렵고 구조가 복잡하다. 반대로 많은 경험과 지식을 보유하면서도 그것에 구애받지 않고 단순함을 추구하는 사람은 만들기 쉽고 부품이 적게 들어가는 상품을 설계한다. 그러면 원가는 내려간다. 마치 팔릴 수 있는 제품을 개발하면 수익성은 상승하고, 개발자의 기호 중심으로 설계하면 수익성이 악화되는 현상과 비슷하다.

'단순한 것은 아름다운 것이고, 복잡하고 어려운 것은 추한 것이다'는 말을 실천하는 기업만이 살아남는다. 100년 전의 포드가 실천한 단순함은 특정한 하나의 기능을 수행하는 부분을 여러 부품으로 구성시켜 해결하던 방식에서, 아주 적은 부품으로 같은 기능을 할 수 있는 방식으로 전환시키는 것이었다. 예를 들면 엔진의 각 실린더를 원통 네 개로 만들고 볼트로 조여 장착시키던 것을 하나로 크게 주조하여 그 안에 필요한 수만큼의 실린더 벽을 만들어 간단하게 엔진을 장착시키는 기술혁신을 말한다. 즉 구성자원인 물품의 감소와 방법상의 비용감소를 꾀하는 것이다.

▶ 낭비발견을 위한 자가진단

목표를 세워 아무리 혁신활동을 해도 시원한 결과가 나오지 않는 이유는 수단전개와 실행과정에서 수많은 낭비를 찾아 확실하게 제거하지 못했기 때문이다. 따라서 일을 진행하기 전이나 진행 중에 그리고 완료 후의 이 세 과정에서 늘 반성과 개선을 위한 질문을 스스로에게 던지는 습관이 필요한데, 대표적인 열 가지를 골라 열거해본다.

첫째, 모든 자원의 소비항목(비용발생 대상)에 대해 사전에 시기, 규모, 수행방식 등에 대한 집행계획을 상세히 세웠는가?

둘째, 일의 착수에 앞서, 진행될 세부적인 행동 중에 부가가치가 없는 요소는 미리 다 선별해서 제거할 준비는 해놓았는가?

셋째, 모든 집행대상 행위들은 계획한 대로 완료했는가를 확인했는가? 만약 차질이 생겼다면 그 즉시 원인을 찾아내 모두 해결했는가?

넷째, 현재의 수행방법은 계속 활용할 수 있을 만큼 완벽한가? 만약 아니라면 어디를 바꾸면 되는가?

다섯째, 일의 수행 중에 '이건 아니다!' 라고 부정적인 느낌이 오는 대상들에 대해 기록해보고 고민해봤는가?

여섯째, '왜 나를 어렵게 하는지 모르겠네!' 하는 거부감이 드는 대상에 대해 조건을 바꿀 계획은 세웠는가?

일곱째, 다른 작은 뭔가를 추가하면 큰 것이 필요 없겠다는 느낌이 오는 대상은 없는가?

여덟째, 일의 범위 가운데 어디까지가 내가 할 수 있는 개선권한인지 아니면 승인영역인지 확실히 알고 일을 착수하는가?

아홉째, 일을 하기 위해 꼭 필요한 것 이외의 것이 주위에 산재한다면 그것은 무엇인가?

열째, 이것만 바꾼다면 참 좋아질 일이 많다고 느끼는 대상들은 무엇이며 바꿀 생각은 있는가?

위의 열 가지 질문은 사전에 계획해서 형식적으로 해보는 질문이 아니다. 오랜 세월 개선활동을 하기 위해 일선 관리자나 현업 작업자와 논의하는 과정에 가장 많이 오갔던 질문내용들을 기록해서 모아놓은 것이다. 따라서 일반 관리자나 생산현장의 감독자 모두 활용할 수 있는 자가진단법이 될 수 있다.

혁신활동의 진행이 어려울 때 위 질문들을 스스로 반복해서 반문하면 많은 해결책이 나올 것이다. 업무의 질은 의문을 갖고 반성을 반복함으로써 높아진다. 하지만 대다수의 실무자와 감독자는 자신이 수행하는 절차나 방법이 최선이고 하자가 없다고 자신하면서 일을 하는 경향이 많다. 그래서 위의 진단법이 아주 쉽게 낭비와 오류를 발견할 수 있음에도 그들에겐 적용되지 않아 많은 손해를 본다. 업무의 질이 높아지면 업무의 성과가 달라진다. 그것이 혁신이다.

초일류의 혁신개념과 전개방식 흡수

≫ 초일류의 경영사례는 왜 배워야 하는가?

경쟁자보다 앞서기 위해 많은 혁신활동을 하려 해도 창조적인 성과가 기대처럼 나오지 않는 경우를 자주 접한다. 이때 짜임새 있게 활동을 먼저 실천해온 기업이 있다면 그들의 개념과 활동궤적을 살펴 자기 것으로 만들 수 있는 것을 찾아 적극 흡수하는 것이 현명하다. 규모가 크고 수익성이 높은 선진국의 기업들은 제각기 훌륭한 경영 시스템과 조직문화를 보유하고 있다. 하지만 직원 전체의 땀과 노력이 기초가 되어 좀처럼 무너지기 어려운 혁신 시스템을 구축한 기업은 보기 어렵다. 국내에도 세계 점유율 1위 품목을 갖는 기업이 더러 있다. 하지만 그 조직력과 직원 개개인의 혁신능력도 세계 1위라고 하긴 어렵다.

앞서가는 기업 중에 일확천금의 기회를 잡아 자리를 잡은 기업이 아니면서 오로지 직원들의 헌신적인 활동을 초일류의 기반으로 삼는 대표적인 기업이 도요타일 것이다. 도요타의 생산방식과 혁신활동의 개념은 세계적으로 귀감이 되는 모범사례다. 하지만 현재 그들의 정교한 체계가 오랜 세월 전 직원이 늘 개선하고 수준을 높여온 땀방울에 의한 것이라는 것을 알면 벤치마킹을 하는 것 자체가 무리라는 생각도 든다. 그렇다고 추월하지 못할 것도 아니다. 이미 그들이 오랜 세월에 이루어 놓은 훌륭한 개념의 활동체계를 바로 깨달아 실천방법을 우리의 환경에 맞추어 열심히 실행하면 그들의 세월을 따라잡을 수 있다.

무조건 도요타를 따라하면 항상 2등밖에 못하니 그들의 철학을 배우지 말고 도요타를 초월하는 그 무언가를 구축해야 한다는 황당한 경영자도 더러 있다. 그런 경영자일수록 교만에 젖어 도요타를 차분히 연구해본 적도 없고, 내부적으로 제대로 된 체계도 없이 임기응변으로 기업을 운영해 회사를 기복이 심한 구렁텅이에 넣을 확률이 높다.

가끔 도요타의 생산방식이나 혁신활동의 개념은 왜 넓게 공개되어 있고 다른 선진기업의 방법론은 그다지 알려져 있지 않은가에 의문을 가진 적이 있다. 선진기업들의 대부분은 창업자가 해당업종에서 제품개발과 시장침투를 제일 먼저 해서 기반을 잡았다. 대표적으로 독일의 다임러 벤츠나 미국의 듀폰 같은 기업 등이다. 그리고 시대적인 생활환경에 적합한 제품개발을 앞서 추진해서 순식간에 성장하거나 마케팅 전략의 성공으로 발전한 경우도 있다. 하지만 만드는 방식에서 직원들의 개미 같은 노력과 지혜로 남달리 뛰어난 시스템을 만들어 경쟁자를 앞선 기업은 역사상 도요타 이외에는 찾기 어렵다.

일반기업들은 업무의 수단이나 방법에서 누구나 쉽게 이해할 만한 범위와 깊이 내에서 일을 진행시키고 있다. 하지만 도요타의 경우는 좀처럼 이해하기 힘든 조직행위를 꾸준하게 창조하고 실행했다. 따라서 도요타가 그 분야에서 후발업체이면서도 오로지 직원들의 조직력과

방법개선을 통해 단계적으로 수준을 올려 초일류기업을 이룩한 업적
은 당연히 찬사받을 만하다.

그리고 많은 학자나 전문가들이 연구를 하고 또 기업들이 그들의 생
산철학을 앞다투어 도입하려는 것도 무리가 아니다. 역시 국내에서도
도요타를 배우려는 노력과 관심은 있지만 실제로 그들의 철학과 개념
을 해부하고 개선을 거쳐 나름대로 성과를 이룩한 기업은 거의 없다.
그 이유는 그들의 활동원리와 단계적 활동의 뒷배경을 이해하지 못한
채 겉으로 드러난 수단체계를 무모하게 적용하는 어설픈 혁신정신 때
문이다.

도요타를 연구하는 과정에 한 가지 이해하기 힘든 부분도 있었다.
그들이 현재 보유한 생산체계의 구축을 위해 준비한 활동의 이정표(로
드맵)가 애초에 없었다는 점이다. 단지 그들이 실천했던 궤적만 발견할
수 있었다.

창업자가 제시한 정신이나 근본 행동철학의 뼈대만 갖고 실무자들
이 세대를 이어가며 살을 붙여나갔을 뿐이다. 그런데 그 결과가 이 지
식시대의 제조업에 적합한 최적모델이 된 것이다.

그들의 활동은 조금씩 그리고 전원이 매순간 전진하는 방식이지만,
가끔은 비약하는 모습도 보여준다. 경제적인 생산방식으로 수익성을 극
복해나가다가 고객의 틈새수요가 발견되면 여지없이 독창적인 제품개
발을 통해 세계인을 놀라게 했다. 또 거기에 따른 큰 투자도 과감히 하
는 대담성도 갖고 있다. 안정적인 성장을 최우선으로 두고 활동하고 있
지만, 속으로는 현 상태에 대한 의문을 늘 추구하는 모습을 보여준다.

규모상으로도 제일 복잡하고 넓은 네트워크를 보유한 기업이기도
하다. 일본 내에 8개 거점에 15개 이상의 공장과 전 세계 30여 국가에

50개 이상의 공장을 확보하고 20만여 명 정도의 종업원을 두고 있다. 또한 무려 180개국에 판매망을 보유한 규모만 봐도 그들의 경영능력을 짐작할 수 있다. 이미 오래전에 매출 200조 원 클럽을 통과한 기업이고 단일품목의 생산기업으로서는 유일하다.

미국의 GM이나 포드자동차도 혼류생산 체계에서 뛰어난 생산성을 보여주는 도요타의 생산방식을 모방하려 했지만 그들과 동일한 생산성은 이룩하지 못했다. 물론 도요타와 국내기업들과의 수준차이는 더 난다고 볼 수 있다.

도요타의 혁신방식이 배워서 실천하기에 훌륭하다고 생각되는 이유는, 업종이나 기업규모에 관계없이 누구나 응용할 수 있을 정도의 근본적인 실천자세를 자세히 다루고 있다는 점이다. 그리고 추진하는 절차나 방법의 원리도 쉽게 접할 수 있도록 정보가 이미 공개돼 있다는 것도 남다른 점이다.

일부 경영자들은 도요타 방식이 너무 독창적이어서 쉽게 따라하기가 힘든 대상이라고 말한다. 하지만 필자의 지도경험에 의하면 전혀 그렇지 않다. 경영자와 직원들이 함께 힘써 나가면 많은 부분에서 도요타와 동등한 효과를 볼 수 있다. 모방행위를 부정적으로 생각하는 경영자도 있지만 전혀 그럴 필요가 없다. 창조를 위해 필수적인 예비작업이라고 생각하면 접근하기 쉽다. 엉성하게 혁신활동에 나서기보다는 차라리 제대로 본뜨는 것이 낫지 않을까.

단지 주의할 점은 관리기법이나 개선도구를 어설프게 도입해서 애쓰다가 별 효과도 없이 직원들의 부정적인 감정만 남는 일이 없도록 해야 한다는 것이다. 그들의 사고나 철학을 먼저 이해하고 단계적인 응용을 차분하게 실천해가는 것이 바람직하다.

　30년 가까이 도요타를 연구한 결과, 그들이 걸어온 궤적을 정리해서 도요타가 오늘날의 결과를 목표로 초기에 추진개념을 세웠다면 이런 형태로 계획했을 것이라는 로드맵을 구성해봤다. 크게 네 분야의 추진 방향으로 분류할 수 있다. 고객만족, 품질확보, 스피드 추구, 가격경쟁 등으로 분리하는 과정에서 그들의 활동방향이 상당히 논리적이었음을 깨달았다. 그 내용을 하나씩 설명하기로 한다.

❯ 고객을 배려하는 정신과 행동의 실천

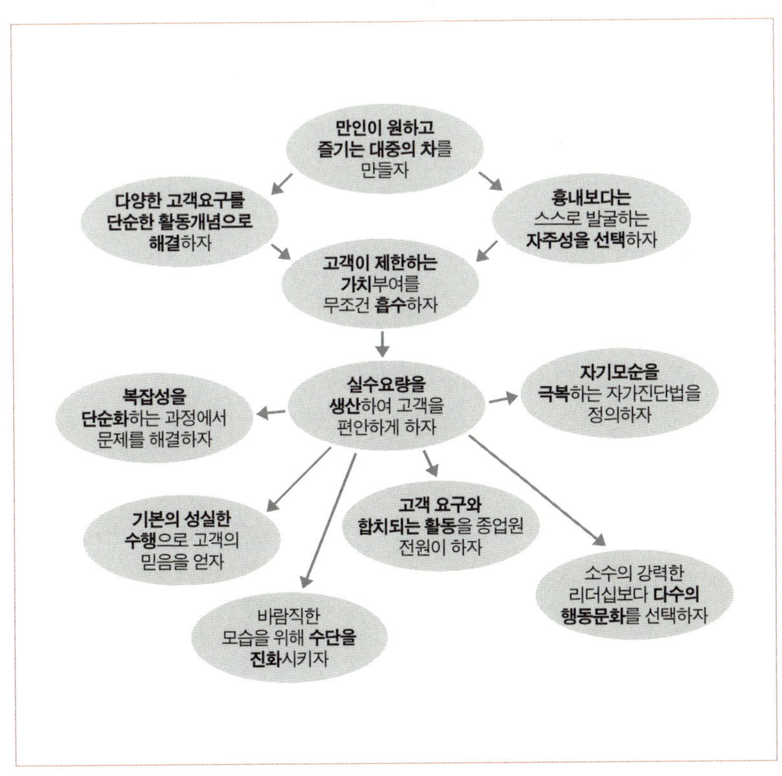

자주성의 저력

도요타의 규모가 그 업계에서 가장 크게 성장하게 된 이유는 스스로 양적 확대를 꾀한 데에 있지 않다. 기본적으로 보유한 제조철학 자체가 소비자가 주문한 양만 만든다는 것이어서 규모의 성장은 본인의 뜻이 아니라 고객요구에 의한 제조활동을 수행한 결과일 뿐이다. 만인이 원하고 대중이 즐기는 차를 만든다는 원칙과 만들기 편한 입장에 서는 것이 아니라 고객의 요구입장에 서는 자세 때문에 모델의 자연스런 확대가 이루어졌다.

그러한 고객입장의 사상은 도요타 그룹 창업자인 도요다 사키치가 만든 기초철학이다. 저렴한 자동직기를 널리 보급하려는 의지에서 출발했다. 그리고 자동차 양산의 확대에는 가격정책의 일관성이라는 장점도 한몫했다. 일본의 물가안정이 뒷받침을 해준 영향도 있었겠지만, 세계에서 가장 많이 팔린 모델인 코롤라는 30년 넘게 가격이 별 차이가 없다. 매년 첨단장비의 추가 이유로 가격이 올라가는 우리와는 다르게 첨단화는 계속 이루어져도 고객이 느낄 가격의 부담을 항상 고려하는 정책을 편다.

도요타는 최초에 포드자동차를 모델로 해서 출발했음에도 흉내보다는 자주성을 선택했다. 잘되는 기업의 행위모델을 무조건 도입하거나 흉내낸다 하더라도 그것이 반드시 자사의 성공모델이 되지는 않는다고 생각했다. 오히려 자주성을 살려 차별화를 추진하는 것이 올바른 대응자세라고 봤다. 자주성은 남들이 어떻게 하고 있는가를 파악한 후 본인만의 것을 살려야 의미를 부여할 수 있다. 독자적으로 추진했다고 모두 자주성을 갖지는 않는다.

자동차 창업자인 도요다 기이치로가 벤치마킹을 목적으로 미국의 포드를 방문했다. 컨베이어로 일말의 지체 없이 대량의 자동차를 만드는 광경을 봤지만, 그것이 자동차회사가 가야 할 유일한 방향이라고는 생각하지 않았다. 그 이유는 포드가 그 당시 T모델이라는 하나의 차종에만 매달려 스피드한 생산을 수행했기 때문이다. 세월이 갈수록 고객이 다양한 모델을 원할 때는 그 체제가 적합하지 않다고 느꼈다. 즉 제품의 다양성과 제조의 경제성을 동시에 이룩할 수 있는 혼합정책이 필요하다고 봤다. 자동차 수요가 적던 시절에 품었던 그런 진보된 제조방식의 발상은 독창적이라 할 수 있다. 남들이 감히 따라할 수 없는 개념을 세웠던 것이다.

그 당시에 기이치로와 비슷한 사고를 한 것이 미국의 GM이다. 1918년에 1차 세계대전이 끝나자 불황이 찾아왔다. 그래서 값싼 포드의 T모델은 날개 돋친 듯이 팔려나갔다. 하지만 GM은 불황이 끝나면 곧 빈부의 차가 생겨 고급모델을 포함한 다양한 모델의 수요가 생긴다는 것을 예상했다. 그런 생각이 적중해 그 후에 GM은 판매신장을 이룰 수 있었다.

그러나 1930년도에 예기치 않은 금융사건으로 경제 대공항이 발생했다. 상식적으로는 불황에 저가차량이 주로 팔릴 것으로 예상되지만, 그 시절의 사정이 너무 나빠 그것마저 수요가 없었다. 하지만 부자들은 건재했기 때문에 고급차량의 인기는 식지 않아 GM이 그 후로 줄곧 자동차 업계의 선두를 차지할 수 있었다. GM의 본격적인 판매신장이 이루어질 즈음에 도요타가 창업됐기 때문에 도요타의 생산전략은 GM을 벤치마킹한 것도 아니다.

Q, C, D의 핵심전략

제품을 구매하는 고객의 요구 중에 가장 중요한 세 가지 요소로서 품질(Quality)과 가격(Cost)과 납기준수(Delivery)가 있다. 특히 다양한 모델의 주문환경에서 가장 중요한 요소는 품질이다. 품질은 제품의 주요 기능이 완전할 때 인정받는 개념이다. 자동차의 중요한 두 기능은 가는 것과 서는 기능이다. 그리고 전진하는 기능보다는 생명과 직결되는 정지기능이 더 중요하다. 도요타의 대량리콜 발생도 결국 이 두 기능상에 결함을 보였기 때문에 일이 더 크게 벌어진 것이다.

품질에 버금가는 고객의 다른 요구는 가격이다. 주어진 지불능력 안에서 가능한 한 성능이 좋은 차를 원하기 때문에 고객의 주머니 사정을 항상 고려해야 한다. 중요한 나머지 하나는 시점의 만족이다. 갖고 싶은 시기에 차량을 인도하는 능력의 확보를 말한다. 이 세 가지를 흔히 Q, C, D의 3요소라 부른다. 도요타는 그것이 생산자의 의지로 결정되는 것이 아니라 고객이 결정하는 것으로 인식했다. 따라서 고객감동은 세 요소의 달성에 달려 있다고 생각했다.

사실 모든 기업의 관심은 오로지 이익확보와 성장이라는 열매에 있지, 고객만족의 수단인 Q, C, D를 우선하는 개념은 거의 없다. 그래서 도요타는 오히려 고객의 요구사항을 해결하는 과정에 전념하기로 결정하고 기업의 본질인 이익추구를 부수적으로 달성하는 개념으로 결정했다. 고객이 요구하는 품질과 시기를 만족시키는 개념을 기업의 목적으로 삼았고, 그 목적을 달성하되 저렴하게 만드는 능력확보를 기업목표로 정의했다.

Q, C, D를 말끔히 해결하되 복잡하게 추진하는 방식은 피했다. 그것도 아주 간단한 한두 가지의 원리로 해결해야만 경쟁력이 생긴다고

믿었다. 그중 하나가 품질확보에 필요한 '자동화'(自働化) 개념이다.

많은 인력과 설비를 투입해 복잡한 과정을 거쳐 나오는 제품을 인위적으로 모두 양품으로 만드는 일은 어렵다. 그래서 제조과정 가운데 불량을 방지하는 물리적인 저지 시스템이 필요하다는 발상을 했다. 즉 가공을 수행하는 설비가 자동적으로 불량의 조건을 순간적으로 파악해 불량이 발생하기 전에 알려주는 체계를 심었다.

이는 그룹 창업자 사키치가 이미 직기 자동화를 하면서 적용한 개념을 자동차 제조에 활용한 것뿐이다. 직포를 만들 때 실이 끊어진 채로 가동하면 곧바로 불량이 된다는 점을 막기 위해 실이 끊어지는 시점에 기계가 정지하여 작업자로 하여금 수정조치를 하게 하는 자동정지 체계를 물려받았다.

제조과정에서 일어나는 불량의 예방조치는 가능한 한 앞단계에서 발견해야 경제적이다. 만약 뒷단계에서 발견되면 조치방법도 복잡하거니와 이미 부가가치가 높아진 부분을 수정하기 때문에 손실금액이 클 수밖에 없다. 그리고 자동적인 불량검출 체계의 적용이 곤란한 경우는 공정별로 작업자가 선행공정에서 받은 현물을 확인하는 방법을 택해야 한다. 선행공정에서의 완료상태가 부족하면 후속공정에서 받지 않는 체계를 만들면 된다.

흔히 선행공정의 동료로부터 불완전한 품질을 건네받았을 때 후속공정의 동료가 보완해주는 것을 미덕으로 아는데 이는 아주 잘못된 문화다. 무질서를 만드는 데 일조하는 해악행위로 봐야 한다. 각 단계의 수행자가 품질을 책임지는 질서가 곧 도요타의 자동화다.

Q, C, D를 해결하는 다른 하나의 개념으로서 고객이 요구하는 시기와 가격을 만족시켜주기 위해 기업 내부의 모든 활동에 '저스트 인 타

임'이라는 행동방식을 도입했다. 즉 필요한 물품을 필요한 때에 필요한 양만큼 제조하고 공급한다는 사고를 기초로 제조활동의 속도와 경제성을 해결했다. 그 누구도 생각하지 못했던 사상이었다. 고객과 마주하는 접점에서 일어나는 복잡한 고객요구를 어떡하면 단순한 수단으로 해결한 것인가를 늘 고민한 결과라 볼 수 있다.

고객 제일주의

고객은 상품을 구매할 때 자기의 희망사항을 앞세우기보다는 내면에 품고 있는 구매거부의 제한조건을 먼저 적용하는 심리가 강하다. 가령 옷을 구매할 때 여러 종류 중에 무늬가 없는 옷을 만지며 만족스러운 표정을 짓는다면 무늬가 있는 옷을 싫어하기 때문일 수가 있다.

고객이 가구를 구입할 때도 보유한 주택의 크기를 고려해 제품을 선택한다거나, 본인의 소득수준을 감안해서 구입하는 자동차의 경우도 희망사항을 추구한다기보다는 형편의 제한성이 구매행위를 지배한다.

이렇게 희망추구와 제한조건이라는 양면의 구매심리를 어떻게 만족시킬 것이냐를 고민한 도요타는 특히 가격면에서 전격적으로 고객요구를 먼저 흡수하고 그 안에서 이익을 창출하는 공식을 만들었다.

기업이 재고에 의지하여 영업이나 생산을 하면 경쟁력이 쇠약해진다. 재고에 의지하는 기업의 관리는 매우 복잡하게 운영하지만 심리적으로는 편할 수 있다. 하지만 직원들이 편하게 일한다고 느낄수록 기업은 멍들게 마련이다. 계속 복잡해지는 기업 내부를 단순화하려면 우선재고 없는 운영을 해야 한다. 또한 재고 없이 수행하려면 실수요에 따른 즉응생산이라는 어려운 과제도 따라온다.

생산자가 재고에 의지해 판매를 하면, 사고 싶을 때 마음대로 구매할 수 있는 고객입장에서는 편리함을 느낄 수도 있다. 그러나 도요타는 오래된 제품을 본질적으로 거부하는 고객을 위해서 그리고 자본 회전율을 빠르게 하기 위해서도 재고를 선택하지 않았다. 이것이 한량생산(限量生産)의 개념이다. 재고로 회사존폐의 위기를 겪었던 도요타로서는 당연한 행동논리다. 하지만 많은 기업들이 아직 이 개념에 접근하지 못하고 있다.

기업 스스로 현재의 방식을 고수하면 사실 고객의 다양성을 새로 흡수하기가 어렵다. 현재 하고 있는 활동수준이 부족함이 없고 최선책이라고 간주하면 고객의 추가요구가 파고들 더 이상의 공간은 확보되지 않는다. 고칠 점도 많고 버릴 고집도 아직 많다는 겸손함이 있어야 한다. 기업으로서 그런 개선 여지의 빈틈을 만들려면 현재의 활동에 낭비는 얼마나 들어 있는지 그리고 부가가치 활동은 어느 정도 점유하는 상황인지를 파악해야 한다.

도요타는 낭비를 7가지로 분류하는 자가진단법을 사용한다. 과잉제조, 재고, 대기, 불량, 운반, 동작, 가공 자체의 낭비 등으로 정의했다. 직원들이 수행하는 모든 활동 가운데 이런 낭비상태는 없는지 늘 찾아보는 습관을 지니게 했다. 또 부가가치를 정의해서 반대로 비부가가치를 쉽게 파악할 수 있게 했다. 시간과 돈을 쓰는 모든 업무활동의 내용 속에 가치를 만들지 못하고 버려지는 부분은 없는지를 늘 살펴서 낭비를 제거하면 기존의 능력에서 여유공간이 마련된다고 봤다.

하지만 필자가 기업을 진단할 때 부족한 점이나 잘못된 점을 지적하면 그것을 인정하는 사람은 드물고 반대로 왜 그렇게 하는 것이 최선인지 설명하며 방어하는 경영자가 더 많다. 빈 공간이 생길 수 없는 태도라 할 수 있다. 그래서 혁신할 의지가 자리잡을 틈이 없다.

기본의 성실한 추구

도요타가 당한 대량리콜의 경우를 보면 역시 그들도 기본을 성실히 수행해야 한다는 원칙에서 자유롭지 못하다. 기본을 등한시하면 반드시 불미스런 일로 이어진다는 진리를 느꼈을 것이다. 하지만 큰 테두리에서 도요타를 볼 때, 자원이 고갈되는 이 시대에 남들과 달리 정석 플레이를 하고 있는 모습을 볼 수 있다. 기술을 건너뛰지 않고 가솔린의 차세대인 하이브리드 차종을 개발해 고객의 시대적 요구에 부응하는 점은 높이 살 만하다.

실제로 예전에 도요타의 완성차 계열인 도요타차체를 방문했을 때, 그들이 기본을 준수하는 습관이 얼마나 철저한지를 목격한 사례가 있다. 협력사에서 입고됐던 부품용기를 되돌려주기 위한 절차가 완벽하게 지켜지고 있었다. 회수해가는 지정장소에 다양한 용기형태임에도 불구하고 각 협력사별로 가지런히 깨끗하게 정렬해놓는 배려행위의 광경을 기억하고 있다. 일반적으로 사소하게 취급할 수도 있는 것에 대한 배려는 기본정신이 철저하지 않으면 불가능하다.

도요타는 스스로 설정한 미래의 바람직한 모습을 갖추기 위해 현재를 탈피해 새로운 모습으로 늘 바꿔가는 문화를 만들어갔다. 어떠한 분야에서도 목적달성을 위한 수단이 없으면 소용이 없다. 많은 기업들이 목표는 설정하되 수단은 제대로 찾지 못해 혁신의 의미를 퇴색시킨다. 도요타는 어렵게 직원들을 이끌지 않고 단지 어제 하던 일의 방식을 오늘은 더 발전된 상태로 바꿔가야 한다는 원칙으로 일관했다. 그래서 항상 현재의 방식이 최고라고 하지 말고, 뭔가는 부족한 점이 있을 거라고 보고 늘 고민할 것을 요구했다.

고객이 원하지 않는 것과 원하는 바를 잘 파악해 내부의 제조활동에서 자기가 행동하는 순간마다 과연 그것이 고객이 원하는 바를 달성하기 위한 것인지를 가늠해야 한다. 그래서 도요타의 방침관리는 타 기업들처럼 경영자의 일방통행 주문을 각 부서가 그대로 내려받는 절차가 아니라, 오로지 고객이 요구하는 희망에 초점을 맞추어 실타래를 풀어간다. 그리고 일선 작업자의 행동으로까지 반드시 연결되도록 상세히 전개한다. 그리고 그 결과를 인사관리의 기본자료로 삼는다. 어떡하든 결과만 나오면 되지 않느냐는 무모한 생각과 행동은 가능한 한 하지 않는다.

도요타의 역사에서 보여주듯이 창업자를 제외하고는 어느 경영자도 두드러진 개성을 드러내지 않았다. 다만 일의 과정에 혁신이 늘 수행되는 틀을 만들어주는 역할에 매진했다. 고객의 요구는 일부 경영자의 목소리로 해결될 수는 없다고 본 것이다. 국내의 재벌그룹들이 한 사람의 오너 입김에 회사가 좌우된다고 들먹이는 현상과는 다르다.

직원들 행동 속에 고객요구의 해결책이 스며들게 하는 자체가 그 기업문화로 발전한다. 즉 전 직원의 일 속에 혁신의 뿌리를 내려야만 한다. 도요타의 파워는 본사직원 7만 명이 70년 동안 만든 것이지 소수의 경영자들이 만든 것이 아니라는 사고가 지배적이어서 인재를 계층별로 고르게 분포시켜 양성할 수 있었다. 그런 정도로 혁신에 힘쓰지 않으면 도요타 방식을 본뜬다고 할 수 없다.

불량제거 관리기술

품질의 정의는 '고객이 원하는 바'다. 생산자가 설정한 질의 개념은 품질이 아니다. 고객이 원하는 것을 기록하면 그것이 기업이 추구해야 할 품질이다. 고객의 요구품질을 만족시키기 위해서는 진행과정에 세 가지의 양품조건이 필요하다. 일을 진행하기 전의 초기투입 조건과 변화를 주는 진행조건 그리고 완료한 상태조건의 완벽함이다. 그중에 가장 중요한 것이 변형을 가하는 진행조건이다. 특히 실물가공을 하는 제조업에서는 변형이 일어나는 가공단계의 조건이 가장 중요하다.

도요타에는 불량을 받지도 말고 만들지도 말고 주지도 말자는 슬로건이 있다. 그중에 '받지도 말자'와 '주지도 말자'는 말은 위의 요건 중

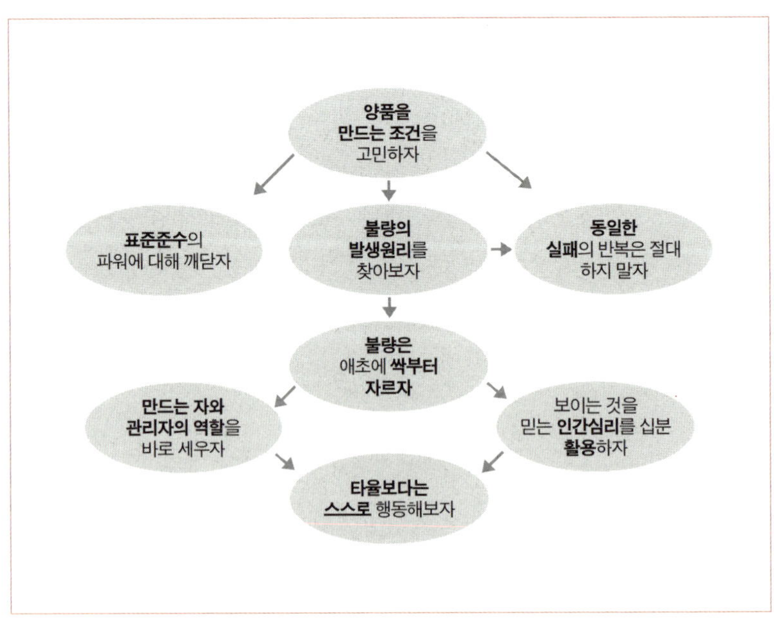

에 각 공정단계에서 작업하기 직전의 대상물(Input)에 대한 완전함을 달성하기 위해 나온 말이다. 이것은 곧 공정별 품질책임을 완수하라는 뜻이다. 이런 사고와 행동을 갖지 않는 조직은 늘 기본적 일 외에 추가 노력을 더해야 제품을 완성할 수 있을 것이다. 그리고 그 추가노력이 마치 당연한 것으로 착각하기도 한다. 기업이 올바로 성장할 수 없다.

모든 조직은 반복적인 일을 수행한다. 제조업이든 서비스업이든 어느 정도는 동일한 업무를 반복한다. 반복성이 없는 일을 하는 사람은 예술가일 뿐이다. 반복성에 기초하는 일이라면 일의 표준이 중요하다. 동일한 목적물을 지속적으로 만들려면 동일한 가공조건이 필요하기에 표준이 필요하다. 그 표준을 공개적인 서류로 만들면 표준서가 된다. 따라서 기업의 품질수준을 알려면 표준의 정확도와 작성규모로 판단할 수 있다.

신이 아닌 인간이 불량을 만드는 것은 어찌 보면 당연하다. 그래도 불량을 인정하고 넘어갈 것이 아니라 다시는 일어나지 않도록 그 원인을 철저히 찾아 제거해야 하는 것도 인간의 도리다. 하지만 많은 사람들이 불량이 너무 당연하다는 듯이 행동하거나 아니면 본인의 실수를 인정하기 싫어해 임시조치를 해서 덮어버리려 한다.

제조의 반복행위가 있듯이 불량도 반복성을 갖고 있다. 그래서 근본적 치료를 위해서 도요타는 진원인을 찾는 노력에 시간을 아끼지 않는다. 원인발굴의 해법으로서 발생현상을 보고 왜 발생했는가를 다섯 번 거듭 질문하는 기법인 5Why 질문법을 진행한다. 하지만 불량 혹은 트러블 발생현상이 예상되지 않았던 경우에만 국한하여 적용한다.

기존의 수행절차나 메커니즘이 정확히 제시되어 있는 곳에서 문제가 일어났을 때는 단순히 기존 메커니즘의 하자를 다시 순차적으로 확인하는 것으로 해결한다. 하지만 국내의 많은 관리자들은 조그마한 반복성을 보이는 고질적인 문제도 무조건 5Why 질문법으로 하고 보는 광경을 목격한다.

불량은 제품에 대한 오류의 개념이지만 실패는 행위에 대한 오류다. 행위는 단순히 어느 한 제품에만 영향을 미치는 것이 아니라 그 행동의 영향권에 들어간 전체가 잘못될 수 있다. 따라서 행동오류는 개별제품의 오류보다 더 악성 바이러스라 할 수 있다. 그런 이유로 행동오류는 실패분야로 다뤄 체계적인 현상의 정리와 재발방지를 위한 조치가 더 넓은 영역으로 이뤄져야 한다. 도요타는 분야별로 실패 사례집을 만들어 신입사원의 훈련이나 신규제품의 양산 초기에 적극 반영하는 체계를 운영한다.

일반적으로 생산을 담당하는 관리자의 임무는 계획과 통제행위로 알고 있다. 모든 실질행위는 작업자가 하는 것이기 때문에 결과에 대한 책임도 그들에게 있다고 간주한다. 하지만 도요타는 그 반대로 활동한다. 작업 중에 이상을 발견하는 것은 작업자가 담당하고 그에 대한 조치는 관리 감독자가 해야 한다. 그래서 관리자를 제조에 직접 참여하게 만들어 모두가 품질의식을 갖게 했다. 그 결과 관리자는 실질적인 품질의 책임자라고 믿고 행동한다. 기존기업들과 정반대의 개념으로 품질보증을 수행한다.

품질보증은 정보의 확보능력으로

사람은 눈으로 본 것을 가장 신뢰한다. 남의 생각이나 경험이 아무리 확실하다고 해도 본인의 눈으로 직접 확인하지 않으면 믿으려 하지 않는다. 하지만 자신의 두 눈으로 확인이 되면 어떠한 상황에서도 반응 행동이 일어난다. 그래서 도요타는 직원들의 행동을 적극적으로 유도하기 위해 모든 것을 눈에 보이게 하자는 발상에 착수했다. 그것을 '눈으로 보는 관리'라 했다. 필요한 관리대상들은 눈으로 볼 수 있게 다 드러내려고 했다. 실제로 도요타 현장 중에는 작업자가 유리벽으로 된 관리자들의 사무실을 볼 수 있게 만든 공장도 있다.

기업지도를 하면서 생산성과 관련된 관리지표나 눈에 보이는 현물에 관한 질문을 직원들에게 하면 대답을 즉시 못하는 수가 많다. 정확히 알려면 시간이 걸린다. 더욱이 현장이 넓은 기업의 관리자는 자신의 부족한 정보력에 대해 작업장 규모를 탓하기도 한다. 하지만 시내 곳곳에 감시카메라로 사생활을 다 들여다보듯이 정보를 확보할 수 있게 된 세상에 맞지 않는 말이다. 세상은 변하는데 기업 내부는 후퇴하고 있는 셈이다.

심지어 자기 부서의 정보도 잘 모른다. 몰라도 관리할 수 있다고 생각하는 관리자도 문제지만 상사들의 무관심이 더 큰 문제다. 상급자나 경영자의 품질확보 의지가 강하면 관련정보에 대한 직원들의 무관심은 사라질 수 있다. 상사가 수시로 관련정보를 담당자에게 물어보면 된다. 그러면 상사와의 만남이 항상 긴장되어 관련정보를 어떡하든 알고 있으려 한다. 즉 상사의 자극이 있어야 변한다.

현재 벌어지는 불량발생을 파악해 그 즉시 해결하는 행동을 국내기업에서는 보기 힘들었다. 발생한 것을 집계해 별도의 시간에 따로 모여 원인을 추정하려고 하니 시간도 많이 걸리고 이중의 확인작업도 많다. 우리 기업들도 도요타와 같이 작업자가 불량발생 위치를 감독자에게 바로 알려줄 수 있는 환경을 만들어 감독자가 즉시 달려가 완전하게 조치하는 즉응체계의 추구가 필요하다.

규모가 큰 조직일수록 자율신경이 요구된다. 현장에서 일어난 모든 문제와 불일치 상황들을 중앙에서 관리하려 드는 것은 낭비다. 도요타도 규모가 점차 커지면서 현장상황을 관리부서에서 일일이 통제할 수 없다는 것을 깨달았다. 그래서 일선의 반장급 작업자를 관리자와 버금가는 수준의 능력으로 향상시켜 자율적으로 문제를 풀어가는 현장리더로 만들었다.

그 해법으로 도요타공업학원(도요타 공고) 출신을 학업과정에서 밀도 있게 집중훈련시켜 현장의 중핵인력으로 배치했다. 따라서 도요타의 생산현장은 그 어느 기업보다 우수한 인재들이 각 공정을 이끌고 있다. 품질수준은 현장인력의 수준과 비례한다.

❯ 고객의 희망을 흡수하는 속도 완성

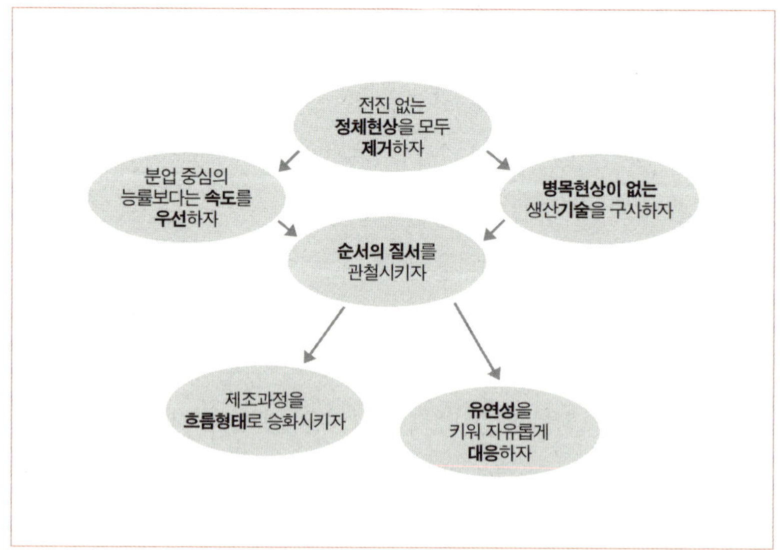

정체와 대기의 제거

연속해서 움직이는 일반적인 컨베이어(전자제품이 대표적)는 얼핏 보면 낭비가 없는 흐름 같아도 작업자 사이의 이동은 아무런 부가가치 활동 없이 시간만 소비한다. 그리고 팔레트 컨베이어도 마찬가지로 작업자가 대상물을 가공할 때는 정지하고 있다. 그러나 자동차 라인은 조립차체가 공정을 이동할 때 작업자가 따라붙는 방식으로서 이동하면서도 계속 작업이 진행되는 특징이 있다. 다만 로봇이 가공하는 차체 용접공정에서는 일정시간 머물고 다시 이동하는 고전적 컨베이어 방식으로 한다. 그만큼 가공 혹은 운반과정에서 낭비가 없는 유연성을 지니고 정체 없는 흐름을 만들어간다. 따라서 불량의 복구조치도 정지하지 않고 이동하는 과정에 수행해야 한다.

하지만 일반 조립작업의 경우 이상이 발견되면 컨베이어의 경로를 벗어나 조치가 될 때까지 일정한 장소에서 머무는 형태로 운영한다. 때로는 공정을 지나가는 도중에 발생하는 일시정체가 아니라 다 만들어놓고 영업의 사정에 의해 완성품이나 중간 조립상태에서 장기간 머무르는 낭비도 발생한다. 이런 낭비가 일어나지 않도록 확실한 주문정보를 기초로 가공하고 또 진행과정에서 정체가 일어나지 않게 하는 양품완성의 관리개념이 반드시 필요하다. 이것이 곧 생산성을 높이고 제조기간을 가장 짧게 만드는 비결이다.

아직도 제조현장에는 예전의 분업방식에 의해 공정마다 가공품을 잔뜩 쌓아놓고 작업하는 풍경이 남아 있다. 이는 분업의 작업능률을 강조하는 체계로서 대량생산 시대에는 적합할지 모르나 다품종 소량의 주문시대에는 어울리지 않는다. 원재료에서 완제품이 될 때까지 재료들을 연속적으로 가장 짧은 경로로 흐르게 하고 작업주체(작업자 혹은

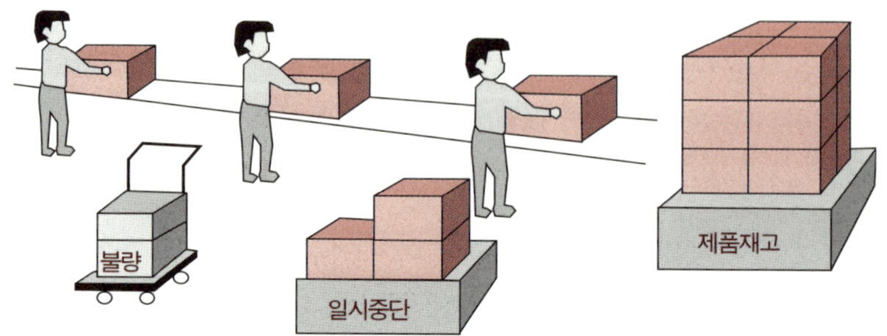

설비)들이 이동해서 가공을 하는 방식이 가장 바람직하다.

설비가 커서 제품흐름에 따라 자유이동이 어려운 경우에는 약간의 설비가 더 투입되는 경우가 생겨도 제품경로별로 라인을 구성해주는 것이 좋다. 하지만 거의 수작업으로 이루어지는 제품의 흐름은 반드시 제품을 우선하여 경로를 설계해야 한다.

가공을 대부분 수작업으로 하는 기업에 지도한 사례를 보자. 기존의 많은 기업이 작업자를 특정위치에 고정해두고 가공물을 각 해당공정으로 이동시키는 방법을 일반적으로 사용한다. 이런 과정 속에 많은 동작과 이동의 낭비가 발생해 제품의 제조기간을 길게 만든다. 그래서 기존의 불규칙한 작업대의 형태를 지양하고 이동을 자유롭게 할 수 있는 바퀴달린 작업대를 세 개의 사이즈로 표준화해 작업자가 언제나 제품의 최단경로 흐름에 응할 수 있도록 기동성을 발휘하게 했다. 즉 긴 작업대가 필요하면 중간 사이즈의 작업대를 복수로 연결해서 해결하고, 작업에 필요한 공구나 지그준비를 작은 작업대에 장착해 수시로 이동해가는 형태로 바꿨다. 이런 결과 제조기간이 상당히 짧아지고 작업자

의 빈틈없는 부가가치 활동과 다기능의 확보로 기존의 효율을 훨씬 능

가하는 결과를 가져왔다

순서의 계획과 준수

제조 스피드가 떨어지는 경우의 원인은 대부분 생산기술이 아니라 제조기술에서 발생한다. 생산기술은 재료를 변형시키는 직접기술이고 제조기술은 가공물의 투입시점부터 완성할 때까지의 흐름을 효율적으로 관리하는 분야다.

제조의 소요기간이 길어지는 가장 큰 요인은 대기의 낭비에 있다. 대기의 낭비는 대표적으로 두 가지의 관리가 미숙한 데서 벌어진다. 하나는 특정공정에 여러 가공물들이 대기하는 현상이고, 다른 하나는 이동할 때 한 번에 너무 많이 담아 이동하는 경우다. 전자를 공정대기라 하고 후자를 로트(LOT)대기라 한다. 따라서 작업물이 몰리는 애로공정이나 초기투입 공정에는 투입해야 할 시각을 사전에 계획해 대기하는 시간을 없애주고 이동하는 크기를 가능한 한 작게 편성하면 두 가지 대기는 줄어든다.

아무리 가공속도를 높여도 공정 간의 정체가 없어지지 않으면 생산기간은 단축되지 않는다. 특히 계획한 대로 투입물이 진행되지 않는 경우가 많으면 더욱 길어진다. 그래서 기업의 관리수준은 계획된 순서대로 공정을 흐르게 하는 능력으로 실력을 가늠한다. 영업의 주문변동이 너무 심해 관리에 어려움이 있는 기업은, 한번 투입된 가공물이 제 순서대로 나오는 경우가 드물어 생산직원들이 공정계획을 믿지 않고 자기들 임의대로 작업하는 무질서가 증가한다. 품질부서의 검사대기 행위도 생산지연을 유발하는 큰 요인이다.

도요타는 투입된 순서가 완성의 순서와 동일하도록 끼어들기와 중간의 임시정체를 허용하지 않는 높은 직행률을 유지한다. 이 직행률을 100%로 만드는 것이 도요타 생산방식 3대 축의 하나다. 이 수치를 달성하려면 긴급주문의 삽입을 허용하지 않는 정확한 계획이 돼야 하고 품질문제도 중간에 일어나지 않아야 하는 어려움이 있다. 하지만 도요타는 이 목표에 70년 이상을 매달리고 있다.

일반적으로 소품종 대량생산을 하는 타 자동차회사와는 달리 다품종 소량으로 신속히 전환해서 고객의 다양성을 최소의 자원으로 해결하는 과정에 한 가지 큰 난관이 있었다. 대규모 기계설비(프레스)로 여러 제품을 해결하려면 각 제품의 작업준비에 많은 시간을 소비해야 하는 낭비가 문제였다. 하지만 이 부분만 해결하면 제조상의 유연성 문제가 해결된다는 것을 깨달았다. 그래서 20년간 대형설비들의 준비시간을 획기적으로 줄여 어떤 설비를 막론하고 10분 이내의 체계로 들어오게 한 혁신이 결정적인 전환점이었다. 반면에 국내의 많은 기업들은 아직도 준비 교체시간의 단축의지가 희박해 다품종 소량의 유연성을 키우지 못하고 낮은 생산성으로 대응할 뿐이다.

❯ 비교논리를 초월하는 가격개념 추구

원가 상승요인의 제거

도요타는 승용차에 본격적으로 진출한 1960년대부터 더 이상 제품가격이 고객들의 구매 평가기준이 되는 염려를 없애려면 어떻게 할 것인가를 고민했다. 해답은 단 하나, 가장 낮은 원가의 실현이었다.

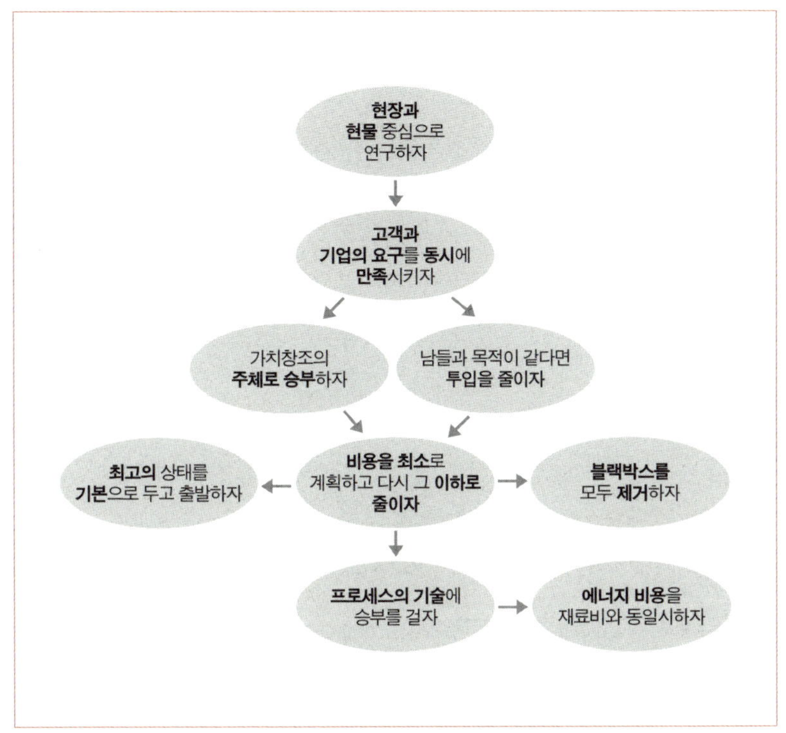

도요타는 기업의 자본이 현장에 다 깔려 있다고 봤다. 완제품 재고는 물론 원자재 보유량 그리고 생산 중인 재공품의 규모 및 투입자재의 대기량 등이 현물자본이다. 그리고 공장 내에 설치된 모든 설비와 작업자들의 가동률이 비용을 결정한다고 봤다. 심지어 현장에 굴러다니는 나사 하나라도 돈이라고 생각한다.

도요타웨이에도 현지·현물이 있듯이 현장의 현물들을 관찰하면 문제가 보이고 원가의 해결점도 거기에 있다는 뜻이다. 하지만 대부분의 기업은 원가 내리기를 시도할 때 책상머리에서 해결하려는 경향이 강하다. 오로지 추론만이 난무할 뿐 실제로 구체적인 안이나 삭감규모를 추출해내지 못한다. 가격경쟁을 하고 싶으면 현장에서 승부하라는 얘기다. 거기에서 돈이 샌다.

특히 도요타의 강점은 현장의 표준을 원가준수의 기둥으로 간주한다. 작업자가 표준을 벗어난 행동을 하면 그때부터 돈이 샌다고 생각한다. 표준 자체가 현재 있는 방법 중에 가장 경제적인 방법이기 때문이다. 표준을 철저하게 준수하는 활동은 곧 설계원가를 고수하는 지름길이라고 해석한다.

도요타는 제품가격이 시장, 즉 고객이 결정하는 것이지 생산자가 일방적으로 결정하는 것이 아니라는 통념을 갖고 있다. 따라서 시장에서 형성된 가격수준을 반드시 달성해야 하는 것을 그들의 목표로 잡고, 그 가격 안에서 안심하고 이익을 찾는 정책을 선택했다. 결국 저렴한 원가 추구정책은 기업도 좋고 고객도 원한다. 비용절감을 이익으로만 생각하지 않고 고객만족의 일환으로 본다. 차후 고객에게 고품질의 제품을 저렴하게 공급하는 배려의 기회창출이기도 하다. 고객대응을 우선으로 하고 이익은 두 번째로 두어야 한다.

가치를 창조하는 기본자원으로 사람과 설비가 대표적이다. 현물이라는 투입요소가 분명하게 돈으로 보이는 대상이라면 사람과 설비자원은 불투명하다고 볼 수 있다. 즉 사람과 설비의 움직임 속에는 얼마만큼이 돈의 가치로 변환되는지 파악하기가 힘들다. 따라서 가치 있는 행동을 하지 않으면 돈이 되지 않고 바로 낭비로 변하는 취약대상에 해당한다.

생산을 하기 위해 설비와 사람을 묶어서 항상 동시에 투입하는 경향이 강하다. 하지만 제조과정을 살펴보면 엄연히 설비가 담당하는 일과 사람이 담당하는 일이 서로 다를 경우가 많아 이 두 가지 자원을 분리해서 자원투입을 설계하는 것이 현명하다. 늘 실적비용만 보고 과잉투입에 대한 불평을 하지 말고 비용을 유발하는 현상을 가치율이라는 논리적 사고를 동원해 풀어갈 필요가 있다.

동일제품을 만드는 경쟁사들의 제조공정은 거의 유사하다. 그런 조건하에서 투입조건을 달리해 원가를 차별화하는 것은 당연한 일이다. 동종업계에서 자신의 원가 경쟁력을 항상 점검할 수 있어야 한다. 특히 부문별 경쟁력을 주의 깊게 비교하면서 살펴야 한다. 그리고 앞서간다고 인정받는 기업의 경쟁력을 두 발 앞서갈 수 있도록 전진해야 한다.

지도사례 중에 15일이 소요되는 서브 조립품의 제조기간을 3개월 만에 12일로 20%를 줄인 적이 있다. 개선 후에 경쟁사와 비교해보니 30% 이상 빠른 스피드로 만드는 경쟁력을 확인하게 됐다. 그런 결과 재공이 줄어드는 효과로 인해 대형 조립지그도 일부 치워야 할 필요가 생겼다. 실무자들은 만약을 대비해 지그보존을 주장했지만 결국 그 주장을 무시하고 지그를 제거했다. 어느 정도의 시간이 흐른 후에도 사용할 일이 없게 되자 실무자들은 제거의 당위성을 인정하게 되었다. 게다가 세월이 가면 과거로 회귀하는 일반적인 작업습관을 없애기 위해 차후 1년 동안 자체적으로 2일 더 줄이는 계획을 세워 추진하게 했다. 이렇게 계속 전진하는 활동이 있어야 한 번 내려놓은 원가를 예전의 것으로 되돌리지 않는다. 도요타도 마찬가지로 진행한다.

계획적으로 원가 낮추기

혁신활동은 이제까지 있었던 조직의 모습을 버리고 새롭게 바람직한 모습을 설정하는 데서 출발한다. 그래서 그 모습을 달성하기 위한 모든 과정을 새로 설계해야 한다. 하지만 대부분의 기업은 스스로 가진

한계점을 항상 염두에 두고 목표를 소극적으로 설정한다. 최고를 향해 전진하려 하지 않고 가능하다고 느끼는 만큼만 전진한다. 이 굴레를 벗어나야 진정한 혁신이 수행된다.

설계원가를 설정하는 단계는 자원의 투입량을 결정하는 행위로서 매우 중요하다. 설계원가를 설정하는 습관 중에는 보통 세 가지 유형이 있다. 우선 가장 많은 경우로서, 실제로 제작이 진행될 때 오차가 발생할 것을 염려하여 미리 여윗값을 두는 경우가 있다. 두 번째는 정확하게 소요되는 값만을 기준해서 설정하는 경우다. 세 번째는 실천할 때에 개선할 목표까지 고려해 예상보다 낮은 원가로 책정하는 경우다. 도요타는 위의 세 가지 유형도 아닌 제4의 방법을 사용한다. 즉 개선을 고려한 설계원가를 제시하고 실천단계에서는 제시한 값보다 더 낮아지도록 유도하는 방법이다.

도요타의 브레이크 리콜이 발생했을 때 많은 사람들은 원가절감 때문에 일어났다는 이야기를 한다. 하지만 전혀 그렇지 않다. 원가 때문에 생명이 직결되는 부품까지 손대지는 않는다. 필자가 자동차회사 설계부문의 원가혁신을 지도해봐서 알고 있다.

후진국으로 갈수록 해외에서 들여온 설비나 소프트웨어에 의존하는 부분이 많다. 도요타도 초기에는 산업 인프라가 부족해 선진 시스템에 의존할 수밖에 없었다. 하지만 원가경쟁에 돌입할 때 수입된 장비나 기술의 제한으로 혁신활동에 어려움을 겪었다. 그래서 시간이 걸리더라도 포기하지 않고 이러한 블랙박스를 없애는 노력을 계속했다. 그런 미지의 분야가 사라져야 비로소 원가 조정능력이 생긴다.

설령 사정에 의해 외국에 제작을 의뢰하는 부분이 있을 경우 설계와 시험은 모두 도요타가 하고 제작만 의뢰해 사전에 블랙박스는 철저히 차단하고 있다. 만약 도요타가 설계하지 않은 설비를 들여올 경우에는 사용하기 전에 미리 해체해보는 것은 물론 보완까지 실행해 완전히 자기 것으로 만든 후 사용한다. 그래서 언제든지 원가작전에 돌입할 수 있는 환경을 조성해놓는다.

일반적으로 재료비나 노무비에서 원가를 절감하고 그 후에 제조경비에서 절약하는 순서로 진행한다. 적은 경우이지만 중공업이나 대형 사업장들은 의외로 에너지가 많이 소비되는 경향도 있다. 더군다나 에너지 자원의 국제가격이 항상 불안한 상황에서 에너지 분야의 원가를 가볍게 볼 수 없다. 도요타는 에너지 비용을 혁신적으로 줄이기 위해 주로 설비의 제어기능을 재조정하는 활동을 한다. 세 가지의 대표적인 활동체계가 있다.

동일라인에서 여러 종류의 제품을 가공하기 때문에 각기 지나가는 공정과 설비는 다를 수 있다. 이때 운전하지 않아도 되는 설비는 순간적으로 동력을 차단함으로써 에너지를 절감하는 생산직결형 방식이 있다. 또 라인의 능력을 십분 가동하지 못할 적은 양의 제품들을 원안대로 여러 라인에 애매하게 분산시켜 운영하기보다는 과감히 한곳으로 몰아 생산한다. 그래서 운영하지 않게 되는 특정라인의 전원을 부분적으로 차단시키는 공정선택형이 있다. 그리고 각 공정에 필요한 단일기능의 설비들을 진행순서대로 배치해 구성하지 않고, 하나의 설비에 복합기능을 삽입해 적은 수의 설비로 본래의 많은 공정작업을 해결하는 공정집약형 등이 있다.

이런 세 분야에 주력해서 동종업계 기업들이 지불하는 에너지 비용의 절반으로 해결하는 저력을 보여준다. 이것은 도요타 생산방식의 3대 기둥 중 하나인 '설비는 언제나 가동할 필요가 있을 때 100% 가동돼야 한다'라는 원칙에서 발단이 됐다. 설비에서 불량을 자동 감지해주는 자동화(自働化) 개념과 동일하게 설비에 동력의 사용논리 지능을 삽입시켜 에너지를 절감하고 있다.

⫸ 도요타는 미래에도 강할 것인가?

도요타는 2009년 10월경부터 미국에서 집중적으로 부품결함에 의한 리콜에 시달려왔다. 심지어 미국의회 청문회에 도요타 사장이 참석하는 이례적인 사건까지 벌어졌다. 세계언론들은 이러한 일련의 정황들을 보도하면서 하나같이 도요타의 침몰을 직시하라고 하면서 도요타의 몰락을 재촉하려는 몸짓을 보였다.

어느 관점에서 보면 추궁하는 미국 의회나 모르쇠로 일관하는 도요타 둘 다 자동차의 진정한 소비자와는 관계없는 '쇼'를 하고 있는지도 모른다. 미국의 자동차 산업 몰락을 그냥 지켜만 볼 수 없는 정치가들의 선동과 지역 유권자 달래기도 필요하고, 잘못된 것은 알지만 개발이나 부품공급의 실수라고 스스로 고개 숙이고 싶지 않은 초일류기업의 저항감이 감지된다. 도요타는 실로 최근 수년간의 숨 가쁜 글로벌 확대가 가져온 관리소홀의 폐해를 직접 피부로 실감했을 것이다.

사실 북미지역에서 도요타 차량의 점유율은 엄청나다. 수천만 대 이상이 동시에 굴러다닌다. 이런 상태에서 차량의 결함이 발견되고 리콜하는 경우가 발견되는 것은 당연한 일이다. 또한 생명에 위협이 되는 경우가 존재하기도 한다. 그러나 미국 도로교통국의 전문가 조사에 따르면 가속사고의 신고자 대부분이 사고가 났을 때 브레이크를 밟은 적이 없어 운전자 실수로 판명나기도 했다. 확실한 조사도 진행하지 않고 분위기를 틈타 마구잡이식 마녀사냥을 한 결과다.

만약 현재의 도요타가 처한 곤경을 타 자동차회사에게 동일하게 적용한다면 하나도 살아남는 회사가 없다. 특히 국내의 자동차 기업은 이미 사라지고 없어야 하는 기업일 것이다. 국내기업들은 생명과 직결된 결함이 있어도 제대로 리콜해본 적이 없고 뒤에서 쉬쉬하며 메워왔기 때문에 얼마나 문제가 있었는지도 잘 가늠하기도 힘들다.

혹자는 '다임러 벤츠는 멀쩡하지 않느냐'라는 말로 벤츠의 신뢰성을 들어 비교하지만 벤츠는 대중차가 아니다. 아주 비싼 가격으로 만들고 또 몇 대 운영되지도 않는다. 비교대상이 되지 않는다. 규모로 볼 때 겨우 비교할 수 있는 기업이 미국의 GM뿐인데, 실제로 북미지역의 소비자 신뢰는 절대적으로 도요타 편에 서 있다.

도요타의 리콜문제가 터졌을 때 우리 국민들은 어쩌면 제일 반가워하는 면도 없지 않았다. 일본 기업이 잘되는 꼴은 죽어도 보기 싫은 심정이 내재돼 있기 때문일 것이다. 그래서 도요타 차량의 수요가 줄어들고 국내기업이 미국에서 선전하기를 기대하기도 한다. 하지만 실수하지 말아야 할 것은 일본 기업이 싫다고 해서 또 우리가 직접 당하지도 않은 일을 핑계로 그들의 훌륭한 점들을 일시에 등한시해버리거나 격하시키는 오류는 범하지 말아야 한다.

한 예로, 도요타의 장점을 배우자는 서적들에 대해서는 줄곧 인색하고 관심 또한 적었으면서, 거대기업으로서 어디나 있을 법한 일들(과로사 문제, 언론장악 현상, 협력사의 고달픈 문제 등)을 가지고 도요타의 오점이라고 기사화한 번역 책이 국내에서 날개 돋친 듯이 팔리는 풍경을 보고 씁쓸한 기분이 들지 않을 수가 없다. 사실 그런 정보들은 이미 수 년

전에 《도요타 초일류 경영》이라는 나의 책에 이미 다 드러난 내용일 뿐이다. 만약 도요타의 그런 문제들이 비양심이라고 하면 국내기업들에게 더 많은 문제가 산재한 것을 모르는 현실도 우려할 만한 일이다.

가령 어떤 이는 도요타의 '저스트 인 타임' 철학까지 협력사를 못살게 구는 좋지 못한 철학으로 몰아가는 몰상식한 수준으로 함부로 인터넷에 글을 올리니 한심하기도 하고 무지한 인간들의 도발이 염려되기도 한다. 예를 들면 도요타의 간판 시스템이 도요타에게는 좋지만 협력사가 재고를 떠맡는 손해를 본다는 논리 자체가 도요타 생산 시스템에 대한 무지의 표시이고, 어떻게 그들이 70년을 노력했는지에 대한 관심이 조금도 없는 문외한들의 일성(一聲)이라는 것을 알아야 한다.

현재 도요타가 맞고 있는 고충은 다른 자동차회사나 글로벌 기업들도 드러나지 않았을 뿐이지 모두 끌어안고 있다. 따라서 이후에 자동차 판도에 별다른 큰 변화가 일어나지 않을 확률이 높다. 도요타가 다시 경쟁력 회복에 대한 여러 방법을 강구할 것이고 또 본래의 기본준수 정신을 되찾을 것으로 본다. 다소 주춤하는 시간은 있겠지만 도요타가 초일류의 생산 시스템을 보유하고 있는 한, 개발이나 원가절감의 방편으로 일어났던 오류들이 건실한 생산체계의 심장부를 쓰러뜨리지는 못할 것이다.

그리고 도요타 생산방식의 철학과 개념을 넘어서는 것이 새로 등장하기 전까지는 우리는 열심히 그들의 기본개념을 응용해서 발전시키는 행동에 게을러서는 안 된다. 그들의 사고와 수준을 진정 초월하게 됐다고 자신할 때 비로소 그들에게 빌려온 유품들을 버려도 충분할 것이다. 우리의 수준은 아직도 그들이 만든 개념과 사례의 바다 위에서 먼 항해를 해야만 되는 수준임을 깨달을 필요가 있다.

▶ 타 업종에서의 적극적인 벤치마킹

객관적으로 도요타 생산방식이 적용되기 어려워 보이는 수주산업의 대표주자 조선업(造船業)에도 100% 적용된다는 확신을 국내 대형 조선소의 혁신을 지도하면서 절실히 체험한 적이 있다.

선박의 건조는 선주(船主)와 합의한 납기일이 정해져 있는 상태에서 진행한다. 설계와 철판가공을 거쳐 용접조립과 도장을 하고 난 후 옥외 작업장에서 더 큰 단위의 블록형태로 조립한 후에는 도크(dock)로 이동시켜 용접공정을 통해 배를 만들어간다. 배의 모양이 완성되면 바다로 띄우는 진수(進水)과정 후에 인도하기 전까지 각종 시험과 부대공사를 하게 된다. 이런 일련의 과정은 보통 2년 정도가 소요된다.

일반적인 시각에서 보면 대량의 연속생산 개념에서 탄생한 도요타 생산방식이 단일품목 수주생산의 조선업에는 맞지 않는 것처럼 보일 수 있다. 하지만 근본부터가 도요타 생산방식의 전형이다. 끝점이 정해지고 계속 앞공정에 필요한 것을 요구해서 받아가는 방식(Pull)의 전형이다. 물론 초기공정의 착수는 계획된 시점에 가공해서 뒤로 보내는 형태(Push)로 수행하지만, 중간공정의 현물흐름은 후공정의 요구에 철저히 응해야 하는 Pull 방식이 절대적으로 요구된다.

특히 도요타 생산방식에서 요구하는 3항목－100% 개념(《도요타, 초일류를 만드는 조직문화》 참조) 중의 하나인 직행률 100% 준수는 조선업에서는 필수적이다. 즉 투입순서대로의 조립블록이 후공정에 이어지지 않으면 후공정에 혼란이 일어나 결국 진수시점을 준수하지 못하는 불상사가 일어나기 쉽다. 따라서 이런 현상을 피하기 위해 조립순서가 엉키면 많은 공수를 투입하여 지연을 복구하기 위한 낭비가 많이 발생된다.

이런 일련의 모든 낭비를 도요타 생산방식의 '저스트 인 타임' 사고나 직행률 개념으로 풀어가야 한다. 특히 조립된 블록이 정밀도에 하자가 있는 채로 후공정에 넘어가면 공사가 지연되고 품질확보 추가공수가 많이 낭비되는 현상도 다반사다. 따라서 10m 길이에 5mm 이하의 곡직공차를 맞추는 품질을 확보하려면 도요타 생산방식의 라인 스톱(Line Stop) 개념이 필요하다. 엄격한 기준에 합격하지 못하면 절대 후공정으로 넘어가지 못하게 해서 공사지연이나 공수낭비를 사전에 막는 활동이 절실하다. 그래야만 거친 조선업에 정밀도 작업이 정착된다.

모든 가공이나 조립 일정이 끝점에서부터 역산하여 계획했기 때문에 하나라도 정확히 일정을 준수하지 않으면 많은 혼란과 낭비를 초래한다. 그래서 조선은 도요타 생산방식의 '저스트 인 타임'과 완전히 맥을 같이한다.

조선업에서 특히 도요타 생산방식이 부각되는 이유는 수익성 확보와 관련이 깊다. 조선의 성공요소는 시간이다. 즉 선박의 건조기간을 보다 짧게 수행하면 수주를 더 많이 확보할 수 있어서 수익성이나 경쟁력이 확보된다. 물론 기간이 단축되면 투입되는 공수도 비례해서 감축되는 이치는 당연하다. 즉 도요타 생산방식에서 주장하는 제조 소요기간의 단축 활동이 조선업의 핵심전략이 된다. 도요타 생산방식이 보유한 소요기간 단축의 철학이나 사고들을 적극 활용해야 하는 이유가 여기에 있다.

또한 생산성 추구면에서도 일정한 장소 내에서의 가공작업을 어떻게 하면 적은 공수로 해결할 수 있을까를 고민하는 작업분석이나 공정 재편의 논리들도 도요타 생산방식에서 가져와야만 해결되는 분야가 많다. 특히 도요타 생산방식의 다공정 보유체계와 다기능 개념은 조선 현장에서 무엇보다 절실하다.

　그리고 조선업은 외주 파견사원들이 많은 특징이 있다. 따라서 노동 집약적인 조선현장에서 일선의 관리 감독자들이 현명하지 못하면 일(품질과 소요기간)이 엉망이 되는 수가 많다. 이는 곧 도요타 생산방식의 기본정신인 현장 자율신경을 키우고 혁신리더를 육성하는 인재정책과 맥을 같이한다. 따라서 현장인력들을 개선의 장으로 끌어들이는 노력이 도요타 이상으로 필요한 산업이다.

　건설과 같이 일회성 장소로 그치는 단발성 현지인력 채용이 아니라 동일한 장소에서 다양한 선박을 지속적으로 해결해야 하는 조선업은 건설과는 다른 면이 존재한다. 배는 자동차와 같은 교통수단의 하나다. 다만 타이어로 땅과의 마찰력을 이용해 가는 자동차와 달리 물과 스크류의 마찰력으로 물 위를 가는 차이점이 있을 뿐이다. 또한 제품의 크기에서도 차이가 난다. 자동차와 선박의 구성요소는 거의 흡사하다. 따라서 넓은 대지 위에 세운 조선소에 전부 지붕을 씌웠다고 생각하면 자동차 공장과 동일하다.

　특히 조선소는 공장이 넓어 낭비가 산재해 있어도 발견하기 힘들고 정보의 포착 또한 실시간으로 하기가 힘들다. 그렇기 때문에 도요타 생산방식의 7대 낭비의 발견과 제거에 전 직원을 동원시켜야만 한다. 달리 특별한 방도가 없다.

　위에서 잠깐 살펴본 바와 같이 언뜻 도요타 생산방식 개념과 관계가 없어 보이는 조선산업도 온전히 도요타 생산방식의 적용대상임을 확인할 때, 여타 다른 업종에 종사하는 이들의 변명이나 핑계는 결국 혁신의 기피나 개선활동을 회피하기 위한 빌미로 사용된다는 것을 알 수 있다. 제조환경이 다른 것이 아니라 스스로 다르다고 생각하는 착각만 있을 뿐이다.

자동차 생산과 같이 대량생산을 하지 않는 기업에서 도요타 생산방식을 도입하는 경우 많은 저항이 일어난다. 자기들이 처한 제조환경과는 조건이 맞지 않는다는 핑계가 대부분이다. 하지만 그동안의 여러 업종에 적용한 체험을 한 나로서는 그런 변명을 들어줄 수가 없다.

도요타 생산방식은 일반적인 전자 조립업종은 물론 부품 가공업체에도 쉽게 그리고 즉시 적용된다. 특히 전형적인 수주생산 형태인 선박이나 특수장비 제조업 그리고 건설업에는 더 없이 도요타 생산방식이 절실하다. 그리고 식품이나 화학제품을 만드는 장치산업 역시 도요타 생산방식의 키워드인 5S와 '저스트 인 타임' 사고 및 준비교체 혁신 등의 개념을 최대로 살려야 하는 기업들이다. 따라서 업종과 관계없이 모든 산업에 도요타 생산방식의 적용성은 100%라 할 수 있다. 자기가 속한 업에 도요타 생산방식 응용혁신을 거부하거나 특성이 다르다고 변명하는 이들은 도요타 생산방식 개념이나 깊숙한 논리를 전혀 알지 못하는 무지한 사람일 뿐이다.

이제 중국이 우리를 앞지를 날이 얼마 남지 않은 것 같은 기운이 돈다. 좀더 깊숙이 도요타 생산방식을 관찰하고 연구해서 본인들의 조직에 어떻게 적용시켜 경쟁력을 키울까를 더욱 고민해야 할 시기인 것 같다. 아직도 늦지는 않았다고 본다.

Do the Righ

뚜렷한 목표가 세워졌으면 그것을 달성할 분명한 방법들을 찾아야 한다. 여기저기 혁신은 많다. 그러나 체계적인 혁신활동은 안 보인다. 그래서 혁신이 일과성 이벤트나 유행성 패션으로만 보이는 것인가? 목표에 욕심을 두었다면 과정에도 힘을 불어넣어야 한다. 저마다 열매는 따먹으려 하지만 가꾸려는 노력은 멀리한다. 그 길은 아주 힘들고 은근과 끈기는 물론이요 인내심도 필요하다. 최고경영자의 진정한 실력은 혁신활동의 과정에서 꽃피운다. 그 실력은 몇 사람의 뛰어난 개발력을 이끄는 것도 아니요 부지런을 떨어서 생기는 시장 점유능력도 아니다. 오로지 직원 전체를 설득하고 감동시키며 함께 땀을 흘려야 하는 실천과 참여정신만이 무너지지 않는 기업의 생명력을 보존시켜줄 유일한 터널이다. 그 길로 가보자.

2부

혁신활동의 전개방법

Methods!

직원 전체가 혁신개념을 공유하기

﹥ 전원이 동일한 사고로 출발

변화가 좋아서 늘 주위환경과 행동을 바꾸는 사람은 드물다. 인간은 원래 현상을 유지하려는 본성이 더 강하다고 본다. 그래서 조직적인 변화를 꾀할 때는 강력한 반발이 일어날 수 있다. 이에 대한 준비가 없이 변화 지향의 혁신을 부르짖으면 동참자가 전혀 없을 수도 있다.

혁신활동은 경영자가 순간적인 위기대처를 하기 위해 종용하는 경우가 대부분이다. 그리고 가끔 전반적인 능력을 높이기 위해 혁신을 시도하는 경영자도 있지만, 두 경우 모두 직원의 동참을 구하지 않고 일방적으로 전략을 구사하면 원하는 결과를 얻지 못하는 것은 물론 중도에 흐지부지되기 십상이다. 설령 경영자의 의지로 강한 압박을 주며 추진한다 해도 결국 부정적인 결과와 마지못해 하는 분위기가 형성되는 것을 많이 목격했다.

혁신을 할 때 선결해야 할 일은, 첫 번째로 직원들의 의식변화다. 혁신활동에 직접 참여해야 살아남을 수 있다는 정신무장부터 갖춰야 한다. 이를 위해 일부 기업에서는 유명강사의 초청강의나 의식(Morale)훈련을 택해 단시간에 혁신 분위기를 조성하려고 노력한다. 하지만 그런 시도는 빗나간 의사결정이다. 짧은 시간의 교양교육이나 신체적 훈련을 가미한다고 마인드 변환이 되지는 않는다.

도대체 혁신은 왜 해야 하는지, 어떤 활동들이 혁신에 해당하는지 등에 대한 지식과 마음속에서 우러나오는 깨달음이 동반되어야 한다. 그냥 산다고 모두 다 사는 의미를 찾는 것이 아닌 것처럼, 직장을 다닌다고 모두 목적과 목표를 추구하면서 일을 하는 것은 아니다. 직원들을 혁신의 장으로 끌어들이려면, 목표의식을 갖고 하고 싶은 일을 이룩하는 곳이 바로 현재의 직장이라는 개념이 개개인에게 심겨 있어야 한다. 그리고 기업에 득이 되는 것은 나에게도 득이라는 기본철학을 심어주어야 한다.

인간의 의식변화는 지극히 어려운 분야다. 아무리 합리적인 방식을 제의해도 상대방의 생각이 달라 받아들이지 않으면 무용지물이다. 그런 이유로 필자의 경우는 기업의 혁신활동을 전개하기 전에 기존에 출간된 나의 도요타 시리즈 저서 중 기본개념을 담은 서적을 지정해주어 전 직원의 독서는 물론 독후감도 제출하게 한다. 그렇지 않으면 지도를 시작하지도 않는다. 그 단계를 거치는 기업과 그렇지 않은 기업은 활동의 진행과 결과에서 차이가 많이 난다.

독서를 통해 혁신의 목적과 개념 그리고 초일류기업의 사례도 접할 수 있어 혁신에 필요한 기본적인 교양이 늘어난다. 하지만 학습을 해야 하는 가장 큰 이유는 활동을 전개할 때 필요한 의사소통의 원활함을 위해서다. 그래야만 혁신에 가속도가 붙는다. 소통이 되지 않으면 어떠한 노력도 허사다. 혁신은 개성을 발휘하는 활동이 아니다. 직원 모두 공동의 비전과 가치를 공유한 후 뚜렷한 목표를 정해 함께 목표를 달성하는 것이 혁신활동이다.

두 번째 단계로 필요한 것이 활동목적의 전달이다. 특히 경영자는 모든 직원들을 한 방향으로 이끌기 위해 큰 밑그림을 정확히 그려야 한다. 그 그림에는 현실인식이 반영돼 있어야지, 그렇지 않고 꿈으로만 가득해서는 직원들을 설득하기 힘들다. 그리고 직원들이 납득할 때까지 반복해서 설명해주어야 한다. 그래서 직원들이 비전과 사명에 늘 충실한 자세를 갖도록 해야 한다.

뚜렷하지 못한 목적과 철저하지 못한 구상은 실패를 가져온다. 단편적인 자극이나 충동에 의한 혁신활동의 지시는 용두사미로 끝날 확률이 높다. 그것은 혁신이라기보다 차라리 임시로 꾸린 전담팀(Task Force Team)의 활동이라 하는 것이 더 어울린다.

가끔 혁신의 밑그림이라고 보여주는 것이 남에게 보여주기 위한 그럴듯한 그림일 뿐, 내용이 전혀 충실하지 않고 본인의 고민도 함께 들어가 있지 않은 그림을 들고 설명하는 경영자도 있다. 오직 명확한 목적과 목표를 담은 밑그림만이 직원을 설득할 수 있고 그들의 변화를 예견할 수 있다.

혁신활동을 할 때 흔히 범하는 오류로서 뚜렷한 방향성 없이 전사적인 활동이라는 명분으로만 출발하는 경우를 종종 볼 수 있다. 우선 출발하고 보면 무슨 수가 생길 것이라는 근거도 없는 낙관주의에 의지하는 수가 많다. 활동해도 그만 안 해도 그만이라는 인식이 들지 않게끔 반드시 직원들에게 구체적으로 할 일들과 행동요령을 전달해야 한다.

직원들의 상식으로는 고차원적인 변화, 즉 첨단제품이나 관리기법 혹은 수단을 적용해야만 혁신이라고 생각하기 쉽다. 그래서 혁신활동이라 하면 우선 어려운 일이라고 여겨 거부감을 보이거나 자신감이 없는 태도를 취한다. 하지만 진정한 혁신이란 회사의 경쟁력 요소를 찾아 현재의 수준을 조금이라도 향상시켜 수익성이나 생산성에 기여하면 된다고 이해시켜야 한다. 그래야 자세를 바꿔 적극 참여하게 된다. 설령 본인이 생산성에 직접 기여하는 결과를 내지 못했더라도, 적어도 현상보다는 더 나은 상태를 추구하고 있다는 보람을 찾을 수 있다.

안 하던 행동을 하는 것 자체가 두려울 수 있다. 하지만 현 상황을 자세히 들여다보면 두려움보다는 오히려 현 상황에 대한 불만이 새롭게 생긴다. 그래서 개선할 수밖에 없는 심정으로 변한다. 이렇게 사소한 변화일지라도 주목하고 관찰하면 기대하지 않던 커다란 발견도 생길 수 있다.

현재의 업무 중에 본인이 원하지 않는 어떤 현상이 일어나고 있는지 또 그 원인이 무엇인지를 명확히 이해하는 데 관심을 기울이면 된다. 그리고 해결할 대안을 모색하려면 현재방식이 유일한 방법이라고 간주하는 수동적이고 방어적인 태도에서 스스로 벗어나야 한다. 그런 후에 아주 흡족한 대안이 나타날 때까지 실험과 시행오차를 감수하겠다는 의지와 행동력을 발휘하면 혁신활동의 완성도를 높일 수 있다.

도요타의 창업자 기이치로는 최초의 일관생산 공장 기공식에서 혁신의 정의를 독특하게 내린 적이 있다. 각자의 작은 이기적 이익들을 버리고 큰 선(善)을 위해 노력하지 않으면 임무를 태만하게 수행하는 사람이 되어 스스로를 망치게 될 것이고, 임무를 다하면 스스로를 높일 수 있어 회사를 꽃피우게 하는 원동력이 될 것이라고 역설했다. 또한 직원 모두가 참여하는 혁신활동에 만전을 기하면 힘이 집결되어 위대한 힘을 만들고 그 힘이 결국 더 큰 위력을 발휘하게 된다고 주장하면서 팀플레이를 강조했다. 그리고 '회사 전체는 하나의 팀, 하나의 목표, 활동은 함께'라는 슬로건을 제시했다.

결론적으로 그의 주장은 과거에 산 것처럼 계속 살아가지 않고 변화를 조금이라도 준다면 새로운 가능성들이 한 차원 높은 삶으로 초대한다는 뜻으로 해석할 수 있다.

사실 도요타의 활동을 살펴보면 혁신의 성공요소를 별도로 찾지 않는다. 단지 꼭 필요하다고 보는 일을 하게끔 하고, 낭비를 제거하는 습관과 최선의 방법을 계속 표준화시키는 일이 옳다고 여겨 추진할 뿐이다.

도요타는 조립라인의 라인정지 도구인 경광등(안돈) 시스템을 운영하는 것으로 유명하다. 그런데 그 시스템도 불량발생을 쉽게 알리려는 한 여성 작업자의 제안으로 시작한 작품에 불과하다.

그리고 1970년대에는 1인당 1주일에 1건의 개선목표(월 4~5건)를 준 적이 있었다. 일선 직원들이 벅차다는 분위기가 있자 라인의 책임자인 반장이나 조장들은 팀동료들에게 아이디어의 제목만 간단히 써달라고 부탁했다. 그리고 집으로 가져가 부하 직원들의 구체적인 개선 제안서를 집에서 대필하는 작업까지 불사하는 열의로 적극적인 목표달성 의식을 보여준 일도 있었다. 이런 행동들은 도요타의 창업자가 직원들에게 불가능하다고 말하기 전에 실천해보라는 경영사상이 투영된 모습이라 할 수 있다.

혁신의 분위기가 광범위하고 깊게 형성되는 과정에는 항상 방해자들이 나타나게 마련이다. 그 방해자란 실행력은 없으면서 오로지 비판능력만 갖고 있는 사람들을 말한다. 혁신활동의 내용이나 주제가 등장할 때는 그 목적을 이해한다고 하면서도 실제로 실천해야 하는 시기가 되면 현실성을 들어 회피하는 행동들을 한다. 적극성이나 열정에서 뒤처지는 이런 직원들까지 동참시켜 함께 가는 어려운 행보가 혁신활동의 특징이다.

하지 않던 행동을 해야 하고 생각도 조금씩 바꿔야 하니 귀찮기도 할 것이다. 하지만 현재의 수준을 평가하고 변화의 가치를 생각해보면 그런 선입감은 극복될 수 있다. 그리고 어느 누구도 혁신의 동참에 예외가 있어서는 곤란하다. 누구든지 편안한 길을 걷고 싶은 마음이라 만약 불이익을 받지 않는 예외자가 생기면 자신도 그 편에 서려고 노력한다. 엉뚱한 데로 에너지가 새나간다. 그래서 경영자도 혁신활동의 예외자가 돼서는 안 된다.

요즈음은 기업이 혁신을 하려고 해도 직원들의 의지가 부족해 포기하는 경우가 많아졌다. 기업이 원가 경쟁력을 확보하려고 인건비를 줄이기 위해 정규사원보다는 임시직이나 파견직 사원으로 인원을 채워가기 때문이다. 정규직원이 아니면 소속감이 떨어지고 우대를 받지 못한다는 피해의식이 있어 혁신활동에 대한 관심을 갖기 힘들다. 소속감에 활동을 기대하는 시대는 지나갔다. 소속감에 관계없이 활동을 하려면 참여자하게 이익과 혜택이 돌아온다는 확신을 줄 수 있어야 한다. 그런 활동체계를 설계하는 일이 경영자에게 주어진 가장 큰 임무다.

만약 소집단 그룹이 협동하여 특정한 목표를 달성해 조직의 발전에 기여했다면, 상위리더는 그 집단이 발휘한 결과와 각 조직원들이 수행한 역할의 연관관계를 구체적으로 정의해줄 필요가 있다. 만약 조직원들이 연관관계를 납득하지 못하면 본인들의 가치를 가늠하지 못한 채 무엇을 위해 본인들이 존재하고 활동하는지를 모르고 일과성의 활동으로 끝날 수가 있다. 혁신은 기업의 현 상황이나 경쟁력이 전 직원의 활동과 직결된다는 개념을 이해시키는 데서 출발한다.

흔히 기업들이 만들어놓은 물건이 만족스러운 양만큼 팔리지 않을 때 불경기의 신호로서 받아들이거나 소비심리가 떨어진다고들 얘기한다. 그러나 전체의 경기가 떨어졌다고 속단하기 전에 과연 주위의 다른 기업도 마찬가지 현상인가를 살필 필요가 있다.

특정사유가 발생해서 경기가 위축되거나 유행이 변하여 상황변화가 오더라도 소비자가 찾는 일정 요구량은 엄연히 '수요량'이라는 개념으로 살아 있게 마련이다. 그런 상황에서 혹 전혀 위축되지 않는 다른 기업이 발견될 때는, 늘 외부환경으로 핑계를 돌리는 리더들의 무책임한 착각이 현재의 상황을 만든 것이라는 것을 깨달아 오히려 본인들의 오류를 반성할 줄 알아야 한다.

정성을 다해 주어진 역할만을 열심히 수행한 직원들이 자기들에게 등을 돌린 고객들을 발견할 경우 좀처럼 그 상황을 받아들이기 힘들 것이다. 그런 배경에는 고객이 무엇을 원하고 있는지에 대해 직원들이 관심을 두지 않고 오로지 자기의 역할에만 충실하면 된다고 맹신하는 조직의 분위기가 자리잡고 있다.

직원들이 조직 전체가 추구하는 바를 알고, 추구하는 과정에서의 본인 역할을 정확하게 인식하고 있을 때는 설령 불만스러운 결과가 나왔어도 모든 결과를 동감하고 이해할 수 있으며 극복할 수 있는 용기도 스스로 낼 수 있는 것이다. 이런 모든 환경을 이끌어내는 것이 혁신활동의 핵심이다.

사실 근로의 대가는 회사가 지불하는 것이 아니라 최종 서비스를 제공받는 고객이 지불한다. 조직원들의 역할 하나하나가 고객이 받을 서비스의 창출과정에 반드시 연결되어 있다는 관계성을 인식시켜야 기업으로서는 진정한 고객창출의 기회가 증가한다.

그러나 대부분의 직원들이 자신의 활동이 고객과 직접 연결된 사슬의 하나임을 망각하고 회사 내에서 규정한 방침에 의거하여 활동하기 때문에 회사가 고객을 위해 존재하는 것이 아니고 마치 회사의 생존을 위해서 고객이 있는 것 같은 착각에 빠져든다. 당연히 회사의 기대와는 동떨어진 결과만 나올 뿐이다. 따라서 고객에게 직접 기여하는 기회를 늘리는 활동이 곧 혁신활동이며, 본인들이 원하는 삶의 질을 가져오는 유일한 길임을 공감하게 해야 한다.

⫶ 상대적인 승부에서 절대적 승부 개념의 도입

혁신활동의 전개에서 상대적인 비교를 일삼는 직원들의 습관이 큰 장애로 작용할 수 있다. 입버릇처럼 내뱉는 해악의 표현을 대표적으로 나열하면 다음과 같은 여섯 가지를 들 수 있다.

그래도 우리는 국내에서 제일 잘하고 있지 않는가?

이제 국내외의 구분으로 일을 하는 시대는 지났다. 모든 기업들이 글로벌화되는 시대에 예전의 영광과 향수에 매달려 다가오는 경쟁자의 그림자를 전혀 눈치채지 못하는 조직은 우물 안의 개구리와 같다.

하나의 예로 조선업을 보자. 1980년대까지 조선분야는 일본이 재패했다. 하지만 70년대부터 출발한 우리의 조선능력이 90년대에 들어 일본을 추월하기 시작했다. 그런 결과 한국이 제시하는 가격을 기준으로 선박의 시장가격이 형성되어 주도적으로 시장을 이끌 수 있었다. 하지만 이제는 우리의 생산능력을 추월하기 시작한 중국이 일반상선(商船)의 시장가격을 이끌고 있다. 불과 20년을 견디지 못하고 남에게 주도권을 넘겨주는 상황이 된 것이다.

마찬가지로 국내의 조선소 중에서도 선두주자라고 자부하는 조선소도 새롭게 내놓을 것이 없는 이상, 그들의 자부가 자만으로 변해 착각을 일으킨 것밖에 되지 않는다. 테두리를 쳐서 그 안에 스스로 갇히는 습관을 갖지 말고 항상 전체를 상대로 견제하며 앞서가는 의식이 중요하다.

현재 고객들이 요구하는 제조기간에 맞추었으면 된 것 아닌가?

기업은 항상 두 발 앞서가야 한다. 여유를 갖고 현실에 대응해야 새로운 발상도 생긴다. 하지만 현실수준을 맞추기에 급급한 조직은 늘 쫓기는 기분으로 일을 하기 때문에 불완전하다. 그런 상태로 미래의 몫까지 미리 준비할 여유가 없다. 특별한 독과점 기술품목이나 일부계층에 수요가 한정된 품목(소비성 명품)을 제외하면 고객의 기대요구는 자명하다. 보다 확고한 품질에, 보다 저렴한 가격 그리고 빠른 대응의 요구가 그것이다. 이 세 가지에 대해서만은 현실만족의 수준에 머무르지 말고 고객보다 항상 앞서나가는 정신이 필요하다.

수주량이나 주문이 많아지면 공장이 혼잡해지고 바빠진다

많은 기업에서 이런 착각들을 한다. 사실 주문량이 많다는 의미는 생산을 대기하는 주문이 많다는 의미다. 그 대기주문은 아직 실체가 없고 정보로만 존재한다. 그리고 대기주문의 자재가 들어와야 비로소 생산이 시작되기 때문에 공장 내부를 점유하는 현물들의 규모는 특별히 생산의 추가능력 확보가 없는 한 동일하게 마련이다. 하지만 많은 사람들이 주문이 많으면 복잡하고 바쁘다는 말을 입버릇처럼 하는 것은 운영체계가 부실해서 발생하는 현상이다.

주문이 많은 기회를 이용해 보다 싼값에 재료를 구매한 결과 다량의 자재가 입고되는 혼란이 생긴다. 그리고 생산능률을 올린다는 명분으로 출하시기가 각기 다른 동일품목을 묶어서 생산한다. 그러다 보니 내부에 필요 이상의 물품이 쌓이는 경우가 빈번하게 일어나는 것은 물론 그 현물을 온전히 보전하기 위한 운영관리도 증가한다. 따라서 주문이 많아 복잡해지는 것이 아니고 관리와 생산방식이 복잡해질 수밖에 없는 방향으로 일을 하기 때문이다. 즉 가장 단순한 제조절차와 방식의 개념을 정립하는 일이 직원들의 오해를 불러일으키지 않는 방법이다.

불량을 수정해서라도 양품비율을 올렸으면 되지 않았는가?

대부분의 기업들이 불량발생에 대해서 민감하게 반응한다. 하지만 불량에 대해 너무 너그러운 태도를 갖고 있고 그 해결의 접근방식에도 고질적인 문제가 있다. 불량을 늘 사후 수정조치로 해결하는 기업은 기본적으로 원가개념과 양품제조의 의지가 없는 기업이다. 원가 결산서에 불량조치에 투입된 노무시간의 항목은 어디에도 없다. 그리고 작업설계를 할 때에 불량수정 공수를 미리 할당하는 기업도 없다. 그래서 존재하지 않는 유령비목을 늘 현실적으로 발생시킨다는 그 자체가 모순이다. 따라서 당연히 불량이 발생하지 않는 활동체계로 전환하는 태도가 바람직하다.

불량방지를 위해 공정마다 반드시 수행할 작업이 필요하다면 이미 작업설계의 단계에서 삽입해 공식적인 인정원가로 책정됐을 것이다.

그런 원가로 구성한 견적서로 거래했다면 가격의 경쟁력 여부와는 상관없이, 앞으로 남고 뒤로 밑지는 황당한 결과는 없어진다. 따라서 후속처리로 불량을 극복하는 후진개념에 머무르지 말고 반드시 선행단계에서 발생하기 전에 예방하는 행동개념으로 전환해야 직원들의 원가개념도 발전한다. 즉 불량이 발생하지 않도록 하는 작업에 소요되는 비용을 초기원가로 설정하고, 품질은 유지하면서 그 비용 자체를 점차 줄이려는 활동이 그 다음으로 해야 할 일이다.

생산기간이 단축되면 원가도 내려간다는 말에 의심이 간다

대부분의 기업들이 관심을 두는 생산혁신 분야는 생산성 향상분야다. 동일한 자원으로 산출물을 예전보다 많이 생산하는 능력향상 위주로 활동을 한다. 하지만 시간적 차원의 효율화에 대한 중대성을 느끼지 못해 기간의 단축활동은 등한시한다. 도요타가 기간단축과 생산성 향상의 두 축을 기본으로 삼은 것은 능력향상 못지않게 스피드가 기업의 경쟁력을 지배한다는 점이 드러났기 때문이다.

스피드 향상은 규모의 확대를 통한 이익의 증대가 아니라 회전율 향상을 통한 수익성 확대라 볼 수 있다. 경쟁이 극심하고 보다 빠른 스피드의 요구환경하에서는 기간단축 활동에서 생존법을 찾아야 한다. 회계의 원리로 기간단축에 대한 효과를 분석하기란 어렵다. 따라서 기간단축 활동에 제일 관심이 적은 그룹이 재무를 담당하는 직원들이다.

소요기간에 따라 투입비용은 비례한다. 기간이 길수록 의외로 소요자원의 낭비가 많이 증가한다. 기간이 길다는 의미는 과정이 많고 또 각 과정의 시간도 많이 걸린다는 의미도 있고, 과정 사이에 정체도 많다는 뜻이다. 흔히 정체현상에는 비용의 별다른 투입이 없다고 판단하기가 쉽지만 실제로 공간비용이나 취급비용 및 부대경비 등이 추가로 들어간다. 특히 자본회전이 느려 이자손실도 적지 않다. 스피드가 곧 비용절감이라고 생각하고 활동해야 한다.

매일 개선하고 변화시키는 것이 과연 가능한가?

일반적으로 혁신을 가뭄에 콩 나듯이 하는 활동이라고 생각한다. 특수한 상황이 벌어지거나 긴박한 목표가 요구될 때 벌이는 행사 정도로 착각하기 쉽다. 일상생활의 혁신으로 진입하려면 현재의 업무수준이나 일의 형태를 최악의 상태라고 간주해야 가능하다. 하지만 대다수 직원들은 현재 본인이 수행하는 방법이 최선이라고 못을 박고 일하기 때문에 지속적인 진화는 불가능하다고 믿는다.

도요타의 경우 70년 이상을 스스로 변신하는 과정을 거쳐서 초일류가 됐다. 어느 한 순간이라도 정체되는 모습은 보이지 않았다. 그들이 지속적으로 변화를 보여준 것은 스스로의 결심에 의한 것이 아니다. 고객들의 변화에 부응해서 한 발 앞서 나가려고 한 것뿐이다. 마찬가지로 고객의 변화를 감지하고 대응해야 한다는 사명감이 있는 직원이라면 매일 개선하지 않으면 경쟁력에 뒤처진다는 것을 바로 안다. 따라서 변화를 위한 혁신은 하고 싶어서 하는 것이 아니라 생존하기 위해서 해야 한다. 가능성을 따질 대상이 아니다.

상대적으로 느끼는 우월감이나 과거와 비교해 나아진 정도를 기준으로 평가하고 미래를 대비하면 혁신활동의 마침표를 쉽게 찍는다. 직원 모두가 경쟁력의 수준에는 한계가 없다고 생각하고 절대적 수준을 추구하는 정신을 가져야만 계속 갈증을 느끼고 활동을 할 수 있다.

❯ 혁신을 위한 자세 확인의 3대 관문

각 기업이 혁신활동의 기치를 내걸고 활동하지만 그 결과가 실망스러운 경우도 많다. 겉으로 드러난 이유로 볼 때 활동조건의 악화나 행동력의 부족 등으로 평가하지만, 실제로 그 뿌리는 각 직원의 부정적이고 소극적인 마음에서 출발한다.

혁신활동에 대한 직원들의 참여의식을 조사하는 방법으로 다음의 세 가지 질문을 던져볼 수 있다. 그리고 그 응답의 형태를 알면 개개인의 동참의식이 어느 정도인가를 가늠할 수도 있다. 의외로 실무자들의 적극성은 경영자의 기대처럼 높지 않다. 질문에 대한 답이 힘차게 '예'로 시원하게 나왔으면 좋겠으나 실제로는 그렇지 않다. 대부분 미적대면서 '글쎄요'라고 대답하며, 그 말 속에는 직원들의 부정적인 의견이 숨어 있는데 그것을 각기 세 가지 대표타입으로 분류해봤다.

제1관문 : 본인은 혁신활동에 적극 동참하겠는가?
글쎄요-1 : 회사에서 하라고 하니까 해야겠죠.
글쎄요-2 : 바빠서 되겠나 싶지만 참여하는 흉내라도 내야겠죠.
글쎄요-3 : 최선을 다해서 해보겠습니다.

'글쎄요'의 첫 번째 대답은 본인의 의지가 전혀 없는 경우다. 미처 생각해본 것도 아닌 일에 참가하고 싶지는 않지만 경영자가 강제로 하라하니 대열에는 서겠다는 대답이다. 두 번째는 현재의 진행업무도 바쁜데 괜한 일에 동참할 시간이 어디 있겠느냐는 냉소가 들어 있다. 세 번째는 긍정적인 대답 같지만 '해보겠다'라는 말은 '하겠다'라는 말과 달리 제3자의 입장에 선 모습에 불과하다.

> 제2관문 : 현재 본인이 추진하는 방법들이 모두 다 잘못된 것일 수도
> 있다고 인정할 자세가 돼 있는가?
> 글쎄요-1 : 부분적으로 있을 수 있겠지만 전부는 아니다.
> 글쎄요-1 : 경우마다 상황을 봐서 이해가 간다면 인정할 수 있다.
> 글쎄요-3 : 현재 별 큰 문제가 없는데 그런 생각은 할 이유가 없다.

첫 번째 답변은 변화의 가능성을 지닌 직원이다. 하지만 중요한 업무기준이나 자신이 세우고 활용하는 방법에는 손대기 싫어하는 타입이다. 두 번째는 자기가 스스로 다짐하겠다는 의지는 없고 누가 확실한 오류의 증거를 제시하면 그때 가서 접근해볼 마음이 있지만, 그 전에는 바꿀 생각이 없다는 표현이다. 세 번째는 전혀 반성의 여지가 없고 현재를 최고의 상태로 간주하는 직원이다.

> 제3관문 : 활동과정에 부딪히는 어떠한 장애요인도 뛰어넘고 해결할
> 의지가 확고한가?
> 글쎄요-1 : 상황을 봐서 무리라고 판단하면 포기할 수밖에 없다.
> 글쎄요-2 : 상사가 차선책으로 하라고 하면 굳이 원래의 안을 고
> 집할 필요는 없다.
> 글쎄요-3 : 내 권한 안에서만 활동하면 되지, 타 부서 직원까지 설
> 득하고 싶지 않다.

첫 번째 답변은 해봐서 아니면 말고 식의 태도를 가진 직원이다. 안

되면 남의 탓을 찾는 전형적인 이기주의자다. 두 번째 경우는 자신의 의지와 책임을 모두 상사에게 떠맡기는 타입으로 본인이 일을 주관하기 싫어하고 책임을 안 지려는 스타일이다. 세 번째는 타 부서와의 소통을 피하는 타입으로서 자기 권한 내에서만 하면 그만이라는 마인드로 혁신의 미완성에 가장 큰 원인을 제공하는 성향을 나타낸다.

위의 세 가지 질문에 진심으로 자신 있게 바로 '예'라고 답하는 사람은 거의 없다. 있다면 허위자백이 대부분이다. 경영자는 혁신활동에 직원들이 헌신하기를 바라지만 위와 같이 소극적이고 주저하는 마음이 대부분이어서 직원들의 자세를 긍정적으로 바꾸는 자세변환에 온 힘을 기울여야 한다.

❯ 혁신활동이 성공하기 위한 4가지 자세

혁신은 강요에 의해 이루어지지 않는다

일반적인 업무는 지시형태의 의사전달로 진행이 가능하다. 하지만 과외의 일이라고 생각되는 혁신활동은 일방적 의사전달로 달성하지 못한다. 주어진 기본업무를 하느라 바빠서 못했다고 핑계를 대면 반박할 명분이 약해진다. 그래서 직원들이 의욕적으로 동참할 혁신테마 설정에 공을 들여야 한다. 본인들이 참여해서 부지런히 목표를 달성하면 스스로에게 많은 혜택과 보람이 돌아온다는 확신이 전제되지 않으면 어떤 설득과 강요도 소용없다.

참여자 중에 협력사 직원이나 임시직이 있을 경우 정규직과의 소통이 원활하지 않을 수 있다. 받는 임금에 대한 일을 하면 그만이지 노동력을 더 제공할 이유가 없다는 생각이 지배적이어서 그들을 혁신에 동참시키기란 매우 힘들다. 따라서 그들에게 할 수 있는 최고의 존중을 표시해서 마음을 얻어야 하고 무시와 멸시의 선입감을 없게 하는 분위기를 조성해야 한다. 그리고 반드시 추진 책임자의 말과 행동이 같아야 한다.

직원들이 자신감에 차 있어야 한다

혁신의 목적과 목표를 잘 이해하고 자신들의 행동 여하에 따라 결과가 결정된다는 책임감을 가져야 한다. 그래서 어떤 목표이건 꼭 달성할 수 있다고 믿고, 모든 수단은 다 적용 가능하다는 폭넓은 수용자세를 갖추어야 한다. 그리고 어떤 장애물도 결국은 넘을 것이라고 확신하는 자세도 필요하다. 그러기 위해서 경영자나 상사들은 큰 투자가 이루어지지 않는 선에서 참가자들의 의욕을 꺾지 않도록 경제성을 잘 평가해 투자하는 지원도 아낌없이 해야 한다. 또한 활동의 결과가 실패로 끝날지도 모른다는 염려로 머뭇거리는 심리를 해소해주어야 한다.

혁신은 홀로 할 수가 없다

반드시 팀워크로 활동해야 바람직한 결과를 얻는다. 기업들이 부문별로 내부적인 개선을 독립적으로 시도해 많은 노력을 하고서도 연관부서의 협조를 얻지 못해 효과를 보지 못하는 경우가 많다. 특정부분의 혁신은 다른 부문에서 볼 때 구경거리로 전락할 수 있기 때문이다.

부문에서 시도하는 혁신은 타 부서의 비협조로 활동결과가 실패로 돌아갈 때 활동에 참여한 직원들의 의지가 꺾여 두 번 다시 하기 싫은 심정으로 변하는 위험성을 내포하고 있다. 반대로 구경하는 입장의 직원들은 자기들이 실패의 원인제공을 한 당사자이면서도, 혁신활동은 함부로 할 것이 못 된다는 간접경험을 얻게 돼 차후활동에 소극적인 자세로 변하는 계기가 된다. 따라서 복잡하게 연결된 업무구조의 성격을 감안할 때 부분적인 시도보다는 전체의 동시활동으로 전개해야 협동과 협력의 정신을 발휘한다.

끈기로 승부한다

혁신이 중도에 하차하는 경우는 다반사로 일어난다. 본인이 수행하는 기본적인 직무와 더불어 활동하는 것이어서 직원들에게 많은 부담을 준다. 그렇게 전념할 수 없는 조건에서 진행되는 활동은 당연히 예상보다 진척이 없고 형식적일 수가 있다. 그리고 본업을 충실히 하기 위해 신경을 쓰지 못했다고 하면 어쩔 수 없이 받아들여야 하는 것이 경영자의 입장이다. 그래서 활동의 맥이 이어지지 않으면 결국 중도에 흐지부지 된다. 없었던 일이 되고 만다.

따라서 하다가 아니하면 시작 안 함보다 못하다는 격언이 있듯이, 될 때까지 관심을 두고 활동을 지속하지 않으면 시도 자체를 안 하는 것이 낫다. 중도에 포기하면 혁신활동에 대한 가치절하의 사고가 스며들어 전염병같이 퍼질 위험성이 높다. 하지만 출발했다면 될 때까지 할 각오를 직원들의 가슴에 새겨야 한다. 세상에 있는 모든 방법을 다 동원하겠다는 각오를 각자에게 확인하고 시작할 필요가 있다. 혁신의 목표지점까지 직원들을 이끌고 가는 가장 큰 역할은 경영자가 활동의 진행상황을 공개적으로 발표하게 하고 그 과정에서 용기를 계속 불어넣어주는 일이다.

혁신활동의 조직구성과 리더양성

❯ 조직의 기본구조 편성

혁신의 기초작업인 직원들의 정신무장과 의지가 확인됐으면 그 다음으로 활동의 하드웨어적 준비가 필요하다. 정신력만으로는 부족하기 때문에 조직력을 반드시 동반해야 한다. 아무리 경영자의 혁신의지가 말로써 직원들에게 강한 메시지를 준다 해도 실질적인 실천이 뒤따르지 않으면 소용없다. 그래서 과감하게 실천조직을 구축하면 이미 절반의 성공이라 할 수 있다.

혁신조직의 구축은 모든 직원에게 혁신활동을 할 권한을 부여하는 것이다. 어느 한 사람이라도 중하지 않은 사람이 없다는 선언과 같다. 목적을 달성하기 위해 인적 자원을 질서 있게 정렬시키는 작업이라서 이 단계는 혁신과정에서 중요한 이정표가 된다. 이는 공동의 목표에 집중하고 활동의 프로세스를 효율적으로 관리하기 위함이다.

이 과정에서도 경영자의 지혜가 동원돼야 한다. 단지 특정임원에게 조직구성을 맡긴다면 아주 좁은 안목의 인적 구성을 하고 만다. 총괄적인 범위로 볼 수 있는 입장에 서지 않으면 강한 조직력을 구성할 수 없다. 그리고 소수의 인력으로 혁신활동을 꾸려가려는 생각을 했다면 오산이다. 소수가 혁신목표를 달성할 수 있다면 이미 그 활동은 혁신이 아니라 부문개선이다. 혁신은 기업의 경쟁력을 한 차원 올리는 정도의 전사적 활동을 말한다.

작은 조직이라면 구성절차가 간단하지만 규모가 큰 조직일수록 조직구성의 다양성과 복잡성은 높아져간다. 활동의 잠재적인 복잡성도 작은 집단보다는 비교될 수 없을 정도로 크다. 작은 집단에서의 활동은 상호관계가 한눈에 보여서 웬만한 활동은 서로가 보완해줄 수 있다. 하지만 규모가 큰 집단에서는 분명하게 역할을 구분해서 수행하지 않으면 누락되는 기능이 많이 발생한다.

혁신활동의 조직을 구성할 때에는 활동의 기능계층을 먼저 정의하는 것이 원칙이다. 필자가 지도할 때 주로 적용하는 기능계층을 구분해보면 대표적으로 3단계로 정의할 수 있다. 활동 실천그룹, 활동 유도그룹, 활동 지도그룹으로 나눈다.

실천그룹은 말 그대로 혁신활동을 현장 일선에서 수행하여 현상을 직접 변화시키는 직원들을 말한다. 생산에서는 현장 작업자가 되고, 지원부문은 일선 관리자들로 구성된다. 이들의 역할은 우선 자신들의 업무영역 내에서 발견되는 모든 낭비를 손쉽게 제거하는 역할을 스스로 수행한다. 이를 즉실천 활동이라 한다. 그리고 혁신 유도그룹에서 활동규모가 큰 혁신테마를 결정하면 이를 실천해서 결과를 내는 역할도 한다. 따라서 가장 기본이 되는 자원인 동시에 중요한 참가자로 볼 수 있다.

이들이 동참하지 않으면 어떤 효과도 거둘 수 없다. 이 그룹은 주로 기존에 조직된 라인조직이나 관리의 기능조직을 그대로 활용하는 것이 편리하고 집중력 발휘에도 효과적으로 작용한다. 그룹의 명칭은 기존의 조직분류 명칭과는 달리 '동아리'라는 별칭으로 혁신활동에 관련된 별도조직이라는 의미를 부여해야 한다. 가장 효율적인 구성 인원은 하나의 그룹에 10~20명 정도가 적당하다. 중소기업의 규모에서는 5~6명도 상관없다. 그리고 그 그룹의 리더는 그룹장 혹은 동아리장이라 칭하고, 생산현장은 주로 직반장이 담당하며 지원그룹은 팀장이나 직책을 가진 중간간부가 자동적으로 담당한다.

유도그룹은 별도의 명칭으로 혁신리더 그룹이라고 부른다. 혁신리더는 보통 부서책임을 맡지 않는 과장이나 차장급에서 선발한다. 주로 관리 기술직의 부서 내에 직급은 차장이나 부장이되 팀장이 아닌 간부들도 있다. 그중에서 진취적이고 리더십이 있는 인재를 선발해 혁신리더로 선정한다. 단 부서장(부장급)은 대상에서 제외한다.

혁신리더의 역할은 관계된 영역의 공정이나 업무범위 내에서 수준 향상을 꾀할 대상을 찾아 추진목표를 설정해 테마를 발굴한다. 테마는 동시에 한 개 이상을 수행하는 것을 원칙으로 한다. 혁신테마가 동시에 복수일 경우가 생기는 것은 혁신리더 하부에 복수의 실천그룹이 구성될 확률이 높기 때문이다.

테마의 발굴과 기획을 한 다음 완료할 때까지 실천그룹을 지휘하여 결과를 도출한다. 또 다른 혁신리더의 중요한 역할 중 하나는 본인 영역 내에 있는 동아리장들의 기초활동(즉 실천)을 감독하고 교육훈련을 담당하는 일이다. 즉 해당영역 혁신활동의 관리권한을 위임받은 중책에 해당한다. 물론 경영자에게 보고하는 책임을 맡기도 한다.

지도그룹은 각 부문의 중역과 그 부문의 부서장들로 이루어진다. 이 그룹의 수장은 물론 임원이 담당한다. 이 지도그룹의 우선적인 역할은 최고경영자가 그린 밑그림과 방침에 따라 하부의 여러 혁신리더들이 수행할 테마의 수준과 방향성을 제시해주는 역할이다. 그 외에 자신들은 별도의 혁신활동을 독립적으로 수행한다. 그 독립테마는 주로 하부 간부들이 추진하기 힘든 핵심역량의 분야를 담당한다.

핵심역량이란 그 사업부문에서 근본적으로 해결해야 할 경쟁력의 원초기술이나 기반이 되는 관리기술 혹은 타 부문과 협동해야만 할 수 있는 데이터베이스 구축 등을 취급한다. 사실 가장 까다롭고 시간이 걸리는 일이 될 수 있다.

혁신테마의 최종결과를 경영자에게 보고하는 일은 임원이 직접 담당한다. 혁신활동의 결과발표 자리에서 일반적으로 실무를 담당한 부서장이 발표하고 담당임원은 경영자의 옆에서 보고받는 자세로 있기가 쉬운데 그것은 잘못된 습관이다. 임원이 직접 자세히 보고해야 본인이 테마에 대한 전반적인 내용을 지휘하고 결과도 책임질 수 있기 때문이다. 따라서 실천그룹은 혁신의 뿌리이고, 유도그룹인 혁신리더 그룹은 줄기를 담당하고, 지도그룹은 꽃이 된다.

그리고 별동조직으로서 경영혁신 팀을 들 수 있다. 이 조직은 전사 혁신그룹의 활동을 규합하고 정리해서 경영자에게 주기적으로 보고하는 역할과, 경영자의 지시사항을 수시로 혁신그룹의 책임자들에게 전달하는 업무도 담당한다. 그리고 혁신활동의 결과에 대한 평가나 각종 모임의 주최자가 되어 혁신활동의 산파역할을 담당해야 한다. 특별히 혁신활동 항목에 한하여 각 임원이나 간부들의 인사고과에 대한 평가도 수행한다. 또한 실천그룹이나 혁신리더가 테마를 추진할 때 개선지

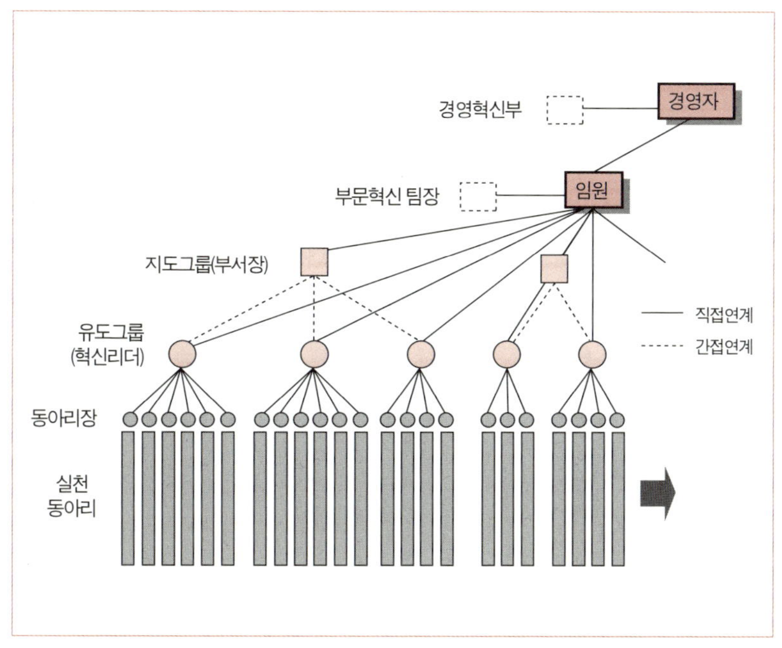

식에 대한 도움을 요청할 경우 대응해주는 역할도 해야 한다.

위와 같은 조직의 구성과 역할 정의는 이론도 아니고 공상도 아니다. 실제로 수행해서 효과를 경험해본 검증된 방법론이다.

❯ 최정예 혁신리더 선발

조직을 구성하면 절반의 성공이라 했지만 사실 실천조직의 리더가 올바른 혁신활동의 장으로 끌어들이는 리더십이 없으면 조직이 없는 것과 마찬가지다. 리더들의 기초소양, 즉 수행을 위한 기본능력을 부여하는 작업이 조직구성의 말미에 남아 있다.

혁신에 참여하는 참가자 집단의 규모에 비례하여 리더의 사고와 활동영역은 달라지기 때문에 큰 기업일수록 인재의 필요성이 점점 증가한다. 작은 조직에서는 소수의 리더가 조직의 상황을 충분히 파악할 수 있는 환경이지만, 일정 규모 이상으로 조직이 크면 권한들이 분산되어 있어서 집단의 통합적인 혁신테마를 수행하는 데 어려움이 많다. 따라서 소통을 원활히 할 수 있는 유능한 리더들을 선발하고 그들에게 어떠한 능력을 새로 불어넣어주느냐에 따라 혁신의 성과가 달라진다. 그리고 혁신활동의 추진을 박력 있게 할 수 있는 인재가 많을수록 그 조직의 경쟁력도 성장한다.

한 조직 내에 유능한 인재가 많으면 얼마나 위력이 있는 조직으로 인정을 받게 되는지 쉽게 알 수 있는 옛 고사를 소개한다. 중국 춘추전국시대에 진 나라가 초나라를 침범하기 전에 초나라의 보물이 무엇인가를 탐색하기 위해 사자(使者)를 보내게 되었다. 이에 초나라의 선왕은 미리 신하들과 상의해본 결과 일반적인 보물보다는 초나라의 능력이 출중한 신하를 보물로 소개하는 것이 낫다고 결정했다. 그래서 진나라의 사자에게 그 신하를 소개하자 결국 돌아가 초나라를 치지 못하고 불가침조약을 맺었다. 이는 곧 어느 조직이나 경쟁상대의 조직에 훌륭한 리더들이 존재하는 것을 가장 두렵고 거북한 일로 받아들인다는 의미다.

혁신리더의 선발은 신중하게 접근해야 한다. 단지 현재 일부조직의 책임자로 있다고 해서 당연직으로 임명하면 안 된다. 또한 직급은 중간간부인데 직책을 맡고 있지 않으니 혁신리더나 담당하라는 식으로 무조건 지정해서도 안 된다. 사명감과 리더십을 기대할 수 있는 인재를 선발해야 혁신도 성공한다.

전 세계의 광범위한 영역에서 활동할 해군장교를 배출하는 미국 해군사관학교에서는 선하든 악하든 간에 리더가 되려면 기본적으로 필요한 것이 여섯 가지가 있다고 가르친다. 전문적인 지식보다는 리더십의 확보가 조직멤버들의 추진력을 더 지배할 수 있다는 관점이다.

첫째, 무슨 일이든지 할 수 있다는 자신감.

둘째, 일의 착수나 진행을 떠받쳐줄 수 있는 지식이나 실력.

셋째, 끝까지 관철시킬 수 있는 열의.

넷째, 말 혹은 문서를 통해서 정보전달에 필요한 강하고 명확한 표현능력.

다섯째, 부적절하고 무능한 멤버를 제외시키는 도덕적 용기.

여섯째, 대의를 위해 무엇인가를 하려는 의지.

개인적인 리더십 요건을 우선적으로 요구하는 이유는 어느 조직이나 문제에 봉착했을 때 이를 극복할 돌파력이 필요하기 때문이다. 리더로서 문제를 풀어나가기 위해서는 기본지식도 필요하지만 상황에 따라 제3자의 위치에 서보거나 상대방의 입장에 서보기도 해야 하는 실력 외적인 관찰력도 필요하다. 그리고 기회가 주어졌을 때 단 한 번의 기회밖에 없다는 가정하에 일을 하는 단호한 마인드 컨트롤도 필요하다. 하지만 이러한 것들은 누구나 갖고 있는 능력이 아니라 개인차가 발생하는 능력이라 본다.

리더가 아무리 개인적 능력이 뛰어나도 실천그룹 개개인의 기본적인 추진력이 부족하면 문제를 제대로 소화해낼 수가 없다. 그래서 필요한 것이 멤버들에 대한 평소의 가르침이다. 현장의 일선 작업자도 개선에 관한 기본개념과 최소한의 발상능력은 갖고 있어야 리더의 부담을 덜어줄 수 있다. 따라서 리더는 자신이 직접 발휘해야만 하는 분야보다는 남들을 통해 큰 힘을 발휘하게 하는 분야에 능력을 더 키우는 것이 바람직하다. 그리고 이를 게을리 하지 않도록 주기적인 자극을 주어야 한다.

ᐅ 혁신리더들의 리더십 확보와 성장

리더가 멤버들의 행동을 유도할 때 가능한 한 공감획득의 원칙을 준수하는 것이 좋다. 멤버들에게 충분히 설명했는데도 불구하고 잘 따르지 않는다는 불만을 드러내는 리더들을 가끔 목격한다. 그러나 자세히 살펴보면 그 불만은 리더의 일방적 생각이 원인이었다는 것을 알 수 있다.

수행할 멤버들이 자신의 감정과 이해수준을 분명히 표현하지 않은 상태에서 일방적으로 이루어지는 대화나 정보전달의 깊이는 지극히 표면적일 수밖에 없어서 행동으로까지 이어지지 않는다.

리더가 자신의 막연한 의지나 희망을 갖기 전에 우선 멤버들에게 활동대상을 명확히 해줄 필요가 있다. 리더의 단순의지와 욕심만으로 테마를 밀어붙이면 혁신의 의미와 목적을 상실할 수도 있다. 그 결과 멤버들의 원성을 사기도 하고 반목을 키우기도 한다. 또한 자기들만 희생당한다는 피해의식이 짙게 깔릴 수도 있다.

혁신리더가 조직 내에 의미 있는 큰 변화를 가져오기 위해 실천그룹의 감정변화를 가져올 만큼의 의욕을 불러일으키려면, 어떻게 행동하고 소통해야 하는지를 늘 연구하고 준비해야 한다. 특히 실천그룹은 아무리 경영자가 밑그림을 설명했다 하더라도 마음에 다가오지 않았을 수도 있다. 그래서 경영자의 메시지를 자세히 재차 이해시키는 능력과 노력이 뒤따라야 한다.

프랑스의 작가 생텍쥐페리도 만약 배를 짓고 싶다면 북을 쳐서 남자들을 불러모아 목재를 마련하고 임무를 부여하면서 일을 나누어주기보다는, 그들에게 무한히 넓은 바다에 대한 동경을 가르치는 일을 무엇보다 먼저 하라고 했다.

충분한 설명과 이해를 구했는데도 만약 멤버들 중에 모순된 주장을 일관되게 주장하는 사람이 있다면 어떤 근거로 그런 주장을 하는지 확인하는 것이 순서다. 그 후에는 논리적으로 모순이나 잘못된 인식을 하나씩 수정해주어 사고의 변화를 가져올 수 있도록 한다. 그리고 타사의 앞선 사례를 제시하거나 내부에서 과거에 성공했던 사례를 설명하는 등 누구나 인정할 수 있는 증거 중심의 공동인식을 얻은 후에 집행하는 것이 가장 바람직한 방법이다. 집행을 하더라도 무조건적 실행지시 후의 닦달이 아니라 미리 구체적인 요구행동을 설계하여 제시하는 방향으로 행동변화를 일으켜야 한다.

실제로 지도를 수행할 때 대부분의 실천그룹 직원들은 저항하지 않고 참여하지만, 일부 직원들이 근거도 약한 반대의견을 주장하고 심지어 험담을 실은 인쇄물까지 뿌리는 사례를 목격하기도 했다. 반대하는 소수가 왕따를 당하는 분위기로 만들 필요가 있다.

하나의 목표를 세우고 추진하는 활동인데도 멤버들을 이끌어가는 과정에 일어나는 상황은 천차만별이라서 당황해하기도 하고 많은 어려움이 따른다. 일반적인 업무활동은 주어진 지시에 따라 제한적인 범위 내에서 자기의 할 일을 찾는 것이라서 쉽다. 하지만 선두에 나서서 본인이 대상을 발굴하고 기획해서 활동그룹을 이끌어나간다는 것은 어렵다. 그래서 그 어려움을 극복하는 일이 일상이 된 혁신리더는 남보다 더 빨리 성장한다.

평소에 보유하고 있는 본인의 경험이나 지식이 혁신목표를 따라가기가 좀처럼 어렵다고 느끼기 때문에 직원들은 항상 혁신이란 말만 들어도 거부감이 드는 것이다. 그리고 대부분의 기업에서는 특별히 실천그룹에게 활동의 준비지식에 대해 배려하지도 않은 채 단순히 조직만 구성한 다음 일방적인 진행지시로 일관하기가 쉽다. 그런 혁신전개는 실패할 확률이 높다. 하지만 어떤 일을 부여받을 때 그 업무내용을 이미 깊숙이 간파하고 방법에 관해 조언을 미리 전달받으면 하고 싶지 않았던 심정이 하고픈 마음으로 바뀔 수 있다.

해야 할 일에 대한 지식과 도구를 차분히 준비해주는 배려에 배신할 직원들은 없기 때문에, 가장 중요한 것은 활동주체들에게 기본적인 혁신도구를 안겨주는 일이다. 멤버들의 취약한 부분이 어떤 것인지 또 현존하는 조직 구성원들이 주저하는 고민에 대해 결코 눈을 떼지 말아야 한다.

필자의 경우를 보면, 현장의 실천그룹에게 제공하는 기본지식은 이미 출간된 필자의 도요타 시리즈 중에 5S(5청정)를 다룬 《도요타 생산방식》의 내용으로 무장시킨다. 그런 기본지식을 갖추고 활동에 착수하면 기대 이상의 스피드로 즉실천을 실행하는 모습을 볼 수 있었다. 그리고 혁신리더들에게는 관리개념과 방식의 논리가 서술된 《도요타처럼 생산하고 관리하고 경영하라》를 미리 학습하여 대비하게 했다.

실천그룹이나 유도그룹들이 마주한 일 중에는 수행하기에 복잡하고 장해가 많이 나타난다. 타 부서의 협조가 없으면 자체에서 해결하는 데 시간이 오래 걸려 완성에 어려움을 느끼는 일들도 나타난다. 이때 타 부문과의 협력을 모색하거나 담당 임원에게 자세히 경과를 보고해 추가협조를 이끌어내는 중간역할이 필요할 수도 있다. 이런 일을 중간 간부급 인력으로 부문혁신 팀장이라는 직책으로 명해 부문별로 한 사람씩 선정하여 임원을 보조하는 역할이 추가된다면 더욱 효율적이다. 즉 임원의 혁신활동 비서가 되는 셈이다.

지도그룹은 별도의 혁신테마를 하면서도 주기적으로 혁신리더들의 활동상태를 점검하고 지원해야 한다. 하지만 혁신리더가 일을 어렵게 느끼더라도 쉽게 나서는 것은 금물이다. 왜냐하면 상위리더의 과제는 하위리더들이 어려운 일을 마주쳐도 스스로 해내겠다는 극복능력을 이끌어내야 하는 것이기 때문이다.

각 위치의 리더들은 상사의 지시나 명령을 단순히 받아 수행하지 말고 지시한 사람의 의도나 희망사항을 정확히 파악해 그것을 달성하기 위한 방법론을 다각도로 연구하는 자세를 가져야 한다. 고민도 안 해보고 단순하게 착수해서 부정적인 결과로 유도하거나 중간에 불가능하다고 속단하는 일은 없어야 한다.

혁신리더들이 갖추어야 할 기본적인 세 가지 능력으로서 과학적인 논리력, 배려심, 설득력을 들 수 있다. 혁신활동의 진행을 단순히 경험에 의지하여 해결하려 하면 많은 장애요인과 마주치게 된다. 이럴 때 가능한 한 과학과 공학을 우선 동원해서 논리적으로 전개하면 문제를 해결하는 실마리가 잡힌다. 실천그룹의 활동을 지원하기 위해 물적 지원을 회사로부터 받아내 활동에 지장이 없도록 도와주는 배려도 필요하다. 리더의 활동결과는 실천그룹의 동의와 적극적인 동참에서 완성되므로 참여직원들이 늘 리더의 뜻과 일치하도록 소통에 유념해야 한다.

특히 실천그룹에 속한 직원들은 규칙적인 작업을 하기 때문에 즉실천의 활동을 개인별로 자유롭게 수행하기란 어렵다. 따라서 현장직원들로 구성된 실천 동아리에게 일정시간(매주 1회 30분 정도)을 혁신활동의 시간으로 할애해주어 동아리장의 지휘 아래 그들 자체의 개선테마를 논할 수 있도록 배려해야 한다.

이때에 귀중한 시간을 허비하지 않도록 혁신리더나 지도그룹의 간부들이 각 동아리들의 모임에 배석하여 지도감독하는 방법도 바람직하다. 특별히 활동초기에 토의시간을 가치 있게 소비하는 습관을 길러주어야 시간만 낭비하는 휴식시간으로 전락하지 않는다. 그런 결과 혁신리더는 자연스럽게 실천그룹이 해야 할 즉실천 테마대상들을 조언해주는 역할도 하게 된다.

대부분의 기업에서는 공장에서 일하는 사람들을 경시해 상대적으로 낮은 가치를 부여하는 풍토가 지배적이다. 하지만 도요타는 현장에서 가치가 창조된다는 인식 아래 말단인력까지 회사의 비전에 동참하도록 하는 기여의식을 키워준다. 그것이 혁신성공의 키워드다.

혁신의 참의미는 실천그룹의 성장을 가져오는 활동에서 가장 크게 발견할 수 있다. 하지만 현장 작업자들에게 큰 기대를 거는 기업은 많지 않다. 다만 불량을 내지 않고 계획량을 잘 준수해준다면 그것으로 족하다는 경영자가 대부분이다. 그리고 기본역할 이외에 약간의 자주적인 5S활동을 추가하면 훌륭하다고 평가한다. 그것만으로는 경쟁력을 약속할 수 없다.

모든 가치창조는 현장에서 일어나고 거의 모든 비용도 현장에서 소비되기 때문에 현장인력의 자질향상을 멀리하면 이미 혁신은 불가능

하다고 봐야 한다. 기술직이나 관리직이 이끌어내는 수준향상에는 한
계가 있다. 제조에 요구되는 저변의 기능을 최대한 활용하는 전략과 도
처에 숨은 수많은 낭비를 일일이 제거할 수 있는 수행능력은 현장직원
들에게 있다. 그래서 필자가 지도했던 기업은 혁신리더들이 테마의 수
행과정을 각자 여러 번 지도받은 후에는, 일부 현장의 감독자들이 바통
을 이어받아 작은 테마를 설정해 혁신리더와 동일한 수행과정의 지도
를 받는 사례도 있었다.

이런 사례는 간부들이 하는 정도의 논리적 절차를 현장리더들이 모
두 직접 경험하고 실적까지 거둘 수 있도록 하는 배움의 자리를 경영자
가 배려하지 않으면 불가능하다. 그런 후에 경험이 있는 현장리더는 다
시 주변 현장리더들의 멘토가 되어 동료들을 집중적으로 지도해 동일
한 혁신활동을 할 수 있게 만드는 것이 그 기업의 전략이었다. 즉 혁신
의 핵심활동인 횡적 전개의 표본이다. 동일성격의 테마를 여러 부분에
동시 전개하는 활동을 '테마의 횡전개'라 한다면, 활동이력과 능력을
갖춘 현장리더가 동급의 동료들을 지도하여 혁신을 활성화시키는 체
계를 '리더십의 횡전개'라 할 수 있다. 가장 단기간에 커다란 결과를
내는 훌륭한 혁신의 전략사례로 볼 수 있다.

경영자가 직접 참여하는
문화 만들기

❯ 경영자의 얼굴만 바라보는 직원들

경영의 기본임무는 직원들을 생산적으로 만드는 것이라고 피터 드러커는 정의했다. 이 의미는 모든 가치창조의 실무를 수행하는 일선직원들에게 리더는 긍정적인 에너지를 발산해 힘을 불어넣어야 한다는 뜻이다. 하지만 경영자가 직원들이 이해할 수 없는 방향과 사고로 진두지휘할 때 그 경영자의 발산 에너지는 모두 독이 된다. 그리고 에너지를 공급하기는커녕 오히려 직원들이 보유한 에너지마저 고갈시켜버린다.

혁신활동에서 경영자의 영향력은 절대적이고 혁신의 발화점도 경영자가 될 수밖에 없다. 경쟁력을 늘 고민해야 할 경영자가 새롭게 혹은 과거보다 높은 수준의 행동문화를 이끌지 못하면 그 조직은 도태되고 만다. 따라서 혁신활동의 깊이와 속도는 경영자의 능력과 비례한다.

활동이 미약한 기업은 반드시 게으른 경영자를 두고 있다. 새로운 지식욕은 물론 기본의식도 갖추지 않았다는 증거다. 그리고 리더십이나 설득력이 부족한 경영자는 진행 자체가 어렵고 복잡하다고 느끼면 혁신활동을 바로 기피해버리기 때문에 조직의 발전을 기대하기 힘들다.

많은 기업의 경영자는 시대흐름에 대응하기 위해 혁신활동은 꼭 필요하다고 말한다. 하지만 조직의 분위기를 바꾸는 용도로서 한번쯤 이용하거나 아니면 부하직원들에게 각자 알아서 하라는 식의 소극적인 태도로 끝내버리는 수가 많다. 설령 자신은 직접 진두지휘한다고 느껴도 조직구성과 행동지침에 직접 관여하지 않는 한 방관자의 입장에 서 있는 것과 마찬가지다.

사실 경영자의 가장 큰 영향력은 말이 아니라 인격과 행동에서 비롯하기 때문에 혁신활동에 직접 나서는 적극성이 필요하다. "네가 설교하는 것을 직접 실천하라"는 서양 속담이 있듯이 경영자의 직접참여는 그 누구도 대신할 수 없는 강력한 추진력을 발휘한다.

필자의 지도경험으로 볼 때, 경영자가 직접 진두지휘를 하면서 활동에 깊이 관여하면 직원의 약 2/3 이상이 적극적으로 참여하고 그 나머지는 단순 참가자와 방관자로 남는 현상을 목격했다. 단순히 말로만 혁신하라고 하고 추진과정에는 별로 관여하지 않으면서 결과만 보고받는 경영자의 경우는 적극 참여자가 1/3을 넘기 힘들다. 더군다나 경영자가 실질적인 성과확인도 하지 않아서 결과 자체도 허위보고가 되기 쉽다.

필자는 임원이나 간부들을 대동하고 현장을 관찰하면서 지도를 할 때가 많다. 이때 낭비가 많은 업무처리 현상을 지적하며 새로운 방향으로 갈 것을 요구하면 반가운 반응은 별로 보이지 않는다. 단지 알아들었다는 시늉은 하되 확답은 하지 않고 얼버무린다. 하지만 다음 기회에 똑같은 자리에 경영자가 동행하면서 필자의 말에 적극 동의하고 활동을 재촉하면 모든 직원들의 행동이 달라진다. 이토록 경영자의 참여는 절대적인 영향력을 발휘한다.

혁신의 난이도는 경영자가 희망하는 도약수준이나 달성기간에 따라 달라진다. 단기간에 목적을 이루고 싶어하는 욕심 많은 경영자의 요구라면 수행내용들이 직원들에게 큰 부담으로 작용될 수밖에 없다. 따라서 직원들 입장에서는 매우 어렵고 고되게 느껴질 수도 있다. 또 중간에 포기하는 사태도 있을 수 있다. 이는 중요한 과정을 빨리 끝내려는 과욕이 빚은 전형적인 부작용이다. 따라서 적절한 속도로 혁신활동을 전개하는 것이 성공확률을 높인다는 사실을 경영진은 염두에 두어야 한다.

경영자는 혁신의 밑그림을 깊이 고민하고 직접 그려야 한다. 주관이 뚜렷하지 못하고 방향성을 고민하지 않는 경영자는 부하직원에게 밑그림을 위임하는 경우가 많다. 그리고 사후에 검토하는 수준에 그침으로써 밑그림에 경영자 본인의 의지가 담겨 있지 않아 진행에 힘이 실리지 않는다.

경영자들이 많이 하는 실수로서, 일반적인 경영서나 인터넷 강좌 혹은 조찬회에서 강연을 듣고 난 후 자극을 받아 지침을 주는 경우가 많다. 지침을 받는 입장에 있는 실무자들은 아주 추상적인 지시로 들린다. 경영자 앞에서 알았다는 대답을 하지만 실행되는 것은 하나도 없다. 그리고 지시의 동기가 자기의 참된 관심과 고민에서 나온 것이 아니라서 경영자 자신도 결과에 대해 별 관심이 없고 기대도 하지 않는다. 그래서 지시는 해놓고 중간에 점검도 하지 않는 경우가 다반사다.

흔히 혁신방향의 밑그림을 컨설팅 업체의 제안서에 의지하는 경우가 많은데 이는 바람직하지 않은 방법이다. 그 밑그림은 경영자의 의지

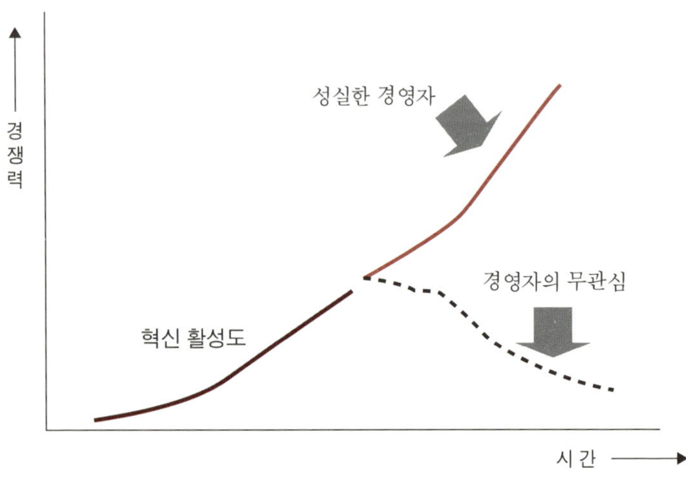

와 희망과 혼이 담겨 있지 않아 아무 가치가 없는 휴지조각에 불과하다. 수많은 컨설팅이 확실한 결과도 없이 종료되어 컨설팅 무용론을 조성하는 이유가 거기에 있다.

경영자는 적어도 자신이 희망하는 추진방향과 큰 전략을 직접 작성할 수 있어야 한다. 단지 컨설턴트는 경영자가 작성한 밑그림을 달성할 수 있도록 도와주는 조력자일 뿐이다. 이끌어가는 리더도 경영자이어야 한다. 본인이 이끌어갈 방향이나 밑그림조차 작성하지 못하는 경영자는 조직을 어떻게 발전시킬 것인가의 진지한 고민을 하지 않는 부적격자에 해당한다. 골프는 몇 날을 칠 시간은 있어도 종이 한 장에 그림 그릴 시간이 없는 경영자가 너무 많다.

경영자가 혁신활동의 선봉에 서려면 최소한 두 가지의 책임은 질 줄 알아야 한다. 추진하는 일이 잘못되지 않도록 하고, 일의 결과가 목표를 초과할 수 있도록 이끌어주는 책임이다. 이것을 모두 소화하지 못한 다면 경영자로서 자격이 없는 셈이다.

경영자가 혁신을 성공으로 이끌기 위해 가장 심혈을 기울여야 할 부분은 직원들과 함께하는 시간에 투자하는 일이다. 자신이 정한 목표를 달성하기 위한 비전과 수단들을 계속 직원에게 전파해야 한다.

심지어 혁신리더들과 함께 활동테마를 상의할 정도로 관심을 나타 내어 활동 자체가 예전과 같은 일시적이고 형식적인 지시라고 생각하지 않도록 해야 한다. 하지만 그런 정도로 참여하려면 경영자가 보유한 생산관련 지식도 거의 완벽해야 가능하다. 따라서 재무나 인사관리 계통으로 성장한 경영자는 전사혁신을 이룩하기 힘들다. 그래서 도요타도 경영자로 성장시킬 인재는 생산을 포함한 여러 부문을 두루 경험하게 한다.

❯ 원점에서 생각한다

많은 경영자들이 목적을 달성하기 위한 방법을 찾기 위해 노력한다. 특히 우리나라 기업들은 역사가 짧아서 앞서가는 기술이나 노하우를 선진국에서 그대로 받아들였다. 이런 습관 때문인지 스스로 경영이론을 세워나가는 기업은 찾아보기 어려운 실정이다. 따라서 시대적으로 유행하는 경영기법들을 도입해 직원들을 몰아친다. 그러나 경영학 100년의 역사를 통해 만병통치의 경영법은 존재하지 않는다는 사실이 이미 판명되지 않았는가?

시대적인 흐름에 편승해 이미 존재하는 이론들을 적당히 구성하고 포장해 새로운 이론이 등장한 것처럼 위장해 많은 관리자들을 유혹하는 일은 더 이상 없었으면 한다. 식스 시그마 같은 개선기법이 대표적인 예가 될 수 있다. 아주 국부적인 문제해결에 사용되는 기법 정도에 불과한 내용을 마치 모든 난제를 해결할 수 있는 혁신개념 정도로 경영자들이 착각하게끔 만들었다.

경영자들 중에는 목표를 달성하기 위해 직원들의 매너리즘을 없애고, 어떤 방향이든 새롭게 제시해 시선과 사고를 같은 쪽으로 몰아가기 위해 유행성 혁신기법을 수시로 도입하는 경우도 있는 것 같다. 그러나 그 이면에는 매우 큰 위험이 도사리고 있다. 새로운 혁신수단에 대한 항체가 점점 발달하여 웬만한 방법론으로는 문전박대를 당하기 십상이다. 설령 새로운 관점에서 도입한다 하더라도 실행면에서 과거의 경험을 들추어 무심하게 대응한다. 또한 계수지표를 좋아하는 경영진의 입맛에 맞추어 문서상의 혁신에 그치는 경우가 다반사이다. 따라서 신(新)기법으로 포장된 상품은 더 이상 아무 효과를 발휘할 수 없는 무기력한 방법론이 되고 말 공산이 크다.

어느 회사에서 성공했다고 해서, 또 어떤 학자가 주장했다고 해서 특정한 혁신개념이 모든 기업에서 효과를 거둘 수 있는 것은 아니다. 특히 전문 경영인의 재임기간이 정해져 있는 대기업에서 유행성 기법을 선호하는 경향이 강하다. 하루가 멀다 하고 이것저것 들여오다 보니 기업 내의 업무방식이나 사고가 혼란스럽고 복잡해져 오히려 비효율을 초래할 뿐, 단지 겉으로만 발전된 것처럼 보일 수도 있다. 결국 기본을 망각한 채 색깔만 요란한 도구를 들었다 놓았다 하는 격이 되고 마는 것이다. 불안정의 시작이다.

지금까지 기업들이 적용했거나 적용하는 굵직한 혁신기법들, 예를 들어 전사적 품질관리(TQC), 저스트 인 타임, 리엔지니어링, 제약이론(TOC), 린-식스 시그마 등이 겉포장은 다르지만 일맥상통한 개념이나 방법으로 채워져 있다. 물론 부분적으로 부족하거나 넘치는 정도는 다르지만 근본목적은 거의 동일하다. 따라서 기법에 끌려다닐 필요는 없다.

기업이 처한 상황을 제대로 인식하고, 그 위치에서 추구하는 목적과 목표를 달성하기 위해서는 경영자가 고정관념을 버려야 한다. 그리고 여러 경로나 방법론의 다양성을 살려 원하는 방향으로 갈 수 있도록 최선을 다해야 한다.

경영자가 '이것이 최고다' 혹은 '이 길밖에 없다'라는 말을 가급적 피해야 한다. 직원의 참여를 유도하기 위해 최선의 방법을 알아도 경우에 따라 우회하는 길을 택할 수도 있다. 하지만 경영자가 추진하는 혁신관점을 간부나 직원들이 달리 해석하는 것만은 경계해야 한다. 행동관점이 다르면 목적이나 수단이 원래의 방향을 이탈할 수 있다. 따라서 경영자는 항상 중심을 잃지 말고 모든 것을 초기에 세운 혁신개념의 원점에 서서 사고하는 방식을 택해야 한다.

각 기업이 처한 상황을 정확히 파악해 적절한 방법과 개념으로 밑그림을 추진하되, 부분적인 응용에 들어가서는 자체적으로 방법론을 강구하거나 다른 기업의 모범사례를 참조하는 것이 좋다. 또 능력 있는 컨설턴트에게 지도를 받는 것도 효과적이다. 그러나 가장 중요한 것은 성실한 실천이다. 실천의 힘은 경영자의 참여도에 비례한다. 결국 경영자가 혁신의 성공 여부를 결정한다.

경험에 비추어보면, 경영자가 모처럼 혁신활동을 추진하려 할 때 경영자의 최측근이라고 믿고 있었던 임원들이 사실은 속으로 반대를 제일 많이 한다. 물론 경영자의 참여와 전문가의 지도가 혼합된 절호의 기회를 혁신의 기회로 삼아 이제껏 명령계통 내에서 잘 이루어지지 않던 실천사항을 적극적으로 달성하려는 의욕적인 임원들도 있다. 그러나 그렇지 않은 임원들이 더 많다.

혁신을 이루기 위해서는 당연히 일반직원들의 호응이 가장 중요하다. 그런데 임원들의 마음가짐에 무게를 두는 이유는 실제로 혁신활동의 결과가 대부분 임원들의 영향력에 따라 달라지기 때문이다. 이런 중대한 책임을 가진 임원들은 일반사원과 달라야 하지 않겠는가?

기업이 예기치 않는 위기에 처하는 것은 대부분 외부의 변화에 둔감한 경영자들의 무능 때문이다. 직원들의 업무수행 능력이 떨어졌다고 비난할 것이 아니라 지금까지의 업무수행 방법이 더 이상 먹혀들지 않는 환경으로 바뀌었다는 사실을 깨달아야 한다. 세상은 변하게 마련이다.

나날이 모든 분야가 발전하고 소비자들도 현명해지는 상황에서 기업들은 원가인하 압력이나 신제품 출시 등의 부담과 함께 회사업무의 전반적인 수준향상을 꾀하지 않으면 살아남을 수 없다. 지금은 본인들의 방법론이 합리적으로 보일지 몰라도 언젠가는 낙후된 수단으로 변할 수도 있기에 현재의 관행에 집착해서는 안 된다.

특히 이런 고정관념을 탈피하기 위해 앞장서야 할 사람들이 바로 일선을 장악하고 있는 임원들이다. 많은 임원들이 상황이 바뀌었음에도 불구하고 문제의 본질에서 벗어나 예전에 사용한 방법으로 자꾸 회귀하려 한다. 몇 년이 지나도 기업의 모습이 변하지 않는다는 것은 임원들을 포함한 경영진의 지식과 가치관이 제자리에 머물러 있다는 사실을 의미한다.

새로운 책임을 기피하거나 능력의 한계가 보이는 임원들을 해임하고 싶지만, 그나마 그 정도의 사람도 구하기 어려워 궁여지책으로 함께 일하는 것이라고 많은 경영자들은 말한다. 그런 사고 자체가 그 기업이 보유한 인재확보의 한계선을 보여주는 것이다. 사실 말이 임원이지 관리자의 간부급 수준에 머무르는 사람들이 의외로 많다. 관리자 시절에 해당영역에서 분석적인 사고로 작은 문제들을 다루며 성장했지만, 위로 올라갈수록 모든 상황을 종합해 판단할 수 있는 지식과 통찰력이 필요한데 그렇지 못하고 성장이 멈춘 임원들도 많다.

이러한 권한과 중대한 책무를 맡은 임원들이 새로운 지식이나 경험을 흡수할 수 있는 혁신활동과 전문가의 지도에 대해서는 대부분 냉소적이며 무관심과 방관을 일삼는다. 그 이유는 자신이 아닌 남의 의견이나 생각에 따르고 싶지 않거니와 새로운 책임을 떠맡고 싶지 않기 때문이다. 설령 혁신활동의 기회가 오더라도 '시기상조'를 주장하면서 새로운 출발에 자신감이 없는 겁쟁이들도 상당히 많다. 그들은 결국 '검토'라는 말을 이용해 시간을 끌고 혁신 분위기를 사라지게 만든다. 그렇기 때문에 특히 인재가 부족한 중소기업의 경우 혁신활동을 과감히 제안하고 이끌 인물은 경영자밖에 없다.

혁신지도를 시작할 때 업무현황을 파악하는 과정에 각 부문의 임원들을 만나 면담을 갖는다. 그때 지도를 본격적으로 받지 않을 것으로 예상되는 지원부문의 임원들은 스스로를 방어하기 위해 안간힘을 쓴다. 자주 만날 일이 없을 것이라고 생각해 자기자랑의 기회로 삼는 것이다. 본인은 아주 업무를 잘 관장하고 있고, 문제가 있다면 타 부문에 많을 거라고 책임을 떠넘긴다. 하지만 나중에는 가장 문제가 많은 임원으로 드러나는 경우가 대부분이다.

또 다른 타입은 면담을 할 때 마치 컨설턴트의 모든 조언을 수긍하는 것처럼 심각한 표정을 지으며 메모지에 열심히 적기도 한다. 하지만 컨설턴트와의 면담이 끝나는 동시에 등 뒤에서 바로 전에 메모한 종이를 찢어 휴지통에 버리는 행동을 서슴없이 저지른다. 이런 임원은 나중에 혁신업무 관계로 협의해야 할 필요가 생겼을 때 외출을 핑계로 대면을 피한다. 본인이 전에 인정했던 변화의 항목들을 하나도 실천한 것이 없기 때문에 도망다닌다. 이런 행동은 임원이 경영자를 무시하는 태도에서 나온다.

그렇다면 부서장급 이하 직원들이나 현장 작업자들은 어떨까? 그들 역시 대부분 반대하는 입장이다. 관리자나 현장 작업자들은 일상적 업무 외에 변화를 위한 '추가적 과제'를 매우 싫어한다. 현재의 업무량 수준에 맞는 임금이나 연봉을 받고 있는데, 어찌 받는 것 이상으로 열심히 하겠는가. 그것은 월급쟁이의 자연스러운 심리다. 그러나 그런 사람들은 반복되는 1년을 20번 거쳐 왔다고 20년의 경력에 합당한 대접을 해달라고 우기는 아마추어일 뿐이다. 매년 색다르고 발전하는 경험을 거쳐 진짜 프로가 되는 경험을 기피하는 조직의 분위기는 경영자가 그들과 함께하는 동안 만들어놓은 산물이다.

기업들을 지도하는 과정에 대부분의 경영자나 임원들이 잘못된 활동개념을 갖고 있는 현상을 발견할 수 있다. 일선 현장을 자주 관찰하지 않는 게으른 습관을 말한다. 경영자나 임원들은 모든 가치창조가 현장에서 일어난다는 개념을 철저히 깨달아 늘 현실의 수준을 파악하는 데 게을리해서는 안 된다.

자신의 담당분야에 상관없이 직접 현장을 자주 들러, 살펴본 현상을 본인의 업무분야와 연관을 지어 낭비 없는 현장과 가치율을 향상시키는 과제를 발굴하여 실천해야 한다. 이런 활동을 관찰경영 혹은 현장경영 (MBWA: Managing By Walking Around)이라 한다. 하지만 현장경영을 하고 싶어도 문제를 인식할 수 있는 개선의 기초교양이나 현장지식을 사전에 갖추고 있지 않으면 불가능한 일이기도 하다. 결국 임원들은 혁신활동과 관련된 지식도 지속적으로 습득해야 하는 의무도 있는 것이다.

재무를 담당하는 임원이 늘 자금상태가 안 좋고 원가도 상승한다는 보고를 경영자에게 탁상에서 하지만, 실제로 그 임원이 현장에서 벌어지는 현물흐름의 현상이나 비용투입의 상황을 구체적으로 확인한 적이 없는 경우가 대부분이다.

예산을 작성하는 사업기획 부문도 열심히 데이터 작업을 해서 실무진에게 뿌려주지만 그것이 과연 현장에서 통하는 자료가 되는지 아닌지를 실제로 손수 확인하는 경우는 거의 없다. 각 부서에서 실적자료로 건네받은 자료나 담당자가 예전에 경험했던 시절의 수준을 참고해 일을 막연히 하는 경우가 많다. 그런 결과 1년 내내 예산 작성부서와 집행부서의 트러블이 발생하고 불만이 끊이지 않는다. 그래서 현장 실무자들은 그 데이터를 신뢰하지도 않게 돼 독자적인 데이터로 집행한다.

정보 시스템을 담당하거나 총무부와 같은 지원업무를 담당하는 임원들도 작업자의 편리를 반영한 정보 자동화 시스템을 구현하겠다고 말은 하지만, 실제로 현장에 가서 그들의 불편함을 직접 청취한 적도 별로 없고 완성한 후에 현실과 대조하여 적극 반영하는 현실감도 적다.

오로지 책상 위에서 회의나 보고만을 듣고 일을 추진하는 엉터리 임원들이 너무 많다.

결국 경영자는 혁신활동의 기회를 통해 자기 자신은 물론, 부문을 책임지고 변화시켜야 할 임원들이 현장 중심의 관리를 할 수 있도록 환경을 바꿔주고 행동에 변화를 유도하는 리더십을 발휘해야 한다. 혁신은 조직의 새로운 문화를 창조한다. 흔히 기업들이 내세우는 문화는 개념적이거나 추상적인 경향이 많다. 즉 전략에 해당되는 말이나 상식적인 문구의 뒤에 문화라는 말을 붙여 과시하는 경우가 많다.

가령 '고객을 우대하는 문화'라든가 '품질보증의 책임문화'라는 막연한 문구를 내세운다. 하지만 실질적인 혁신활동을 해보면 그런 문구가 얼마나 허망한지를 알 수 있다. 말은 있되 행동으로서는 어느 하나 내부에 분명하게 확립되고 습관화된 것도 없는 상황을 발견할 때가 더욱 그렇다. 차라리 '작업을 할 때 전수검사를 하는 작업문화' 혹은 '고객이 원하면 일단 해보고 평가하는 문화'와 같이 문구만 보면 품질보증이나 고객사랑에 대한 그 기업의 행동형태를 바로 파악할 수 있도록 실천문화를 유도하는 것이 낫다. 따라서 경영자는 재직 내내 정신문화를 주장하기보다는 구체적인 실천의 행동문화를 하나하나 정의하고 혁신활동을 통해 그 문화를 굳건히 정착시킬 의무가 있다.

혁신테마의 성공적인 수행습관

▶ 시범혁신 과제와 즉실천 과제

혁신을 하라고 하면 대부분 어려운 과제라고 기피하려 한다. 한번 해보겠다거나 검토해보겠다는 말을 하지만 그것은 할 의사가 없다고 보아야 한다. 이는 혁신활동이 불가능한 것이라기보다는 늘 반복하는 일상에 젖어온 본인이 불편해지는 것을 싫어해서 하는 말이다. 습관적인 행동과 사고에 변화를 준다는 일이 매우 어렵게 느껴지는 이유가 여기에 있다.

혁신활동이 왜 불편한 일인지를 깨달아야 한다. 그런데도 많은 사람들은 혁신을 '하면 되지, 뭐 그리 힘든 것이냐'고 말하기도 한다. 그래서 쉽게 생각하고 시작하지만 결과가 실패로 끝나면 의지가 위축되어 재차 활동하는 것을 기피하게 된다. 활동주체의 혁신의식과 강한 의지도 중요하지만, 실제로 활동의 진행방법이 과학적이고 논리적으로 계획되지 않으면 불안정한 활동이 되어 실망스런 결과가 나타나기 쉽다.

중점적으로 진행할 혁신테마를 혁신리더가 설정하면 그 과제를 시범활동의 분야로 분류할 필요가 있다. 테마 앞에 '시범'이란 단어를 붙인 것은 그 테마활동을 모든 직원이 지켜보고 있다는 것을 강조하기 위함이다. 그리고 그 활동을 성공적으로 수행하면 동일한 성격의 테마로 해결할 수 있는 다른 대상이나 유사한 분야로 확대전개가 가능하다는 확신을 주기 위함이다. 따라서 시범테마를 정할 때 비교적 여러 업무의 공통분모를 갖는 분야를 찾아 선정하는 것이 바람직하다. 그리고 그 테마에 참여하는 그룹은 기필코 목표를 달성할 의무도 동시에 주어진다.

시범적 활동테마의 추진은 해보지 않던 일이나 없었던 현상을 새로이 창출하는 기회이기 때문에 잠잠했던 조직의 분위기를 일신할 수 있다. 새로운 기회를 제공하는 역할 가운데 대표적인 다섯 가지의 예를 들어보겠다.

첫째, 여러 부서가 협력하여 과제를 해결할 수 있는 기회.
둘째, 최고경영자가 바라는 바를 실현할 수 있는 기회.
셋째, 상사에게 필요사항을 적극적으로 건의할 수 있는 기회.
넷째, 현실을 정확하게 파악하고 분석할 수 있는 기회.
다섯째, 상사와 동료들에게 능력을 보여줄 수 있는 기회.

혁신의 어려움을 획기적으로 극복하고 싶으면 일하는 방법을 근본적으로 바꾸어야 한다. 모든 혁신업무에 대해서 사전에 테마를 선정하게 된 이유부터 그 대상의 현 상태 및 차후의 상세한 대응책까지 논리정연하게 서술해야 한다. 이는 일의 계획 수립단계에 활동의 밀도를 집중시켜 결과가 희망대로 나오도록 시나리오를 성실히 짜는 훌륭한 습관을 말한다. 사전기획은 대충하고 행동은 늘 하던 방식으로 추진하다가 결과가 바람직하지 않으면 모두 사후관리에 매달린다. 마치 차질이 일어난 부분을 개선하는 것처럼 보이지만, 이것은 하지 않아도 될 일을 이중의 노력을 들여 하고 있는 것이다.

우선 혁신활동에는 어떤 대상들이 놓여 있는지 살펴보자. 현재의 일상적인 업무주변의 개선에 해당하는 작은 일들이 각 직원들 앞에 놓여 있다. 본인들이 업무를 할 때 낭비가 끼어든다고 생각되는 일은 전부 개선대상이 된다. 그중에서 가장 작은 규모의 활동으로서 개인이나 주변의 간단한 도움을 받아 단기간(1개월 이내)에 해결되는 대상의 활동을 '즉실천 활동' 혹은 '단기테마'라 칭한다.

가장 일선에서 활동하는 실천그룹은 정기적인 미팅을 통해 동아리장의 통솔 아래 즉실천의 테마를 발굴하여 전원이 한 달에 한 가지 이상의 즉실천을 실행해야 가장 이상적인 활동이라고 볼 수 있다. 즉 20명의 동아리는 한 달에 20개의 즉실천을 해야 기본책임을 달성했다고 보는 것이다.

평소의 일을 진행하면서 그런 목표를 달성하기란 쉬운 일이 아니다. 따라서 대부분의 활동이 주로 5S개선으로 구성된다. 그중에는 비교적 혼자 해결하기 힘든 대상도 있어 완성테마 숫자가 줄어들기도 한다. 하지만 일정한 기준을 정하고 출발해야 각 동아리 간의 경쟁을 유도할 수 있다.

활동테마에서 꽃이라 할 수 있는 것은 유도그룹에 속한 혁신리더들이 발굴하는 테마로서 '시범 혁신활동 테마'라 부르는 것이다. 간단하게 '시범테마'라 부르기도 한다. 이 시범혁신의 활동영역을 분류하면 세 분야로 이루어진다.

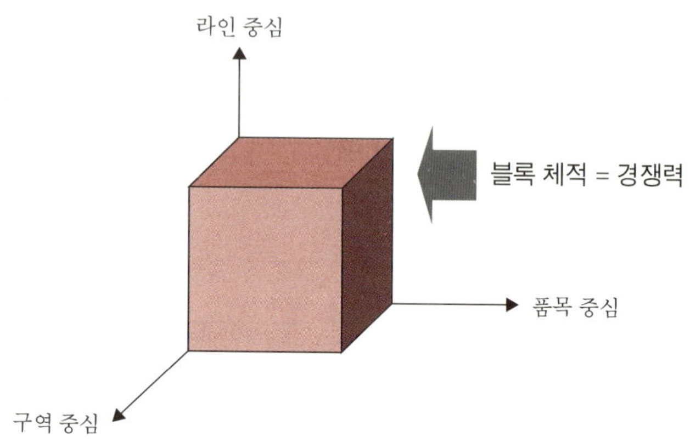

첫 번째로, 대상물의 특정단계를 담당하는 일련의 연속공정을 대상으로 가치향상을 시도할 경우에는 '시범라인'에 속하는 테마라 한다. 가령 세탁기의 본체를 조립하는 일련의 공정을 대상으로 시범활동을 한다면 본체 조립라인은 시범라인이 되는 것이다.

두 번째로, 어느 특정한 장소에서 이루어지는 일들이나 현상에 대해 혁신하는 활동을 '시범구역'에 속하는 테마라 부른다. 예를 들어 창고의 재고량을 획기적으로 처분하는 활동 등을 말한다.

세 번째는 특정제품 모델에 한정하거나 부품을 중심으로 문제를 발굴하고 개선을 해야 할 때는 '시범품목'에 속한 테마라 부르고 활동하게 된다. 이렇게 세 분야로 영역을 나누는 것은 누락되는 혁신대상이 없도록 하기 위함이다.

대개 현장부서들은 시범라인이나 시범구역의 테마를 다루고, 지원부문은 시범구역, 개발이나 구매부문은 시범품목 분야에서 주로 활동하게 된다. 하지만 관리부문일지라도 일련의 업무절차를 획기적으로 혁신할 경우에는 그 테마는 시범라인에 속하게 된다. 시범혁신의 활동테마는 주로 2~3개월에 걸쳐 해결할 과제들을 선정하는 것을 원칙으로 한다. 물론 가끔 예외도 발생해서 장기간 소요되는 활동도 있지만 활동기간을 준수하는 것이 중요한 것이 아니라 테마의 완료행위가 중요하다. 만약 유도그룹의 혁신리더와 지도그룹을 이끄는 임원의 숫자를 합해 20명(혁신리더+임원)이라면 동시에 최소한 20개 이상의 테마가 진행될 수 있다.

❯ 혁신테마의 활동기획을 완벽하게

일반업무를 추진할 때와 같은 진행방법으로 혁신테마를 수행하면 성공하기 어렵다. 설령 혁신활동을 마쳤다고 하더라도 두 가지 형태의 바람직하지 않은 현상이 발생할 수 있다. 그 하나는 목표수준에 도달하지 못하고 엉성한 마무리를 하는 것이고, 나머지 하나는 목표를 달성했다고는 하지만 세월이 지난 후 그 혁신활동의 흔적은 사라지고 없어 예전의 습관으로 돌아간 경우다. 두 번째의 경우가 더 나쁜 결과를 가져온다. 즉 혁신을 해봤자 다시 예전 상태로 돌아갈 걸 왜 애를 쓰느냐는 불만들이 저항으로 작용한다.

두 경우 모두 활동의 준비단계에서 충실하지 못한 계획으로 벌어지는 일이다. 따라서 활동방향을 철저하게 그리고 명확하게 그림을 그리고 출발할 필요가 있다. 준비가 철저하고 상세하면 실행과정에서 실수나 예기치 않던 장애가 발생해도 당황하지 않는다.

활동기획을 수행하되 내용을 한 페이지의 서류에 요약하여 서술하는 능력이 필수적이다. 장황한 서술을 필요로 하는 것이 아니라 간략하고 핵심사항이 들어 있는 정보의 나열이 객관적인 신뢰를 낳는다.

기획서의 크기는 보통 A3크기로 작성한다. 그 안에는 혁신을 하되 도대체 '왜 이 테마를 해야만 하는가'(Why)와 '무엇을 하자는 것인가'(What) 또 '어떻게 하자는 것인가'(How)의 세 초점이 명확히 서술돼 있어야 한다. 그리고 그 내용의 전개를 기승전결의 체계로 테마추진의 필요성과 달성의욕이 스며들게 하면, 활동 이전이라도 목표의 달성을 미리 점칠 수 있을 정도의 세밀한 계획과 설계라고 인정받는다.

정형화된 기획서로 계획하는 것은 혁신리더에게 분석력과 논리력과 기획력을 동시에 갖추게 하기 위함이다. 그리고 혁신활동의 사내표준을 조기에 정착시키기 위해서도 복잡한 과정은 되도록 피하고 단순한 절차가 바람직하다. 지속적 개선이 가능한 인재육성에 체계적인 혁신절차가 중대한 역할을 한다.

테마명:		
기본사고:	현장분석: (별도작성)	중점전술:
세부항목과 일정:		기대효과:
		현상과 목표:
		업무 변화내용:
		활동 이미지:

활동테마를 선정하고 계획하는 단계는 크게 여섯 가지로 나눈다.

첫째, 테마를 설정하기.

둘째, 현상을 분석하기.

셋째, 활동전술을 결정하기.

넷째, 구체적인 세부활동을 설계하기.

다섯째, 기대효과와 목표를 설정하기.

여섯째, 변화에 대한 정의와 이미지 구축하기.

위의 각 단계는 쉽지 않은 수행내용이 내포되어 있어서 혁신과제를 마치 일반 개선 리포트처럼 생각하는 리더는 제대로 수행할 수 없다. 각 단계를 자세히 서술해본다.

테마를 설정하기

테마를 발굴하지 못하면 활동을 시작할 수가 없다. 리더들이 가장 어려워하는 부분이 바로 테마발굴이다. 경험이 있다고 해서 테마를 쉽게 발굴하는 것이 아니라 오히려 그 경험이 아이디어를 제한할 수 있다. 그 이유는 현재 본인들이 하고 있는 일에 큰 오류가 없다고 착각하기 때문이다. 현재의 진행방식이 가장 비효율적이고 수준이 낮다고 간주하면 당연히 혁신의 소재가 많이 발견된다. 하지만 현재의 업무 형태가 최선이라고 생각하면 아무리 상사가 테마를 요청해도 훌륭한 소재를 발굴하지 못한다. 이런 이유로 경영자가 아무리 혁신활동을 외쳐도 실무진이 따라가지 못하는 상황이 연출된다. 대부분의 기업이 그렇다.

현재 혁신리더가 몸담고 있는 조직에서 가장 바람직한 업무상태가 어떤 모습인가를 정의할 수 있어야 문제점을 발견할 수 있다. 가령 생산의 전반부를 담당하는 혁신리더라면 비록 현재는 불량을 넘겨주는 상태일지라도 후속공정에 양품만을 넘겨주는 것이 가장 이상적인 작업형태라고 생각해야 테마를 발굴할 수 있다. 그러나 현재의 불량률을 어쩔 수 없는 것으로 인정하고 100% 양품의 전달이 불가능하다고 생각하면 테마를 발굴할 수 없다. 따라서 현재의 활동수준이 완전하지 않음을 인정하고 가장 이상적인 상태를 정의할 수 있어야 테마추출이 가능하다. 이상의 상태는 현실의 가장 높은 수준이기 때문에 실현 가능하다고 늘 생각해야 한다.

또 다른 예로서 많은 공정을 거쳐 생산하는 품목을 담당하는 혁신리더가 '낭비는 공정수와 부품수에 비례하여 증가한다'라는 철칙만 잊지 않고 있다면 스스로 공정단계를 축소하는 테마를 쉽게 설정할 수 있을 것이다. 이와 같이 현재를 부정하는 습관으로 테마를 쉽게 발굴하려면 각 활동부문에 필요한 바람직한 행동원칙이나 상황원칙이 전제돼야 한다. 이것을 필자는 '기본사고'라 정의한다.

이 기본사고는 혁신활동을 하기 전에 반드시 정의해둘 필요가 있다. 왜냐하면 그 기본사고에 의해 테마가 자동적으로 발굴되기 때문이다. 기본사고를 확고히 갖춘 사람은 주위를 둘러보고 만약 본인이 개선하지 않으면 평소의 소신(기본사고)이 무너진다고 생각되는 대상을 바로 테마로 선정할 것이다. 즉 기본사고는 왜 우리가 이 테마를 수행해야 하는가의 기본적 근거가 된다.

하지만 안타까운 일은 많은 기업의 인재들이 이 기본사고를 갖고 있지 못하다는 점이다. 바람직한 사고가 정립되지 않는 이유는 본인들이 지니고 있는 가치관이 현재상태를 용인하는 시각과 기준을 보유했기 때문이다. 그런 가치관은 평소에 근무를 할 때 뚜렷한 목적의식을 갖고 일을 대하는 기본자세가 갖추어져 있지 않다. 그러나 기본사고를 사전에 갖추고 있지 못했어도 테마를 설정한 후에는 그 테마를 성공리에 마치기 위해 요구되는 기본사고라도 새로 갖추어 기입해야 한다.

문제가 많다고 지적만 하는 부정적 사고보다 해결해야 할 과제가 많다는 긍정적인 자세로 변하려면 바람직한 기본사고를 많이 정의할 수 있어야 하고 또 그런 사람이 테마를 많이 발굴할 수 있다.

그 기본사고의 대표적인 예를 두 부문에 한하여 몇 가지 예시해본다.

생산부문

- 작업자의 움직임은 낭비가 없어야 한다.
- 시간의 경과와 장소의 이동에 관계없이 품질은 유지돼야 한다.
- 검사는 한 번에 통과돼야 한다.
- 재작업이 없이 작업을 완료해야 한다.
- 제품은 리듬감 있게 일정한 간격으로 생산돼야 한다.
- 공정 중에 대기나 정체는 없어야 한다.
- 선행공정은 후속공정에 양품을 넘겨주어야 한다.
- 고가의 설비는 수명을 연장시켜야 한다.
- 대체 불가능한 설비는 고장발생이 없어야 한다.
- 공정은 가능한 한 연계시켜야 한다.
- 공정수는 지속적으로 감소시킨다.
- 생산을 반복할수록 자원투입은 감소돼야 한다.
- 가장 신속하게 처리하는 계획을 수립해야 한다.

— 진행과정에서 발생 가능한 지연요인은 사전에 대비해야 한다.

— 포장된 제품이 작업장에 머물지 말아야 한다.

— 작업이 끝난 가공품은 바로 후속공정으로 이동돼야 한다.

— 운반을 최소화하도록 설비를 배치한다.

— 주문정보가 없는 제품은 만들지 말아야 한다.

— 이미 제작을 착수했으면 정체 없이 뒤로 흘려야 한다.

자재부문

— 필요한 자재를 필요한 때에 필요한 양만 발주한다.

— 구매로트를 최소로 해야 한다.

— 사용하고 잔량이 발생되지 않아야 한다.

— 장기재고는 없어야 한다.

— 불량품은 입고되지 않아야 한다.

— 필요한 장소로의 이동은 한 번에 완료한다.

— 관리품목과 대상은 계속 감축시켜야 한다.

— 상세한 계획과 정보로 실행력을 높인다.

— 최신정보로 적용하는지 늘 확인해야 한다.

— 입고되는 자재는 즉시 해당현장에 투입되도록 계획한다.

— 본작업보다 부속작업이 더 많을 때는 업무를 재설계한다.

— 같은 시점에 소요되는 자재는 동시에 입고돼야 한다.

위의 기본사고는 기업의 활동리더들이 모여 사전에 정립할 수도 있고 테마를 기획할 때마다 새롭게 개별로 다시 정의하는 방법도 있다. 평소에 업무 처리방식의 가장 이상적인 상태를 정의해 두면, 그 철칙에 어긋나는 현상을 바로 테마로 떠올릴 수 있다. 테마를 발굴하는 일이 너무 쉽게 느껴질 것이다.

혁신테마에는 두 가지 분류로 나눠진다. 하나는 현재 관리자나 작업자들이 고통받는 분야를 해소하려는 차원의 테마가 있고, 나머지 하나는 미래의 경쟁력에 대비하여 특정부분에 미래지향적 변화를 유도하는 경우다. 전자의 경우는 곤란에 처한 현실로부터 탈출하는 경우고 후자는 미래의 수익성 향상을 준비하는 것이라 보면 된다.

테마의 명칭을 정하는데도 일정한 법칙이 있다. 테마명만 봐도 다루려고 하는 대상과 이룩하고 싶은 목적을 쉽게 파악할 수 있어야 한다. 가령 특정제품의 생산기간을 줄이겠다고 정했다면 'A제품의 생산 소요기간 단축'과 같이 분명한 테마로 정의해야 한다. 단 테마명에 활동목표의 수준값이 들어가서는 안 된다. 이 단계에서는 테마만을 설정한 것이지 아직 목표는 정하지 않았기 때문이다. 단지 목적과 방향만 뚜렷하면 된다.

혁신활동을 계속 추진하다 보면 테마가 점차 늘어나 동일한 방향성을 지닌 테마들이 나오게 된다. 이렇게 누적된 테마목록을 통해 테마의 추진방향이 그룹화(Theme Field)된다. 예를 들면 '소요기간 단축'이라든가 '작업의 선행화' 혹은 '공정수의 삭감' 분야 등으로 분류된다.

이런 방향성 분류가 필요한 이유는 두 가지가 있다. 첫째, 활동을 일시적인 이벤트로 여기지 않고 지속적으로 추진할 수 있도록 도로를 뚫어주는 역할을 하기 때문이다. 즉 테마가 궁해질 때 분야목록을 보고 그 해당분야의 특정대상만 물색하면 된다. 둘째, 아직 손대지 않은 분야를 새로 발굴하는 데도 기여한다.

현상을 분석하기

테마가 정해지면 그 테마를 둘러싼 현재의 실제상황은 어떤지를 상세히 살펴보는 단계로 넘어간다. 이 단계에서 분석하는 방법에는 제한이 없다. 폭을 넓게 잡고 분석하되 테마의 초점과 일치하는 영역이어야 한다. 그리고 가능한 한 실제의 현 상황을 나타내는 데이터를 중복되지 않는 선에서 체계적으로 열거해야 경제적이다.

현상을 분석할 때 본류의 데이터는 물론이고 특히 놓치지 말아야 할 것은 지류에 해당하는 데이터와 장외의 연관 데이터이며 이 모두를 빠짐없이 수집해야 한다. 혁신목표를 달성하지 못하는 일이 발생하면 대부분이 현상분석이 부족한 탓이다.

특히 이 과정에서는 각종 통계적 해석이나 그래프 기법을 가능한 한 많이 동원하여 일차적인 해석이 쉽게 이루어지도록 한다. 하지만 데이터와 통계 일변도의 자료만 나열한 것으로 현상파악이 끝나서는 안 된다. 현상의 문제점이 도출되면 그 원인계통을 찾는 작업도 이 단계에서 수행해야 한다. 여기서의 문제점이란 낭비의 발생을 말한다. 낭비현상의 원인추적을 위해 도요타의 5Why 기법을 많이 사용하면 유용하다. 표면적인 원인이 아니라 진원인을 찾아야 혁신이 가능하기 때문이다. 그리고 마지막으로 각각의 원인에 대한 대책까지 설계해야 현상파악이 완료되는 것이다. 대책은 어렵지 않다. 진원인의 반대방향을 설정하면 바로 대책이 된다. 예를 들어 불량이 자주 나온 공정의 문제를 살펴보니 제각기 다른 형태로 작업하는 것이 근본원인이라고 밝혀졌다면, 대책은 '작업표준의 설정'이 된다. 큰 나무는 뿌리가 깊다. 높은 건물도 기초가 깊고 넓듯이 현상분석도 문제점을 남김없이 찾을 수 있도록 실행해야 한다.

현상파악의 기준사고는 역시 3현(現)주의다. 현장과 현물과 현실을 정확하게 파악하는 일이다. 현상을 서술할 때 주의할 점은 구체적이지 않은 표현은 피해야 한다는 것이다. 가령 문제점을 '미숙련자의 단기근속'이라 하지 말고 구체적으로 단기근속으로 인해 어떤 행동이나 동작이 생기는지를 서술해야 한다. 그리고 가능하면 현상의 수준을 계수 혹은 계량으로 표시하면 더 효율적이다. 즉 '미숙련자의 성과는 숙련자의 1/2 수준'과 같이 표현한다.

혁신리더들이 현장분석을 할 때 제일 많이 하는 실수는 현장 근무자의 말을 그대로 옮기는 행동이다. 본인이 현장상황이나 공정지식이 부족해서 벌어지는 현상이다. 현장의 말을 100% 그대로 받아들이면 너무 작업자의 주관에 머무를 수 있으므로, 과학적이고 공학적인 접근법을 가능한 한 많이 시도해야 한다. 검증이 어려울 때는 감독자나 관리자가 직접 작업을 수행하고 분석할 정도의 정확성을 높여 객관적인 신뢰를 갖추어야 한다.

특히 원인을 추구할 때 5Why 기법 이외에 육하원칙(5W1H)의 원리를 이용하면 효율적이다. 즉 낭비로 정의되는 현상에 대해 여섯 가지 항목으로 의문을 가져보는 습관이다.

Why - 그 일의 목적 자체가 지닌 모순점이나 불분명함을 찾는다.
What - 그 일의 대상이 되는 작업물 자체의 모순점을 찾는다.
Who - 그 일의 행동주체(작업자, 관리자, 설비)가 적합성이 있는지를 찾는다.
When -그 일의 시기가 부적절한지를 찾는다.
Where - 그 일을 하는 장소나 위치의 모순점을 찾는다.
How - 그 일의 수행방식 및 방법의 모순점이나 오류를 찾는다.

이와 같이 육하원칙 방법으로 문제점의 원인을 찾으면 그 해소대책의 방향성을 선정해 개별로 해결책을 세운다. 개선방향은 크게 네 가지로 나눈다.

Eliminate — 그 일 자체를 제거하는 방향으로 잡자. 그 대책은?

Combine — 그 일을 다른 일에 병합해서 실행하자. 그 해법은?

Rearrangement — 그 일의 위치 혹은 순서를 바꿔보자. 그 내용은?

Simplify — 그 일을 보다 단순하고 간단하게 처리하자. 그 절차는?

위의 네 가지 방향으로 각 문제점의 대책을 세우면 전술결정의 앞 단계가 완성된다. 하지만 모든 혁신테마의 문제분석을 위의 방법론으로 진행한다는 것은 아니다. 테마내용에 따라서 얼마든지 비정형적인 접근법으로 추진할 수도 있다.

활동전술을 결정하기

진원인을 찾아 그 반대의 행동방향으로 정하면 대부분 그것이 대책 방향이 된다. 문제별로 원인을 찾았을 때 서로 비슷한 내용들은 동일한 대책으로 해결되는 수가 많다. 따라서 대책을 모두 정해놓고 살펴보면 해당테마를 완성하기 위한 차후의 활동방향을 몇 가지의 대표적인 방향으로 압축해볼 수 있다. 이때 집약된 몇 가지의 대책이 바로 중점전술이 된다. 따라서 전술의 결정은 현상분석의 마지막 단계로 봐도 무방하다.

전술을 확정할 때 추상적인 단어를 사용하는 습관을 버려야 한다. 실제로 기업을 지도할 때 혁신 실무자들의 대화나 많은 혁신문건에서 추상적인 단어로 전술을 결정하는 습관을 목격했다. 그 내용만 봐도 혁신활동이 허위라는 것을 알 수 있었고 실행도 구체적이지 않고 방향도 핀트를 벗어나는 경우가 많았다.

그 표현의 예를 구체적으로 나열하면 아래와 같다.

'~의 합리화' / '~의 수준향상' / '~시스템의 구축' / '밀착관리' / '적정인원의 투입' / '~의 철저' / '~관리 선진화' / '~환경의 열악' / '~설비 노후화' / '~사고의 정립' / '~의식 부족' / '~의 최적화' / '~의 효율화' / '~의 집중관리' / '~의 확립'

이런 추상화를 그리지 말고 구체적인 윤곽이 있는 구상화를 그려야 한다. 위의 단어들은 탁상용어로서 공무원들이 제일 즐겨 찾는 단어들이다. 결과적으로 위와 같은 단어나 표현을 문제의 원인이나 전술을 정의할 때 사용하면, 구체적이고 정곡을 찌르는 실천을 하기 힘들어 거의 목표를 달성하지 못한다.

예를 들어 특정라인 불량 때문에 불량감축을 테마로 설정하고, 현상분석에서 여러 문제점의 진원인으로 작업지그의 사용오류가 지적되었다면 전술로서 '작업 교정지그의 재설계와 제작'이라고 해야지 '지그부문의 합리화'라는 말로 표현하면 나쁜 습관에 해당한다.

구체적인 세부활동을 설계하기

전술이 결정되었으면 그 전술을 완벽하게 구사하는 행위들을 설정해야 한다. 각 전술의 하부에 5W2H(5W1H+How Much)로 필요한 행동들을 차례차례 정의해간다. 특히 실천항목에 특정한 대상물을 제작하는 행위가 있으면 재차 설계, 제작, 시험 등과 같이 세부적으로 분할해서 일정표에 표시해야 한다. 그리고 새로운 규칙을 정해 추진하는 실천 항목이 있다면 규칙을 정하는 단계와 적용하는 단계를 분리해서 계획 시점을 표시해야 한다.

기업에서는 대부분 월이나 주 단위로 칸을 나눈 표에 간단히 횡선을 긋는 행위로 계획을 수립하는 습관이 많은데 이는 잘못된 습관이다. 아주 구체적인 시점이 처음부터 계획되어야 한다. 그래야 필요한 자원의 정확한 산정과 동원이 이루어진다. 타 부서에 의뢰하는 활동도 항목으로 선정되었다면 시점과 기간의 정확성은 더욱 정밀하게 계획할 필요가 있다.

기대효과와 목표를 설정하기

테마를 추진해서 거둘 수 있는 기대효과를 서술하는 단계로서 활동과 밀접하게 관계된 항목만을 서술해야 한다. 효과를 과장하려고 관계가 없거나 적은 항목을 같이 열거하여 위장할 필요는 없다. 기획서의 항목마다 내용이 너무 간단한 것도 분석과 고민이 부족한 결과라 할 수 있지만, 내용이 많고 복잡해도 내실이 없는 계획서라 할 수 있다.

가능하면 직접적인 효과와 간접적으로 얻는 효과를 구분하여 나열한다. 즉 직접효과 부분에 '가공공수의 절감'이라든지, 간접효과 부분에 '가공계획의 간소화로 관리공수 절감'이라는 표현으로 서술한다.

그리고 효과의 계량 및 계수 값은 테마 제목과 관련된 관리지수 혹은 지표로서, 현상치는 어느 정도이고 목표치는 어느 수준까지 달성할 것인지를 표현한다. 가령 테마가 'A라인 생산 소요기간 단축'이라면 현상치는 '소요기간=10일', 목표치는 '소요기간=7일'과 같이 표현한다.

여기에서 갖는 목표의 의미와 일반적으로 과거에 개선활동 등에서 설정하던 목표와는 차이가 발생한다. 대부분의 경우 자세한 상황분석과 달성 가능성을 타진도 하지 않은 채 단지 희망수준을 목표로 설정해버리는 관행이 많았다. 그래서 목표달성을 못하는 것 자체를 당연한 것으로 간주하기도 한다. 하지만 여기서의 목표는 이미 상세한 현상분석과 추진전술 그리고 활동과제를 정한 이후에 도출됐기 때문에 어느 정도의 향상이 이루어질지 예측 가능하다. 따라서 달성 가능한 정확한 값을 정할 수가 있다.

실제로 지도하는 과정에서 발견되는 목표치의 설정에 '0' 혹은 '100%'라는 허황된 절대수치가 많이 등장하고, 반대로 대충 안전하게 10% 전후의 소극적인 향상 목표치로 잡는 경우도 많다. 여러 직원들이 동원되어 협력으로 일을 할 때 좀처럼 절대적인 완성수치(0 혹은 100)는 이룩하기 힘들다. 가령 불량률 '0'이라든지 가동률 '100%'와 같이 형식적인 최고수치를 마구 설정해놓으면, 비현실적인 현상분석에서 나온 수치이거나 현상을 구체적으로 분석하지 않은 결과다. 소극적인 목표의 설정도 마찬가지다.

변화에 대한 정의와 이미지 구축하기

혁신활동을 계획대로 실천하고 나면 과거의 업무형태는 새로운 방법과 형식으로 변하게 마련이다. 따라서 과거에 어떤 방식으로 하던 방법이나 관리 형태가 앞으로는 어떤 방식으로 진행하게 될 것인가를 미리 서술해놓는 단계다.

이 단계가 중요한 이유는 앞에서 설명한 바와 같이 혁신을 한 후에 일정기간이 지나 다시 옛 모습으로 회귀되는 많은 기업을 보아왔기 때문이다. 업무나 현장상황이 과거의 모습에서 혁신 후 새로운 모습으로 어떻게 변화하는가를 정확히 서술하면 예전의 방법으로 회귀하지 않는 방법을 완전히 구축하겠다는 의미다. 또 그런 결과를 만들어간 과정이 세부활동 계획항목에서 확인될 수 있어야 한다.

가령 업무방식 및 작업방식의 변화항목 난에 '주간단위의 생산계획 체계에서 일간단위 계획체계로'라고 기록했다면 다시는 주간단위 체계로 회귀할 수 없는 체계가 심겼다는 결론이다. 그리고 일간단위 계획의 뿌리가 어떤 혁신테마에 의해 이루어졌는지를 확인할 수 있는 근거도 남게 된다.

업무방식의 변화를 서술할 수 있다면, 변화된 신규방식의 상황을 그림으로 이미지화할 수도 있다. 몇 가지의 애니메이션 이미지로 업무의 신규흐름을 파악할 수 있게 작성한다. 즉 지도그룹의 임원이나 경영자가 기획서 내의 차후 업무변환의 이미지만 흘끗 봐도 테마활동의 전체를 바로 이해할 수 있는 정도의 표현이어야 의미가 있다.

위의 과정을 전부 마치면 비로소 혁신활동의 개선실무를 착수하게 된다. 기획서를 작성하고 발표할 시점이 되면 이미 일의 반은 달성한 것과 같다. 철저하고 정확한 분석은 정곡을 찌르는 활동계획을 낳고, 계획대로 그 활동의 추진을 완벽하게 해내면 희망하는 큰 목표가 달성된다. 하지만 리더들이 지나치다 싶을 정도로 현상분석을 생략하고 바로 추진행동으로 들어가는 경우가 많은 것이 현실이다. 그러다 보니 너무 많은 시행오차를 겪어 진행자와 실무자 모두 지쳐버리는 수가 다반사로 발생한다.

가끔 현상분석으로 문제가 정확히 도출되지 않는 경우도 있다. 이런 경우 아무리 전술계획과 실행계획을 탁상에서 수립해도 정확한 해답

은 나오지 않고 확신을 못해 세월만 가는 수가 있다. 그런 경우에 가장 좋은 방법은 바람직한 모습이나 목표로 삼고 있는 모습을 하나의 모범 답안으로 간주하고, 현상분석 단계를 뛰어넘어 확실한 전술로 설정해 그 상황을 바로 실현해보는 실험정신의 실천이다.

가령 롤러 컨베이어로 연결된 4개의 작업장에서 20명의 작업자가 작업하는 현장에 대해 라인효율 증진의 테마를 설정했다고 하자. 현상을 다각도로 분석해도 상황이나 방법이 아주 복잡해 전술을 세우기가 어렵게 느껴졌다고 하자. 이런 경우 만약 라인이 현재 1분마다 롤러 컨베이어가 이동되고 있지만 희망목표가 40초로 단축시키는 것이라면, 목표대로 40초 만에 롤러 컨베이어를 강제로 이동시켜보는 시도를 강행한다. 그러면 각종 트러블과 불만사항 그리고 부족한 문제점이 즉시 다 드러난다. 이렇게 새롭게 드러난 문제점을 현상분석 단계를 거쳐 체계적인 대책을 세우고 극복전술을 추가로 마련하면 시간이 걸리더라도 해결된다. 혁신활동은 차분하게 세세히 풀어가는 것이 원칙이지만 과감하게 도전해서 달성하는 길도 있다.

실천의 철저한 확인과 격려

❯ 실천과 정착 여부를 확인하기

아무리 노력을 들이고 땀을 흘렸다 해도 결과가 없으면 아무 소용이 없다. 노력에 대한 인정보다는 확실한 결과를 더 원하는 것이 세상의 이치다. 대부분의 기업에서 혁신의 가치를 잘 느끼지 못하는 것은 제대로 된 결과를 체험하지 않은 이유가 제일 크다.

가을이 우리에게 풍성한 곡식을 가져다주는 것은 오랜 기간 농민들의 각별한 보살핌이 있어서 가능하다. 마찬가지로 일상업무의 차원을 벗어난 각별한 활동이 결실로 맺어지려면 명확한 방향을 잡고 출발하는 준비의식과 목표가 달성될 때까지 꾸준하게 실천하는 의지가 따라주어야 한다. 혁신활동의 출발도 중요하지만 테마의 성실한 마무리는 더 중요하다. 선정된 하나의 테마를 완전히 종결시키고 난 다음에 다른 테마를 선정하는 것이 순리다. 진행 중인 테마의 마무리를 못한 채 서둘러 다음 테마로 건너뛰면 앞의 테마 전체가 원상태로 돌아갈 확률이 높다.

실제로 현장의 즉실천 테마를 실천그룹에 속한 현장 작업자들이 동아리 활동을 통해 제안을 내고 활동을 거쳐 실적보고를 한다. 하지만 그 결과들을 잘 살펴보면 이미 그 결과가 다른 부문에서 실천되고 있는 것을 그대로 모방해서 하는 경우가 있다. 또 다른 경우로서 개선제안의 실행결과를 제출한 이후 얼마간 시간이 지난 시점에 관리자가 해당현장을 확인해보면, 개선했다고 제출한 사진의 모습은 어디에도 보이지 않는 경우도 더러 있다. 실천은 했지만 정착되지 않고 곧바로 예전의 모습으로 돌아간 경우다. 그리고 이미 적용하고 있는 것을 마치 새로 낸 아이디어처럼 꾸며 제출하는 경우도 다반사다.

이와 같이 불성실한 실천의 경우도 많기 때문에 혁신활동을 관리하는 조직은 철저한 검증을 수행해야 한다. 그래서 직원들이 혁신이라는 활동을 어물쩍 넘어가는 일시적 캠페인쯤으로 여기지 않게 해야 한다. 많은 기업들이 계획과 착수에는 강하나 꾸준한 실천과 사실확인에는 약하다.

간단한 예로서 도요타의 5S실천은 무서우리만큼 철저하다. 한 가지를 실천하면 그것이 완전히 정착됐다고 인정될 때까지 지켜보다가 더 이상 예전의 모습을 회귀되지 않을 것으로 확신하면 그때야 비로소 표준화 작업에 들어간다. 방법과 절차 그리고 행동요령을 새롭게 수립하면 그것이 재차 변동될 때까지 모든 직원이 철저하게 따르는 문화가 있다. 따라서 도요타에 어떤 분야를 막론하고 표준화가 돼 있다면 언제든지 그 실천장면을 목격할 수 있다. 하지만 다른 많은 기업들은 표준화가 돼 있다고 주장하더라도 그 현실을 직접 목격할 수 없는 경우가 허다하다. 그런 정착의지의 차이가 직원들의 실천력 수준을 가늠하는 척도가 된다.

각 계층(실천그룹, 유도그룹, 지도그룹)별로 혁신과제를 설정해 실천한 결과, 목표를 달성했다면 그 과제가 완료됐음을 의미한다. 그리고 그 과제의 부산물로 새로운 표준이 생기기도 하고 기존의 표준이 수정되기도 한다. 완료시점 이후로 일정시간이 지난 다음에 혁신의 결과가 얼마나 잘 보전되고 정착됐는지를 가늠하는 확인과정이 반드시 필요하다.

필자의 경험으로는 혁신활동이 완료된 후 6개월간의 확인체제를 운영할 때 가장 정착도가 높은 것으로 나타났다. 6개월간 약 3회 정도 중간점검을 해서 새로운 방식으로 계속 진행될 때 비로소 혁신과제의 완료를 인정한다. 그렇지 않고 중간점검 때 혁신결과의 보고내용과 어긋나는 상태가 확인되면 보완조치를 하고 그때부터 다시 6개월간의 확인에 들어간다. 또한 현 상태가 테마에서 의도했던 방향과 거리가 먼 행동들을 직원들이 하고 있으면, 과감하게 혁신과제의 취소라는 결정을 내리고 과제의 실적목록에서 삭제하는 엄격함이 따르게 한다.

모든 혁신활동의 결과를 위와 같은 절차로 확인해서 정착단계를 밟으면 된다. 그러나 혁신리더나 지도그룹이 수행한 혁신과제들 중에는 행동이나 절차의 변화를 테마로 정한 경우도 있다. 그런 경우 변화의 결과가 눈에 보이지 않고 업무과정에 흡수된 경우이기 때문에 대부분 그 업무행위의 결과로 나타나는 특정한 관리지수의 값으로 평가한다. 가령 보관자재별로 최대량을 설정해서 관리하는 방식으로 테마를 정해 수행했다면 재고수준의 20%(10일 분에서 8일 분) 삭감이라는 재고 보유량의 변화로 확인할 수 있다. 행동변화가 없다면 결과수치도 변하지 않기 때문이다. 정착의 확인은 단지 순간의 변화를 감지하는 것이 아니라 지속적인 경향을 확인함으로써 가능하다.

결론적으로 현장은 눈으로 보는 확인이 가능하고, 관리분야는 관리지수의 변동으로 활동의 진도와 결과를 평가한다. 하지만 두 분야 모두 변화한 내용을 눈으로 확인할 수 있게끔 현장의 표준서와 업무의 표준서를 개정해서 기록을 남겨야 한다. 결국 표준은 혁신활동으로 변화된 기업의 최종적인 상징물이 된다. 그래서 최근의 표준이 모두 현재 실행되는 행동과 일치된다면 초일류기업이라 할 수 있다. 그런 기업을 혁신의 완성도가 높은 조직이라고 말할 수 있다.

〉 목표만큼 중요한 달성과정

직원들이 혁신활동을 하는 과정에서 문제에 봉착했을 때 서로 오가는 말 중에 '불가능하다' 혹은 '힘들다'는 말을 가급적 사용하지 않는 것이 바람직하다. 활동멤버들은 거의 그 업무에 유경험자들이다. 경험자가 어떤 것이 가능하다고 말할 때는 그것은 확실히 옳은 판단이다. 하지만 불가능하다고 말할 때는 거의 옳지 않은 판단이다. 미경험 분야일 뿐이지 불가능한 것은 아니기 때문이다.

미리 포기하고 싶은 심정으로 하는 말과 태도는 지혜가 부족하다는 것을 내포하고 있다. 만약 조금의 가능성이라도 있으면 불가능한 이유들을 생각할 필요가 없다. 따라서 일이 성공적으로 이루어질 때까지 쉬지 않고 도전하는 풍토가 조성되어야 혁신활동이 정착될 수 있다.

리더들이 흔히 범하는 오류 중에 가장 큰 것은 본인이 정한 목표 자체에 스스로 신뢰성을 갖지 않는 데 있다. 달성해야 할 목표를 설정하기보다는 상사로부터 인정받기 위해 의욕적인 목표를 수립하는 경향이 많다. 그런 부담을 갖고 설정한 수치여서 어차피 달성하지 못할 수치로 간주해 성의 없는 태도로 혁신에 임한다는 점이 혁신의 실패요인이다. 리더가 혁신활동의 능력이 부족할 경우 스스로 위안을 삼기 위해서 그런 습관과 사고를 갖는 경우가 많은 것 같다. 과도한 목표는 좌절을 자초하기 때문에 절대 피해야 한다.

만약 리더가 목표달성이 어렵다고 확인될 때 과도한 욕심에 의한 것이라고 변명을 하거나 목표 자체를 실제의 결과에 접근하는 값으로 다시 수정하려는 경우를 많이 볼 수 있었다. 낮은 수준의 목표는 직원들의 잠재력을 개발할 기회를 빼앗아버리기 때문에 기대치를 낮추는 행동은 자기무덤을 파는 일이다.

리더는 목표의 설정능력도 중요하지만 수행결과의 부족함을 무마하기 위해 변명을 하는 행동이나 사고를 해서는 곤란하다. 동참하는 동료들에게 부끄러운 모습을 보이지 않기 위해서라도 애초에 설정한 목표의 달성을 촉진시키는 프로세스에 더 중점을 두는 것이 현명하다.

결과보다는 과정을 중요시하는 실천적 방법으로서 가령 제조기업인 경우, 생산성을 몇 퍼센트를 올리겠다는 목표보다는 생산성의 요인인 물건의 한 개 만드는 시간을 현재 몇 초 걸리던 것을 몇 초 단축시키겠다고 구체적으로 전개하는 것이 더 현실적이다. 즉 설정된 최종목표는 잊어버리고 오로지 그 수단이 되는 여러 행동이나 단계의 목표치들을 구체적으로 설정해 추구하는 방법이 최종목표를 보다 쉽게 달성할 수 있다. 이것을 '수단의 목표설정'이라 한다.

흔히 판매분야에서 발생하는 일로서 당일계획을 다하지 못했을 때 익일로 완결을 미루는 습성이 있다. 당월의 실적이 미달되면 익월에 만회하겠다고 기회를 달라고 요구한다. 당 시즌에 못하면 연내에 목표를 달성하겠다고 여유범위를 더 넓게 잡는다. 다 부질없는 결심이 되기 쉽다. 늘 결과를 들먹여서 기간연장의 사고를 가질 것이 아니고 목표미달의 원인이 된 진행과정에의 오류를 우선적으로 밝혀 명확히 개선해나가는 것이 중요하다. 즉 목표금액보다는 담당자별 거래처 방문회수나 신규고객 방문회수의 목표치를 잡아 수행했다면 더 분명한 수단이 됐을 것이다.

계량화할 수 없는 수단목표도 있다. 가령 도장을 마친 파이프가 제조과정에 공급되는 과정 혹은 작업과정에서 발생하는 각종 상처를 줄이는 목표가 있다고 할 때, 수단의 목표로서 '소리가 나지 않는 작업장 만들기'로 정할 수도 있다. 소리를 내지 않고 작업한다는 의미는 어떤 충격의 파열음도 발생하지 않도록 주의해서 자재를 다루면 상처가 생기지 않는다는 행동 가이드를 제시한 것이다.

또 다른 예로서 재작업의 낭비비율을 없애는 목표수단으로 '망치 없는 현장 만들기'를 들 수 있다. 모든 산업분야의 작업현장에는 제조과정에서 발생한 제품의 오류상태를 물리적으로 수정하기 위해 망치를 사용한다. 고무나 플라스틱 혹은 쇠로 만들어져 재질만 다를 뿐이지 두들겨서 교정하는 목적은 같다. 따라서 불량을 수정하는 재작업을 줄이려면 망치를 현장에서 제거해서 물리적인 억지작업을 동원함으로 품질을 완성시키지 말고, 기존의 계획된 작업과정에서 온전하게 만드는 습관을 키워야 한다는 취지다.

목표달성을 위해 리더가 주력해야 할 또 다른 활동은 참여 구성원들 모두에게 각자의 목표를 부여하는 일이다. 여러 부서에 걸친 인원이 특정 혁신테마의 참여자로서 서류상에 두루 등재되어 있다. 하지만 실제 활동을 수행하는 참여자는 소수에 불과해서 그들은 과도한 부담을 느

끼게 된다. 또 그들마저 마지못해 활동함으로써 두 번 다시 혁신활동에 앞장서지도 않는다. 이런 현상이 소수의 참여자마저 혁신에 대해 부정적인 사고를 갖게 만든다.

참여자를 선정할 때부터 실제로 기여할 수 있는 사람으로 신중하게 선택함으로써 혁신활동이 형식적이라는 인상을 주지 말아야 한다. 개선활동을 좋아하고 또 하겠다는 각오가 되어 있는 직원을 참여자로 끌어들여야 한다. 그런 사람만이 객관적인 어려움이 있다 하더라도 별다른 갈등 없이 마음을 집중할 수 있기 때문이다.

선택된 참여자에게는 반드시 일을 분담시켜야 하고 활동의지도 끌어내야 한다. 아무 일도 하지 않고 무임승차하는 멤버가 없어야 한다. 참여자 각자가 자신의 목표를 갖고 노력을 제대로 투입해야 각자의 경험에 질서가 생길 수 있다. 실제로 처음에는 어려운 과제로 보일지라도 실력 있는 자들이 참여하여 협력하면 모두 목표를 달성하는 광경을 목격할 수 있었다.

기업지도를 할 때 혁신활동의 과정을 점검하는 단계로서 특정테마에 관련된 사람들이 전부 모인 상태에서 중간 보고회를 계속 갖는다. 이때 서로 오가는 질문과 답변 속에 무슨 일이 진행되는지조차 알지 못한 채 자리만 차지하고 있는 참가자들을 많이 발견할 수 있다. 잘못하면 시간만 낭비하는 혁신활동으로 추락할 수 있다. 따라서 빈틈없는 활동요소의 구성과 적극적인 참여자의 성실한 수행만이 목표달성을 보장한다.

처음에는 혁신을 크게 외치더라도 점차 소리 없이 자취를 감추는 조직들을 많이 봐왔다. 그런 변화는 마치 빙하 위에 일정시간 고여 있던

해빙수가 순식간에 빙하의 틈새로 빠져나가 바다로 유입되는 현상과 흡사하다. 한때 왕성하던 활동도 말없이 사라지는 경우를 살펴보면 경영자의 관심이 줄어들었거나 시급한 사안을 우선 챙기느라 혁신의 지속력을 발휘하지 못한 이유가 대부분이다.

경영자가 혁신을 이끄는 무기 중에 가장 강력한 것은 인정과 격려다. 즉 신상필벌과 용기를 불어넣는 배려만 있으면 경영자의 직접 참여도가 좀 낮더라도 참여자들의 동참의지는 살아 있어서 혁신의 분위기는 지속적으로 이어갈 수 있다.

혁신활동을 하자고 분위기를 띄운 후, 정작 실천단계에 가서는 활동을 적극적으로 하는 그룹과 갖은 핑계로 활동을 외면하는 그룹으로 나뉘는 경우도 있다. 즉 활동의 예외자를 양산하는 경영자의 무관심이 혁신을 실패의 길로 몰고 간다. 혁신의 길에는 단 한 명의 예외자도 없어야 성공한다. 심지어 경비원과 청소 담당자까지도 하게 해야 한다. 그러나 정작 경영자 본인이 예외인물이 되는 경우도 상당히 많다. 단순히 중역 이하의 간부가 이끌고 책임지는 활동으로 여겨 간단히 보고만 받는 경영자가 대부분이다.

활동의 밀도에서도 마찬가지다. 현장활동과 관리부문의 활동밀도가 동일수준이어야 한다. 가령 현장의 개선건수는 월에 3건을 할당하고 관리부서는 근무환경을 고려한다는 명분으로 2건만 할당하는 식으로 하면 불만이 생겨 얼마 못 가서 무너진다. 활동의 규모에서는 공평하게 해야 한다.

활동의 시작은 거창하고 목표도 높지만 실상 직원들이 피부로 느끼는 실적에 대한 보상이나 격려의 수준은 기대 이하로 생각하는 경우가 많다. 활동만 강요하고 그에 따른 격려가 뒤따르지 않는다면 분명히 문제가 있다. 사람들은 보상이 따르지 않으면 비록 본인이 몸담은 기업을 위한 일이라도 별로 중요시하지 않는다. 그리고 인간은 끊임없이 이해득실을 따져보는 존재임을 인정한다면 직원들이 금전적인 기준으로 보상체계를 희망하는 것을 나무랄 수는 없다. 하지만 직원들의 과도한 기대와 대가성 요구는 문제가 된다.

부서의 특성에 따라 혁신활동의 성과를 돈으로 바로 환산할 수 있는 부서가 있는 반면, 지원업무를 담당하는 직원은 환산을 하고 싶어도 못한다. 그러한 각 부문의 사정을 살펴 형평성을 고려한다면 돈으로 돌려주는 과도한 보상은 바람직하지 않다.

일부기업들은 직원들에게 제안하는 건수나 내용등급에 따라 상품권이나 점수를 주어 후에 돈으로 환전할 수 있는 성과급을 제공하기도 한다. 그래서 개인에 따라 별도수입이 차이가 발생한다. 하지만 이런 개인별 성과 유도방식은 별로 효과를 발휘하지 못한다. 또 그런 개선을 혼자 아무리 많이 했어도 개인의 영역에 국한된 것이기에 영향력도 사실 거의 없다. 참된 혁신활동을 하는 기업이라면 이러한 개인별의 자극경영을 할 필요가 없다. 전체 직원들을 행동의 길로 유도하는 것이 참된 혁신이다.

가장 공평한 보상은 인사고과에 반영하는 방법이다. 즉 혁신을 많이 한 사람은 진급이 빠르고 연봉을 남보다 많이 받는 방식이 바람직하다. 그러기 위해서는 객관적으로 혁신활동의 효과등급이나 진도관리나 성과를 평가하는 기준이 잘 정립되어 있어야 한다. 그리고 금전적인 보상의 가장 훌륭한 방식은 혁신활동의 결과로 생긴 기간수익 중의 일부를 성과급으로 골고루 지급하는 방식이다. 여기서의 수익은 혁신활동의 결과로 생긴 증가수익을 의미하는 것이지, 시장의 수요증가로 생긴 이익중가나 판매가격 인상 등의 환경요인으로 생긴 당연수익을 뜻하는 것은 아니다.

혁신테마로 결정한 주제의 목표를 달성했다고 해서 무조건 효과가 직접 나타나는 것은 아니다. 가령 특정부문의 업무시간을 단축했다 하더라도 그것이 해당부분의 여유만 창출했을 뿐 전체의 단축에 기여하지 못했다면 실제로 효과가 없는 활동이다. 그 결과 해당부문의 직원들은 허탈해져서 희망 없는 일을 했다고 판단해 차기의 혁신에 소극적인 태도를 보인다. 그래서 테마를 정할 때는 부분의 효율달성이 아니라 전체효율의 향상에 기여하는 주제를 선정해야 한다. 즉 경영진이 목표하는 커다란 줄기를 먼저 설정하고 그 하부조직이 줄기와 연계된 가지부분을 찾아 활동하는 형식이 가장 바람직하다.

결과에 대한 격려방식 중에 가장 가치와 권위가 있는 것은 경영자의 칭찬이다. 그것도 남을 통해서 하는 것이 아니라 해당자들 앞에서 상대방의 눈을 마주하고 직접 하는 칭찬을 말한다. 경영자의 진지한 칭찬은 관계자들의 관심을 모으게 되고 그들의 청력을 점차 향상되게끔 만든다. 경영자의 입에서 어떤 희망과 요구가 있을 것인지에 대해 많은 관심을 갖게 된다.

특히 활동을 하는 과정 중에 장애가 생겨 좌절하거나 결과에 실패하는 일이 있어도 격려해야 한다. 실패한 것을 숨겨서도 안 되고 그 자체를 부정적으로 생각해서 과소평가해도 안 된다. 필자의 체험에 의하면 실패를 한 리더들이 종국에 더 탁월한 성과를 내는 사례가 많았다. 혁신 중에 일어났던 사소한 실수나 오류를 비난하지 않아야 리더들이 훗날을 긍정적으로 기약하는 습관이 든다.

빌 게이츠는 실패경험을 높은 가치로 인정하는 대표적인 인물로 알려져 있다. 그가 진급심사를 할 때 실패사례의 보고서를 제출하지 않은 직원은 무조건 심사에서 제외시킨다. 실패를 경험하지 못한 사람은 다양한 경험을 하지 못했고, 적극적으로 일에 달려들지 않았다는 의미로 해석하기 때문이다.

도요타도 실패에 대해서는 철저하게 관용을 베푸는 기업이다. 간부가 특정한 목표를 잡아 시도하다가 실패해 사표를 들고 오면 상사는 쳐다보지도 않고 '많이 배웠겠네?' 하는 간단한 말로 격려를 대신한다. 그 후에도 상사의 태도에는 대체적으로 변화가 없다. 실패를 통한 학습의 경험을 긍정적으로 평가하는 문화를 갖고 있다.

필자의 지도경험 중에 혁신멤버들에 대한 특이한 보상체계의 예를 들어보겠다. 혁신테마를 필자와 함께 고민하여 달성한 실적이 있는 실천그룹의 리더(동아리장)들 중에서, 그 리더가 책임지는 라인이 연속적으로 3개월 이상 어떠한 트러블(불량발생 혹은 기타 지연)도 없이 완벽하게 일을 진행했을 때 그들의 작업장 입구에 커다란 간판을 설치해주었다. 그 간판은 멀리서도 어디에서나 볼 수 있을 정도로 분명한 글씨로 '무결점 라인'이라고 적혀 있다. 수많은 라인 중에서 선택될 만큼 강한 조직이라는 의미를 지니기 때문에 자부심들이 굉장하다. 현장의 고정된 라인을 보유하지 않고 이동하며 일을 하는 지원팀의 리더가 해당자일 때는, 그 팀원들이 고정적으로 이용하는 건물공간의 외부 벽에 간판을 작게 만들어 설치해주었다.

그 이후로 직원들은 간판의 명예를 그 어떤 보상보다도 훨씬 자랑스럽게 생각했다. 그래서 모두들 뛰어난 직원들이라는 평가를 받으려고 필자와 함께 혁신테마를 실행할 기회를 찾아 부단하게 노력하는 모습을 볼 때, 근로자의 마지막이자 최상의 욕구단계는 '자아실현'이라는

경영학 이론을 실제로 체험할 기회가 있었다. 보상의 끝점이 결코 돈이 아니라는 점이다.

활동결과를 객관적으로 직접 점검할 수 있는 현장직원들은 우수성을 공개적으로 격려할 수 있지만 지원을 담당하는 부서는 업무의 질이 공개적으로 평가되지 않기 때문에 적용하기 힘들다. 하지만 지원업무도 정규적으로 후속공정 직원들의 공개적인 평가를 통해 좋은 평판을 받는 지원부서는 동일한 자격을 줄 수 있어야 한다.

핵심 경쟁력 목표의
지속적 업그레이드

▶ 올바른 목표의식의 정착

직원들은 주요임무를 끝내고 나면 그 이후의 단계들에 관련된 사항들을 잊어버리고 평소업무로 돌아오는 경향이 있다. 그래서 오랜 시간이 경과하면 본인도 모르게 개선된 방법에 약간의 불편함이 섞여 있다면 예전의 방법으로 돌아가는 현상을 발견하곤 한다. 현재 이룩한 결과를 잘 보전하려면 현 상황의 수준을 다시 높여주는 관련테마를 설정하여 재차 도전할 필요가 있다.

혁신활동에서 과거에 잘했다는 말은 소용없다. 그것으로는 충분하기 않기 때문에 앞으로 잘할 수 있는 것이 요구된다. 혁신의 성공 여부는 과거에 직원들이 무엇을 했느냐가 아니라 앞으로 무슨 일을 할 수 있는가 하는 미래의 경쟁력 확보능력에 달려 있다.

한 차례의 혁신폭풍이 지나가면 직원들은 다시 안주의 길로 들어선다. 더 이상 혁신적인 테마를 찾을 수 없다는 변명도 섞여 있다. 하지만 혁신이라는 것은 상태를 늘 새롭게 만드는 것이지 신규테마를 늘 찾아야 하는 것은 아니다. 따라서 이미 실시한 활동분야일지라도 현재의 상황을 개선 전의 현상으로 간주하고 목표를 재설정해 다시 재도전한다면 그것이 혁신의 정석이 될 수 있다. 그런 활동은 혁신의 활동목표를 낮게 잡아 당장에 가능한 만큼만 실시하고 끝내는 악습을 바로잡기 위해서도 필요하다.

문제에 도전하여 새로운 지평을 열었어도 기업환경의 변화는 늘 생각보다 전진해 있다. 그래서 새로운 수준에 도달하지 않으면 곧바로 환경대처에 어려움이 따르기 때문에 어느 분야나 지속적인 목표상향이 따라주어야 한다. 그런 이유로 혁신은 늘 활성화돼야 한다는 결론이 나온다.

직원들이 활동을 통해 보람을 맛보면 자신의 능력에 대한 신뢰가 생기고 가능성에 대한 도전력이 배가된다. 즉 목표달성의 활동을 통해 불만을 해소한 것이 아니라 오히려 더욱 증가시키는 역작용도 숨어 있어서 혁신의 지속이 가능한 것이다.

기업은 변화에 대응하고 스스로 성장하기 위해 나날이 변화해야 한다. 그러나 실제로 지속되는 변화의 모습을 보여주지는 못한다. 이는 직원들이 조직이 희망하는 바람직한 상태가 무엇인지 진지하게 고민해보지 않았거나, 현재의 상황인식이 매우 부족한 경우라 볼 수 있다.

일반적으로 많은 기업에서 개선의욕이나 방법론을 직원들에게 쉴 새 없이 가르친다. 자기계발은 물론 조직적인 합리화 기법도 훈련시킨다. 개선의식은 문제를 발견하고 그 문제를 풀어가는 과정을 경험해야 비로소 정착된다. 하지만 문제가 무엇인지를 포착하지 못하면 개선의 여지도 없어져 버린다. 따라서 개선을 위해서는 문제를 발견하는 능력부터 갖추어야 하는데 그 능력을 발전시키는 일에는 등한시하는 경향이 있다. 지도를 통해 직원들에게 '문제'를 정의해보라고 하면 대부분 올바로 서술하지 못한다. 이런 상태에서는 어떠한 변화도 기대하기 힘들다.

여기서 말하는 '문제'란 간단하다. 요구하는 희망수준과 현실수준의 격차라고 정의하면 된다. 즉 목적하거나 바라는 상태를 선정해놓고 현실에서 나타난 수준을 비교해보면 어느 정도 차이를 발견할 수 있다. 이것이 바로 문제다. 따라서 문제는 정도의 차이값으로 나타난다. 예를 들어 부모가 바라는 자식의 성적이 1등이라 치고 실제로 받아오는 성적이 5등이라면 문제는 4명의 격차인 것이다. 문제의 폭이나 양이 클 때는 희망수준과 현실수준의 격차가 크고, 따라서 개선할 폭도 크다고 이야기한다. 따라서 현재상태를 새롭게 설정한 목표와 늘 비교하면 그 차이가 문제라는 것을 간단히 인식할 수 있다.

문제해결의 접근법에는 크게 두 가지가 있다. 하나는 분석방식이고 다른 하나는 설계방식이다. 분석적인 접근방식은 현상을 밝혀 거기에서 문제를 찾아 출발하는 방식이다. 설계적인 접근방식은 바람직한 모습에서 출발하여 현상과의 차이를 발견해 실시 가능한 개선안을 발굴하는 방법이다.

특히 바람직한 모습을 통해 혁신을 하는 방법은 현상유지 차원이 아닌 높은 점프를 희망하는 인재만이 선택할 수 있다. 처음에는 본인이 하고 싶은 작업형태나 관리형태를 설계하여 그것을 어떻게 조성해갈 것인가를 정의한다. 그 후에 추진과제를 실행하면서 차이가 발생하거나 장애가 나타나는 부분이 어떤 것인가를 찾아내어 적극적으로 해결하는 방식이다. 이런저런 제약조건을 들먹이며 한정된 범위 내에서 개선할 수밖에 없다고 소극적으로 돌아서는 태도를 가져서는 안 된다. 바람직한 생각을 갖고 적극적으로 일하는 사람이 결국 심도 있는 개선을 수행한다.

위의 접근법 차이를 '개선'과 '혁신'이라는 말로 구분하는 사람도 많다. 흔히 알고 있는 개선은 현재수준에서 조금이라도 나은 방향으로 바꾸어가면 성공적이고, 혁신은 현재와 비교해볼 때 많은 격차로 수준을 끌어올려야만 성공한 것이라고 생각한다. 그러나 본질적으로 파악해보면 '개선'이란 현재수준을 이끌어내는 방법론을 인정하는 상태에서 좀더 나은 방법을 찾는 것이고, '혁신'은 높은 수준의 목표(희망)를 달성하기 위해 현재의 방법론을 무시하고 새로운 관점에서 방법을 강구한다는 차이점이 있을 뿐이다. 둘 다 현상과 비교해서 활동 이후의 결과가 다르다는 점에서는 동일하다.

개선이 잘 이루어지지 않는 침체된 기업을 보면 경영자나 직원들이 문제를 순수하게 파악하는 능력이나 행동을 추진하는 면에서 경쟁기업보다 뒤져 있다는 것을 알 수 있다. 문제를 정확히 파악하여 개선만 꾸준히 해도 절대로 적자기업은 되지 않는다. 그러나 어느 수준이 바람직한 것인지, 또 현재의 상태는 어떤 수준인지를 모르면 한 발자국도 전진할 수 없다.

문제의 파악능력이나 혁신활동이 저조한 이유는 현재의 활동방법을 굳이 바꾸고 싶지 않은 현상유지의 심리 때문이다. 설령 문제를 발견해서 개선안을 구상하여 실행했는데 실패하게 되면 안 한 것보다 못하다는 심리적 패배감을 미리 느낀다는 점이다. 따라서 가만히 있는 것이 상책이라는 고정관념이 형성되어 아무런 생각도 하지 않는다. 또 많은 사람이 현재의 방법이 최선이라 착각하고 현 상태를 고수하기 때문에 개선이나 혁신을 이루기가 어렵다. 그런 사람들이 많을수록 경영자는 자주 기업목표나 달성수준을 재검토할 필요가 있다.

단순히 '올해보다는 잘하자' 혹은 '현재보다는 발전하자'라는 말로 직원들의 변화를 기대하기는 힘들다. 따라서 목표치(희망수준 설정)를 제시하는 혁신활동으로 성장의 사이클을 돌릴 필요가 있다. 그러나 경영자가 목표치의 설정을 실무자에게 맡기면 큰 발전을 기대하기가 어렵다. 편안하게 수행할 수 있는 목표로 선정하는 기본심리 때문에 경영자가 깊이 참여해 무리하다 싶을 정도의 목표를 제시하는 것이 바람직하다.

'문제'를 올바로 인식하는 또 다른 관점은 아주 작은 문제라도 무시하지 않는 풍토에 있다. 흔히 '도토리 철학'이라고 말하는데, 일반기업들의 과실은 대부분 작은 문제들을 무시하여 제때에 처리하지 못함으로써 발생하는 경우가 많다. 문제라고 판정된 모든 사안에 대해서는 반드시 짚고 넘어가는 습관을 갖추어야 손실을 방지할 수 있다.

따라서 경영자가 절대 입에 담으면 안 되는 말이 있다. '그게 뭐 그리 큰 문제가 되는가?'라는 말이다. 큰 문제는 작은 문제가 발전한 것이다. 오히려 '무슨 작은 문제라도 생기는가?'라고 말해야 한다.

결국 문제의 발견은 두 가지 관점이 투철해야 하는데, 우리는 지금 어느 위치를 달성했어야 하는지와 현재 어느 위치에 있는지를 밝히는 것이다. 이 두 가지가 정확히 밝혀진다면 개선행동은 하지 말라고 해도 하게 된다.

혁신활동의 목표설정은 매우 중요하다. 어떤 수준의 목표를 설정하느냐에 따라 차후의 업무수준이 결정되기 때문이다. 가령 재고를 현재의 1/2 수준으로 잡자는 것과 1/3로 하자는 목표는 그 수단이나 방법에서의 폭과 깊이가 전혀 다르다. 따라서 인재들의 사고를 깊고 넓게 성장시키는 높은 목표를 설정하는 습관이 바람직하다.

목표설정과 활동평가 단계에서의 또 다른 악습은 평균값으로 목표를 잡거나 활동결과를 표시하는 데 있다. 우선 목표설정에서 활동대상이 여러 가지 타입인데도 불구하고 평균값으로 몰아간다. 가령 재고수준을 정하는 일에 있어서도 각 제품이나 원재료의 특성이 달라 개별목표를 분명히 해야 함에도 전체를 평균해 설정함으로써 각 대상별로의 목표는 지키지 않아도 전체평균이 목표치에 가까우면 잘했다는 오류를 범한다.

실적평가에서도 가령 생산기간 달성목표를 7일로 했을 때, 활동을 완료한 현재의 평가시점에서 최근 열흘간의 결과평균은 8일에 불과하지만 월간통계로 나온 7일을 결과수치로 보고받아 성공했다고 보는 오류를 범한다. 발표자의 의도에 평가자가 끌려가서는 위험하다. 결국 최저 5일과 최장 9일이 뒤섞여 있는 결과를 성공이라고 착각하는 경우다. 이럴 경우 반드시 7일을 넘는 경우가 발생하면 아직 목표달성이 안 된 불안한 상태라고 판단하는 기준을 먼저 세우고 활동을 출발해야 한다.

❯ 시너지 효과를 창출하는 혁신활동으로

혁신활동이 전사적인 규모와 범위로 전개돼야 하는 데는 근본적인 이유가 있다. 바로 시너지 창출이다. 혁신테마를 각 부문에서 설정해 출발하다 보면 처음부터 의도한 것은 아니지만 특정부문의 활동결과가 타 부문의 활동을 수월하게 하는 전제를 만들어주는 경우가 많다.

반대의 경우로 타 부문의 활동을 오히려 어렵게 만들 수도 있다. 이런 현상을 테마의 관계성(Relationship)이라 한다. 활동을 전개하면서 무조건 자기 부문의 향상방향만을 고집하면 타 부문과의 모순이 발생한다. 이때 부문 간의 협조와 타협 그리고 조정이 필요하다. 경영자가 혁신에 깊이 관여해야 하는 이유가 여기에 있다.

필자가 실제로 혁신을 지도할 때 겪은 사례가 있다. 연속된 두 공정의 혁신리더는 제각기 독립적으로 설정한 목표를 추구하고 있었다. 설계치수대로 절단해온 가공물을 조립하는 공정이 3일 걸려 완성하던 일을 2일을 목표로 활동했다. 이때 선행공정의 조건은 고려하지 않고 다만 조립공정 내에서 어떡하면 하루를 줄일 수 있을까만 고민하면서 출발했다. 그런데 선행공정인 절단공정에서는 하나의 조립품에 속하는 자재를 여러 날에 걸쳐 절단하는 사정으로 재공량이 많아지는 것을 줄이기 위해 최소한 이틀 이내에 해결한다는 목표를 독립적으로 잡아서 실천하고 있었다. 서로 독립된 관점에서 출발했지만, 결국 조립공정의 기간단축은 절단공정의 단축이 있어야 가능한 것이어서 두 공정의 목적이 자연스럽게 도킹하여 시너지를 발휘하게 되었다.

반대의 경우도 있었다. 중간 조립부문의 기간단축 활동이 최종 조립공정을 당황하게 만든 것이다. 아무리 선행공정이 혁신을 통해 기간단축이라는 성과를 올려도 여러 조건이 걸리는 최종조립을 쉽게 앞당겨 할 수 없는 경우가 많다. 따라서 최종 조립공정은 장소도 비좁은데 선행공정이 단축해서 보낸 조립물을 보관할 장소도 없고 관리할 여력도 없어 곤란해하는 경우도 목격했다. 이렇듯이 혁신활동의 관계성을 잘 살피지 않으면 간섭낭비도 발생할 수 있다.

위와 같이 혁신활동 간에 벌어지는 서로의 영향력을 파악하기 위해

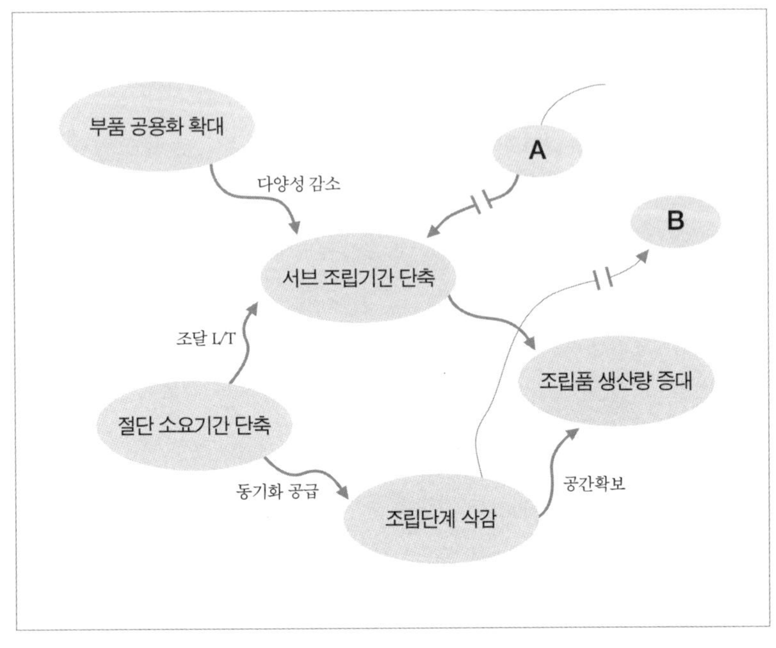

'시너지 영향 연관도' 분석이 이루어져야 한다. 그런 분석을 통해 다른 부서의 자극을 받아 새로운 테마의 도출이 비교적 쉽게 이루어질 수 있고, 타 부문과 연관이 깊은 혁신목표를 필요 이상의 과잉으로 잡아 동료들을 곤란에 빠뜨리는 실수도 피할 수 있다. 이렇게 혁신테마들이 조직의 벽을 넘어 전체의 결속력을 발휘할 수 있을 때에만 비로소 그 조직의 경쟁력이 뒷걸음치는 일 없이 발전할 수 있다.

초일류기업의 진정한 가치

'기업은 과연 한없이 성장할 수 있는가?'라는 물음에 어느 누구도 자신 있게 답변할 수가 없는 환경을 맞고 있다. 남들과 비슷한 성장속도와 노력으로는 결코 남을 앞지를 수 없다. 그리고 끝없이 향상된 품질을 요구하고 또 남보다 값싼 가격의 비교우위를 선택의 기준으로 주장하는 소비자들의 욕구를 채워주는 전략이 동반되지 않고서는 초일류를 지속시킬 수도 없다. 이런 환경에 적응해나가면 초일류의 수성(守成)이고 낙오되면 이류기업으로 전락한다.

더욱이 소비자들은 기업에 대해 과거와 같이 추억에 의지한 충성도를 이제는 더 이상 지니고 있지도 않다. 예전보다 더 많은 상품으로 글로벌한 조직으로 운영하는 초대형기업들이 이와 같은 난관을 제대로 뚫고 나가기란 여간 벅찬 것이 아니다. 보이지 않는 세계 각국의 자국산업 보호정책도 피해가면서 사업을 확장하는 데도 한계가 발생한다. 세계시장을 지배하는 독과점의 개발품을 지니고 있지 않는 한 수많은 동종업계의 경쟁자가 두 눈 뜨고 당하지는 않기 때문이다.

기업들이 추구하는 변화와 혁신은 외향적인 경우가 많다. 즉 시장변화 혹은 자사상품의 인지도와 판매실적 등에 치중하여 시장 중심의 판도변화에만 주력하기 쉽다. 그리고 신제품 확대를 통한 개발의 혁신과 공격적인 마케팅의 실행을 중점으로 전술을 펴나가는 것이 대부분이다. 하지만 항상 기억해야 할 일은 위기의 불씨가 외부가 아닌 내부에 존재한다는 개념이다.

다시 말해 내부의 경쟁력이나 추진업무상에 보강할 부분이나 취약한 부분을 강화하는 일에 게으르면 언제든지 외부지향의 노력을 무용지물로 만들 위험이 항상 도사리고 있다고 봐야 한다. 따라서 기업이 우선해서 할 일은 현재의 내부역량에 부족요소가 어떻게 존재하는지 검증하는 일이다.

기존에 쌓아온 가치추구 방법에 문제는 없는지, 가장 두려운 소비자의 평판은 어떻게 수렴되어 내부적으로 반영되고 있는지 등에 대한 철저한 확신이 우선 필요하다. 하지만 많은 기업들이 이미 돌이킬 수 없는 지경에 이르러서야 허둥대며 내부를 들여다보는 우를 범한다. 우리는 경쟁력이 있다고 장담할 일이 아니라 현재의 프로세스나 제품 깊숙이 숨어 있을 낭비를 걸러내는 작업에 시간을 아끼지 말아야 한다.

현재방법이나 방식이 아무 탈이 없는 것같이 여겨지더라도 오히려 현재의 방법은 불완전하다는 인식을 일부러 가져 현상을 다시 한 번 확인하고 재고해보는 기회를 가져야 한다. 현재의 수행방법이 최악의 방법일 것이라는 가정하에 자기성찰을 해볼 필요가 있다.

내부를 강화하는 방법이 곧 경영자가 이끄는 혁신활동이다. 남을 보고 견제하면서 상대적인 우위에 집착한다면 탁월한 능력으로 앞서가

기는 어렵다. 내부의 모든 역량을 몇 단계 끌어올려야 한다는 단순한 자세로 실천하다 보면 어느 새 저만치 앞서가 있는 자신의 모습을 발견할 수 있다. 도요타 시리즈를 완결하면서 이 책이 독자 여러분의 혁신 활동에 불을 지펴 활성화의 도화선이 되기를 간절히 바라는 마음으로 펜을 놓는다.